环境法之树文丛
吕忠梅 主编

北京外国语大学“双一流”建设重大标志性项目
“新时代国际组织人才培养研究”（2022SYLZD002）出版资助

中央高校基本科研业务费项目“中国参与国际组织气候治理的
成效和法治路径研究”（2023ZX002）

中央高校基本科研业务费项目“实现可持续发展目标的
国际组织法律胜任力体系培养研究”（2023GQ019）

国际视野中的
生态环境安全法治

莫菲 著

法律出版社
LAW PRESS · CHINA
北京

图书在版编目(CIP)数据

国际视野中的生态环境安全法治 / 莫菲著. -- 北京:
法律出版社, 2023
ISBN 978-7-5197-7921-4

Ⅰ. ①国… Ⅱ. ①莫… Ⅲ. ①生态环境-环境保护法
-研究 Ⅳ. ①D912.604

中国国家版本馆 CIP 数据核字(2023)第 082422 号

国际视野中的生态环境安全法治
GUOJI SHIYE ZHONG DE SHENGTAI
HUANJING ANQUAN FAZHI

莫 菲 著

责任编辑 郑怡萍 蒋潆莹
装帧设计 贾丹丹

出版发行 法律出版社
编辑统筹 法律教育出版分社
责任校对 张翼羽
责任印制 刘晓伟
经　　销 新华书店

开本 A5
印张 8.875　　**字数** 245 千
版本 2023 年 8 月第 1 版
印次 2023 年 8 月第 1 次印刷
印刷 北京建宏印刷有限公司

地址:北京市丰台区莲花池西里 7 号(100073)
网址:www.lawpress.com.cn
投稿邮箱:info@lawpress.com.cn
举报盗版邮箱:jbwq@lawpress.com.cn

销售电话:010-83938349
客服电话:010-83938350
咨询电话:010-63939796

书号:ISBN 978-7-5197-7921-4　　**定价**:42.00 元
凡购买本社图书,如有印装错误,我社负责退换。电话:010-83938349

独木不成林

时间在生命的迁徙中留下足迹。2015 年,调令到达时,拎着随身行李踏上单程火车,不回头地投入另一种忙碌中去。失去,还是获得?是个问题。

50 岁开始的"北漂"生活,被学术活动填充了几乎所有的空余,不曾感受到孤独。

北京的环境法学人,以连续举办专题讲座的格调,表达了对一个新来者的接纳。一场又一场畅所欲言的学术讨论、其乐融融的师生交流,一度多一度的温暖对流在每个人心间。

北京的法学圈,以邀请参加学术交流的方式,传递着对一个"业余"学者的关注。为中国法学会三大论坛发言或主持,一次又一次的观点碰撞、不同法域的思维纷呈,一刻深一刻的启迪激荡着每个人的脑海。

还有,在国家环境与健康论坛上与环境医学学者一起访谈;在排污许可证制度改革国际研讨会上与环境执法者探讨;在全国环境保护工业协会"治霾在行动"年会上呼吁环境保护须强化法治思维与法治方法、主持学生模拟环保法庭大赛、参加环境立法修改论证会、主持环境司法研究中心会议……一处又一处的跨学科对话、多种方法的全景观察,一分宽一分的视野提升着每个人的境界。

这就是曾经向往的氛围吧!有来自不同学校的学术联盟,有多方发起的理论研讨,有多种观点也多了关爱,有争论交锋也多了同舟共济。学术观点一直都可能不同,当质疑、辩论、分歧在催化着学者之间的感情时,一切都不再是问题。也许,不是每个人都可以对环境法学科做出巨大的贡献,但每个人都始终是别人思想的扩音器和放大器,正如别人——这个学术共同体中的每个人——也始终是这个人思想的扩音器和放大器一样。

只是,在北京的夜晚,环境法树会时常浮现在眼前,挥之不去。那棵慢慢成长着的小树,秋风落叶,雪雨冰霜,真的是在不经意间得到,在恋恋不舍中失去吗?也许,我欠下的不仅是一个告别。

离开武汉后,向中南财经政法大学提出了辞去学术职务的申请,将湖北省环境资源法学会的职务做了交接,也不再担任湖北经济学院的学科带头人。一心想做一个名副其实的“业余学者”,保持一份真正的学术兴趣,做自己有能力做的事情。也是为了告别,我将七年前为“环境法之树文丛”写的总序——“小树慢慢长”放到微信上,请大家和我一起,重温一棵环境法小树的成长。

春节时,有学生在微信朋友圈内放了一张他们种下的“环境法树”照片:白梅盛开、春意盎然。在“俏也不争春,只把春来报”的悠然中,惊觉“独木不成林,一花难成春”的落寂,心底涌起的潮湿阻滞了“点赞”的手指。

伟大的思想不如伟大的行为,无须吹擂;若是无法成就伟大的事,就用伟大的方法,去做微小的事!我能做的,是带上“环境法之树文丛”继续前行,让这棵树上的枝叶与果实融入环境法森林;让“风景这边独好”的淡然与环境法花园的锦绣相互依偎,灿烂环境保护的春天。

于是,有了现在变脸但不变心的“环境法之树文丛”。希望从今以后,能够有更宽的选稿范围,发现更多的优秀作者,培养更多的学科团队,成为更多环境法研习者的选择。

感谢这半年的收获,这是学者之交当之无愧的奖赏;感谢这半年的活动,这是学问之路不可或缺的阅历;感谢这半年的尚不如愿,这是学术之岸必须奋力前行的理由。

吕忠梅
2016 年 2 月 26 日于北京

小树慢慢长

（代总序）

时间是一把筛子，漏走的是岁月，留下的是回忆。

二十多年前，还不知道目标总是在不确定的未来时，埋下了一粒环境法的种子，在期待着环境法树生根、发芽、开花、结果的日子里，拨开重重阻碍与琐碎，一直朝着目标前行。回望时才知道：时间曾经以各种方式来过又走了，一切看上去都平静如水，波澜不惊。

水是千年的风，风是千年的水。

环境法树在昼夜了无痕迹的交替中渐渐生长，静坐在时光的怀里，感觉着根须前行时不屈的努力，觊觎着新枝抽出时专注的神情，触摸着树干伸展时细微的叹息。风吹过，留下一片絮语；雨打来，带走一点落寂。每当我走进课堂，站在讲台上，望着眼前一张张充满着朝气的脸，骄傲与自豪油然而起：因为有你们，环境法才长成了一棵树，一棵有枝枝蔓蔓、有生生不息的活力与动力的树，而不是一根无本之木的电线杆，一根没有枝叶、没有生长的活力与动力的电线杆。于是，总在讲述环境法树的故事，告诉大家，在我的心中，每一个人、每一点进步、每一份成绩都可能成为这棵树上的一片叶子、一朵小花、一颗果实。其实，自从有了环境法，从来不缺少快乐、喜悦和欣慰，也少了烦恼、皱纹和白发。

从 1985 年两个人的环境法教研室，到现在的环境资源法研究所，有了自己的硕士点、博士点；从四处找人、找钱编一本简明环境法辞典，到目前承担多项国家级、省部级科研项目，地方立法研究项目，有了自己的网站、刊物；从四处寻找合作伙伴，到当下国际与国内的邀请不断、交流与合作日益广泛,有了自己的特点、成就。环境法树的年轮清晰可见:1989年,第一个环境法教授受聘;1993年,增加了一名环境法副教授;1997年,在经济法专业内开始招收环境法方向硕士研究生;2000年,环境法硕士点成立;2001年,独立招生;2004年,开始在民商法专业招收环境民法方向博士研究生;2005年,环境法博士点成立;2006年,独立招生。一批又一批的学生,一项又一项的课题,一年又一年的辛勤,环境法树根深了、枝繁了、叶茂了,伸展的枝干有力了,垂下的绿荫成片了,吸收的养分充足了。

小树慢慢在长大,成长的日子充满着不确定。

一些曾经的环境法人如今已经远离,一些满怀梦想的淘金者来了又失望而去,一些拔苗助长者成了环境法园地里经常的游客,一些坚守者从来不曾放弃。当今世界,到处充满着诱惑、机遇随时出现在左右、信息以秒为速度在更新,生活在这样的时代里,实在是既万幸也不幸。瞬息万变的机遇、铺天盖地的信息使地球变得越来越小,我们可以站在寂寞的前人肩头而不必忍受前人的寂寞,却也遭遇了前人绝对不可能想象的喧闹与浮躁,可能成为在信息的汪洋大海中到处碰壁的无头苍蝇,在被误导、被蒙蔽、被扭曲、被抛弃的犹豫、恐惧与彷徨中迷失,与目标渐行渐远甚至背道而驰。这个时代,面对经常的南辕北辙,要找准目标并且不停前行,必须有坚定的信念、坚强的神经与坚韧的毅力。

历史一直都掩藏在现实之中,从事环境法研究和做任何一件事情一样,最需要的是定位。学术研究领域,是一个典型的由认知控制的世界,认知决定着我们的行为。定位的价值不在于完成了多少环境法论著,而在于决定是做学问还是写文章,或者说是为什么写文章。学者与写手的最根本区别与其说是性格,不如说是抱负,毕竟人各有志。在中国目前的情形下,环境问题备受关注,环境保护已经成为从政治家到黎民百姓最经常谈论的话题,写一些应景的文章、做一点庸医开药方的事情、出一两部人云亦云的书十分容易。但是,如果要做学问,就必须扪心自问:你的文章是写给谁看的,它的寿命应该有多长?五十年甚至一百年以后是否还会有人参读,文章中的思想是否还能给后人带来启迪?只有想清楚并回答了这些问题,才会有不计得失的勇气,突破思想、情绪、身体的层层包围,让大脑始终保持与真我的联系,不被浮尘、面具所蒙蔽。环境法内功的修炼,就是学术品质、素养、能力、精神的凝聚,选择学界喧闹中的沉静,一心只为环境法的发展,就必须经受住诱惑。

做暂时的还是永久的胜者,是一个选择。

每一个进入或者准备进入环境法研究领域的人都面临这种选择,选择本身即是一种态度。做暂时的事情,只要善于抓住一时一事便可,是机会主义者;做阶段性的事情,只要能够看到眼前就行,是实用主义者;做永久的事情,却需要在舍弃中获取,执着于某一件事情,是理想主义者。其实,暂时性的胜利是有限的,因为机会永远公平,你在得到一个机会的同时也失去了另一个机会。阶段性的成功是不可靠的,因为实用的功能总会被时间淘汰。因此,你应该做永久的事情,成为永久的胜利者。学术的辞典中不应该有泡沫,研究的领地里当然要拒绝炒作。

我知道,自己远不足以成为战略领袖,也不可能任何事情都做得完美。但我明白,可以专注地做一件事情——培养人才,通过自己的言传身教,让他们养成领袖之风、成为栋梁之材。毕竟,人生无轮回,事业有轮回。一个学科的发展、一种学术理论从产生到完善,绝非一个人或几个人、一年或者几年就能完成的事情,尤其是像环境法这样的充满革命性、交叉性、互动性的新兴学科,有许多理论需要探索,有许多途径需要开辟,有许多方法需要践行,更需要多人的努力、合作与传承。

一个人在黑暗中行走是孤独的,手拉着手一起走才会快乐。

有些事情似乎不容选择,而是宿命,只有时间担当着主角,而命运中的当事者却浑然无知。环境法树上的枝条与叶子连在一起,成就了勇往直前的力量。在这里,无论先后、不管大小,大家都在同一起跑线上,集中奋发向上的精神,朝着共同的目标前进。虽然并不是每一步都那么美好,也许并不是每个人都那么合适,但其中的成员都有着一样的热情与信念,愿意参与这份坚持,对自己所做的事情充满热爱,都在努力地学习、认真地思考、踏实地工作、积极地争取。我不断地在提醒自己,所做的一切都是过程而不是结果,是经历而不是成绩。

每一次课题申报,每一次学术会议,每一次论文答辩,同事和学生的投入与热情,时常让我感动。但我却总是不动声色地将表扬藏在心里,毫不留情地把批评告诉他们。只有不断发现问题,才能进步,不致被暂时的、阶段性的成果而冲昏头脑,沉湎于自己的兴奋与成就感不能自拔。课题成果完成、毕业论文答辩通过都只是一小步,离目标还有从地球到月球的距离。

环境法树挂果了,等待收获的喜悦掩藏不了也无须掩藏。也许这些果实还有点青涩,尚待成熟;也许它的养分还不够充足,还须汲取。我只想采撷一部分来请大家品评,其中有近年来环境资源法研究所承担的课题成果,有博士学位论文和优秀的硕士学位论文。一个人或一群人的思想试验的结果只有经过众人的评判才可能被认同或被唾弃。环境法树只有在与相关学科和法学各学科不断的交流与相互启迪中,才能获得更丰富的营养,生长得更加茂盛。

推开初冬的窗户,环境法树在夜空里熠熠生辉,我举起心中的希望,邀明月,共皎洁!

吕忠梅

2007 年 11 月 22 日于宜昌

生态环境安全法治新视野

（代序）

在法价值体系中，安全是作为目的价值的存在。个人需要安全的社会环境安身立命，社会需要安全的国家环境发展经济，国家需要人民安全与社会安全稳固政权。在当代社会中，人类活动引起的环境污染和生态破坏，已经严重威胁到人类自身的生存和发展。一些可能导致人类生存和发展受到威胁的资源危险、能源危险和环境危险等非传统风险，已成为与国防安全、经济安全同等重要的国家安全风险，关乎国家、民族、经济社会发展等公共利益，也关乎人民的生命健康与尊严生活。如何"守住自然生态安全边界"，必然成为生态文明时代法学研究的重要课题。

当我们以"人与自然和谐共生"的理念来观察世界，便不难发现"生态兴则文明兴，生态衰则文明衰"的历史规律。进入21世纪，面对全球性气候变化、生物多样性丧失和严重环境污染的巨大挑战，生态环境安全已经成为决定人类能够走多远的重要因素。保护自然就是保护人类自身，守住生态环境安全边界就是守住人类文明发展进步和中华民族永续发展的根脉。以法律的方式确立生态环境安全价值，有利于树立生态理性，提升人们的生态意识和生态智慧，使人们认识到任何个人对生态环境的开发利用行为所产生的后果不仅归属于他自己，还包括影响者与被影响者、人与自然、当代与未来，个人的行为必须受到整体公平与正义的约束。因此，必须超越个人的、局部的、眼前的经济利益，将人类的、长远的、整体的利益纳入法律的考量，生态环境风险的化解既是每个人都应享有的权益,也是每个人都应履行的责任和义务。

莫菲所著的《国际视野中的生态环境安全法治》一书,是近年来研究生态环境安全法治难得的佳作。作者具有跨学科背景和丰富的研究经验,充分利用自身的多外语语种优势,广泛搜集最新外文资料,综合运用法学、环境科学、政治学、国际关系学、社会学等多学科研究方法,纳入风险社会与“人类世”“韧性”“环境—社会—治理”(Environment, Social and Governance, ESG)等新理念,以定性研究和规范分析为基础、适当运用定量研究和案(事)例分析,展开对生态环境安全法的全面系统研究,为读者呈现了一部视野广阔、内容丰富的高水平研究成果。

本书从理论视角的理念革新、原则迭代和主体更新,以及实践视角下的气候安全、生态安全、生物安全和水安全现状考察,立足当前,展望未来,提出的一些观点和主张,对传统环境法学理论既有突破也有拓展,对于促进中国生态环境安全法治研究具有积极意义,值得高度重视。

在理论创新方面,作者以“安全”为视角对生态环境安全法理念进行了主体论、价值论和认识论等三方面的革新:将人类和人与人之间的社会关系拓展到包括人类在内的生态环境,以及人与自然的关系;突出环境正义理念在科学不确定性情境下的新内涵;提出“风险知识合作生产”新观点。同时,作者结合既有的理论和实践,提出了生态环境安全法的人类宜居、风险预防、不倒退、合作治理四原则,并专门针对安全内涵扩大化、传统国家职能私有化和国际化等新趋势,探究国家这一传统主体和公民、企业、社会组织、国际组织等新型主体在生态安全法治建设中的角色新定位。

在制度创新方面,作者通过对具有代表性的气候安全、生态安全、生物安全、水安全法治现状的考察,在梳理气候安全、生态安全、生物安全、水安全概念的基础上,总结气候变化对法律体系构成的破坏性挑战,归纳生态安全、生物安全、水安全的不同特征。结合实践需求,重点研究气候变化法与国家安全法交叉领域——气候紧急状态问题,重点关注生态保护红线制度、实验室生物安全中的实验动物安全管理问题,重点聚焦海水淡化立法新课题。通过充分的比较研究,提出了合理借鉴国外先进经验、完善我国相关制度的建议。

在未来展望方面,作者从国家安全视角下的"韧性"概念出发,提出为应对生态环境安全风险的新威胁,应将预防性的"安全"与反应性的"韧性"结合起来,既强调风险预防也强调灾难适应性的全过程,以推动我国生态环境安全法治发展。未来的生态环境法治研究,应进一步加强理论创新,形成生态环境安全法的理论体系;加强实践创新,进一步完善法律体系、理顺行政管理体制、加强法律责任体系建设、探索生态环境安全司法制度、注重生态环境安全守法文化的培养等;继续拓展研究视野,关注粮食安全、能源安全等生态环境安全法相关的更多领域。

习近平总书记指出,"生态环境安全是国家安全的重要组成部分,是经济社会持续健康发展的重要保障",我们"要始终保持高度警觉,防止各类生态环境风险积聚扩散,做好应对任何形式生态环境风险挑战的准备"。生态环境安全涉及海洋、森林、草地、农田等四大生命系统和大气、水和其他资源等三大环境系统的安全,这些支持地球生命、支持人类生存和社会经济发展的七大生态要素构成的复合生态系统,具有极强的综合性,仅从单个要素或者方面考虑生态安全既不全面也不现实;生态环境安全在不同空间区域表现为不同的形式,并且涉及一定空间区域的生态过程,生态环境安全具有明显的空间区域性,必须从空间区域或流域尺度考虑实现生态环境安全的途径和措施;生态系统有其运行规律,不存在绝对的生态环境安全,人类对生态安全的理解和需求不同,可能采取的调控措施也不相同,生态环境安全具有相对性、动态性,实现完全的、永久的安全十分困难。就此而言,生态环境安全法治的研究还有诸多值得探寻的领域、许多尚未涉及的难题。

期待本书作者能够在此领域持续深耕,取得更多更好的成果!

吕忠梅

2023 年 7 月 3 日于前门西大街 1 号院

目　录

绪论:生态文明和国家安全视野中的生态环境安全法 001

理论创新编

第一章　生态环境安全法的理念 029
第一节　主体之辨:人与自然、人与人的和谐共生 029
第二节　价值之辨:环境正义在科学不确定性下的转向 035
第三节　认识之辨:风险知识的合作生产 039

第二章　生态环境安全法的原则 044
第一节　人类宜居原则 046
第二节　风险预防原则 048
第三节　不倒退原则 051
第四节　合作治理原则 055

第三章　生态环境安全法的主体 058
第一节　传统主体:国家 058
第二节　新型主体:公民、企业和社会组织 063
第三节　新型主体:国际组织 067

制度创新编

第四章　气候安全法治创新 079
第一节　气候安全的要义 079
第二节　气候安全法基础问题:气候紧急状态 089
第三节　气候紧急状态的域外经验 095
第四节　气候安全法治发展 101

第五章　生态安全法治创新 103
第一节　生态安全的要义 103
第二节　生态安全法具体化:生态保护红线 109
第三节　生态保护红线的域外经验 118
第四节　生态安全法治发展 149

第六章　生物安全法治创新 153
第一节　生物安全的要义 153
第二节　生物安全法特别问题:实验后动物处置 158
第三节　实验动物法治的域外经验 172
第四节　生物安全法治发展 183

第七章　水安全法治创新 187
第一节　水安全的要义 187
第二节　水安全法新问题:海水淡化立法 192
第三节　海水淡化法的域外经验 197
第四节　水安全法治发展 233

结语:生态环境安全法治前瞻——安全与韧性的结合 237

参考文献 242

后记 270

绪论：生态文明和国家安全视野中的生态环境安全法

近年来，安全开始与生态环境发生联系，生态环境被同时视为需要受到保护的客体和不安全的来源。[1] 伴随着如火如荼的环保社会运动和以"风险社会"为代表的风险研究理论的滥觞，各国政府逐渐开始正视这个时代益发常见的全球性生态环境问题的风险本质，进而通过以行政规制为主的法治化手段管控生态环境风险。生态环境安全法这一新的环境资源法学分支正是诞生于这样的时代背景下。然而，在生态环境风险、生态环境安全等新概念仍在争议中被不断修正的情况下，法学这门古老的学问何以证明自身的理论逻辑和制度工具在面对工业化的风险时仍然有效？换句话讲，当生态环境、安全和法学发生联系时，当我们在生态文明和总体国家安全观的视野中开始思考生态环境安全法这样一个新的法律分支时，首先要做的便是，如何确定生态环境安全法的理论基础和实践方针。而这一过程，难免涉及对当前法学理论和法治实践的重新考察和科学调适。

同时，人类世（Anthropocene）已经成为生态环境安全法的新研究背

---

〔1〕 See Simon Dalby, *Anthropocene Formations: Environmental Security, Geopolitics and Disaster*, Theory Culture & Society, Vol. 34: 2 – 3, p. 233 – 252 (2017); Rita Floyd, *Environmental Security and the Case Against Rethinking Criminology as "Security – ology"*, Criminology & Criminal Justice, Vol. 15: 3, p. 277 – 282 (2015); Karen Hulme, *Environmental Security: Implications for International Law*, Yearbook of International Environmental Law, Vol. 19: 1, p. 3 – 26 (2008); Marc A. Levy, *Is the Environment a National Security Issue?*, International Security, Vol. 20: 2, p. 35 – 62 (1995).

景。地质学上的人类世概念承认人类活动对地球系统造成的广泛而深刻的影响，这对于生态环境安全法如何思考人与自然的关系，如何界定人类活动的原则和界限都具有重要影响。

本书探讨生态环境安全法治的基本原则和制度创新。本绪论部分旨在厘清生态环境安全的概念以及生态环境安全法的范围和体系，为后续讨论奠定基础。绪论分为四个部分：第一部分介绍风险社会和人类世对生态环境安全法的理论预设的影响；第二部分界定生态环境安全的概念；第三部分对生态环境安全与有关风险的关系进行阐述；第四部分着重讨论生态环境安全法的范围和体系。

一、我们所处的时代：风险社会和人类世

在我们所处的时代，风险的形态和我们对于风险的认知都发生了巨大的转变。对于我们所处时代的风险的研究，德国社会学家乌尔里希·贝克（Ulrich Beck）于1968年提出的“风险社会”理论是主导范式。贝克认为风险概念与自反性现代化概念密切相关，风险可被定义为“以系统的方式应对由现代化自身引发的危险和不安”[1]。不同于传统社会中主要由人类无法把握的自然力量塑造的风险，工业社会的风险主要是人类自身某些决策造成的，体现为风险的“人化”，即风险结构从自然风险占主导逐渐演变成人为的不确定性占主导，以及风险的制度化和制度化风险，即制度一方面为人类冒险和寻求安全的矛盾取向提供了现实环境和规范性框架，另一方面其本身也包含运转失灵的风险。[2] 风险的特点在于：风险造成的灾难不再局限于发生地，而可能造成无法弥补的全球性破坏；风险的严重程度超出了预警监测和事后处理的能力；由于风险发生的时空界限处于变化之中，因此很难对风险加以度量；灾难性事件产生的结果多样，以至很难对风险计算使用的计算程序、常规标准加

[1] [德]乌尔里希·贝克：《风险社会：新的现代性之路》，张文杰、何博闻译，译林出版社2018年版，第7页。

[2] 参见刘静波主编：《21世纪初中国国家安全战略》，时事出版社2006年版，第154页。

以把握。[1] 由于风险的这些特点,风险社会中未知的、意料之外的后果成了历史和社会的主宰力量,驱动力从阶级社会的"我饿!"变成了"我怕!",人们从"共同的需求"转向了"焦虑型团结",焦虑型团结逐渐形成并构成了一股政治力量。[2]

风险社会理论提出之初正值切尔诺贝利核电站危机发生之际,环境议题也成为风险社会理论的主要议题之一。[3] 从20世纪50年代开始,环境问题等潜在副作用和副产品伴随着现代化工业生产而出现,人们逐渐将大量的环境危险、灾难和威胁当作风险来认识和讨论。[4] 进入21世纪后,风险社会理论也在我国各社会科学学科内传播,并已经成为环境资源法学讨论生态环境危机时经常使用的理论预设。

除了对外部世界中的风险的认识发生了理论上的转变,人类对自身能力的认识也发生了质的变化。这一变化与人类世理论的提出分不开。2000年,诺贝尔奖得主、荷兰大气化学家保罗·克鲁岑(Paul Crutzen)提出了人类世概念。[5] 克鲁岑意欲使用"人类世"一词来描述当前这个在很多方面由人类主导的地质时代,也即"人类通过温室气体排放、大规模单一作物栽培、森林砍伐、核试验等活动大幅度改变自然环境,并在地球表面各处留下痕迹的时代"[6]。经过十余年的发展,人类世不再只是地质学或地球系统科学的内部词汇,而成为跨学科的常用词汇,学界对其

---

〔1〕 参见[德]乌尔里希·贝克:《从工业社会到风险社会(上篇)——关于人类生存、社会结构和生态启蒙等问题的思考》,王武龙编译,载《马克思主义与现实》2003年第3期。

〔2〕 参见[德]乌尔里希·贝克:《风险社会:新的现代性之路》,张文杰、何博闻译,译林出版社2018年版,第8、48页。

〔3〕 参见张梓太、王岚:《论风险社会语境下的环境法预防原则》,载《社会科学》2012年第6期。

〔4〕 参见刘岩、邱家林:《转型社会的环境风险群体性事件及风险冲突》,载《社会科学战线》2013年第9期。

〔5〕 See Paul J. Crutzen & Eugene F. Stoermer, *The Anthropocene*, International Geosphere – Biosphere Programme Newsletter, Vol. 41, p. 17 (2000).

〔6〕 Paul J. Crutzen, *Geology of Mankind*, Nature, Vol. 415, p. 23 (2002);[日]斋藤幸平:《人类世的马克思主义》,陈世华、卓宜勋译,载《南京工业大学学报(社会科学版)》2019年第3期。

定义、科学性和起止时间的争论也一直没有停止。[1] 人类世作为一个科学词汇,已经在科学界、媒体和公众话语中得到广泛使用,它泛指人类对地球系统的状态、动力和未来产生决定性影响的地球历史时期。[2] 2019 年 5 月,隶属于国际地层委员会的人类世工作组(Anthropocene Working Group)投票认定,地球已进入人类世,并认为应当将 20 世纪中叶作为人类世的起点。[3] 如果该工作组的提议获得官方认可,人类世将正式成为一个地质年代,用以描述我们所处的时代,取代目前所使用的全新世(Holocene)。[4]

人类世概念的提出,标志着人类重新审视人与自然的关系,承认人类活动对地球系统造成的广泛而深入的影响。这一变化不仅是地质学的发展,而且超越了自然科学进而对社会科学、人文科学等学科和政治、法律、政策产生影响。习近平总书记指出,生态环境问题的根源在人:"生态环境问题归根到底是经济发展方式问题。"[5] 在我国开展生态文明建设、践行绿色发展理念的时代背景下,有必要考察人类世概念对环境资源法的影响。人类世工作组认为,人类世所指称的人类活动引起的变化至少包括四个方面:一是与殖民、农业、城市化和全球变暖等相关的侵蚀和沉淀物运输的改变;二是碳、氮、磷、金属等多种元素的循环受到严重人为侵扰所造成的大气、海洋和土壤的化学组成的改变;三是人为侵扰所造成的环境条件的改变,包括全球变暖、海洋酸化和海洋"死亡区"的扩大;四是由栖息地丧失、物种入侵和物理化学变化等造成的陆地

---

[1] See Simon L. Lewis & Mark A. Maslin, *Defining the Anthropocene*, Nature, Vol. 519, p. 171 – 180 (2015).

[2] See Hans Günter Brauch, *Sustainable Peace Through Sustainability Transition as Transformative Science: A Peace Ecology Perspective in the Anthropocene*, in Hans Günter Brauch et al. eds., Climate Change, Disasters, Sustainability Transition and Peace in the Anthropocene, 2019, p. 178.

[3] 参见陈沁涵:《地球年代进入"人类世"》,载《新京报》2019 年 6 月 2 日,A12 版。

[4] 参见孙凯:《"人类世"时代的全球环境问题及其治理》,载《人民论坛·学术前沿》2020 年第 11 期。

[5] 中共中央党史和文献研究院编:《习近平关于总体国家安全观论述摘编》,中央文献出版社 2018 年版,第 184 页。

和海洋生物圈的改变。[1] 人类世工作组所关注的变化与环境资源法所关注的生态环境问题高度重合。因此,有必要在人类世的背景下考察生态环境问题的来源、性质与解决方案。

人类世的到来也表明,生态文明可以作为一种话语体系,促进生态环境问题获得政治上的重视。近年来,通过国际环境法解决生态环境问题的努力表明,在全球范围内进行合作,才是各国妥善解决跨国或者世界性环境问题的出路。但是,仍然有一些国家的政府出于狭隘的政治或经济利益的考量,并未给予生态环境问题应有的重视,气候变化问题便是一个例证。政府间气候变化专门委员会(Intergovernmental Panel on Climate Change,IPCC)指出,人类对气候的影响是"既定事实"(established fact)。[2] "既定事实"的用语反映出科学中最高级别的确定性,即从科学角度对于人类活动导致气候变化这一点已不再有任何怀疑。[3] 但是,美国前总统特朗普所执掌的政府却在2017年公开否认人类排放二氧化碳是全球变暖的主因,并退出《巴黎协定》,在气候变化问题上"开倒车",拖累全球气候治理发展。[4]

特朗普气候政策反映了"气候资本主义的困局"[5]。当主导搭建全球性环境问题法律框架的西方发达国家内部不能就履约达成一致意见时,就表明需要一种新的、不受资本逻辑左右的话语体系,来推动生态环境领域的国际合作。如果人类世作为新的地质时代进入人类历史的官

---

[1] See Anthropocene Working Group, *What is the Anthropocene? —Current Definition and Status*, Anthropocene Working Group Website (May 21, 2019), http://quaternary.stratigraphy.org/workinggroups/anthropocene/.

[2] See IPCC, *Climate Change 2021: The Physical Science Basis, Contribution of Working Group I to the Sixth Assessment Report of the Intergovernmental Panel on Climate Change*, IPCC, 2021, p. 345.

[3] 参见谢莲:《对话联合国气候报告参与者:极端天气事件将更频繁,人类怎么办?》,载新京报网2021年8月12日,https://www.bjnews.com.cn/detail/162875557314975.html。

[4] See Steven Mufson, *Rick Perry just Denied that Humans are the Main Cause of Climate Change*, Washington Post, June 19 2017; Rose Garden, *Statement by President Trump on the Paris Climate Accord*, The White House (June 1, 2017), https://trumpwhitehouse.archives.gov/briefings-statements/statement-president-trump-paris-climate-accord/.

[5] 张云飞:《在多元格局中平稳前行的国际生态主义》,载《人民论坛》2019年第1期。

方话语,将有机会使人类世所承认的人类对地球系统的影响成为无可置疑的政治话语预设,构成对资本势力的反击,为新的话语体系的兴起铺平道路。生态文明是工业文明发展到一定阶段的产物,是实现人与自然和谐共生的新要求。“人类可以利用自然,改造自然,但归根结底是自然的一部分,必须呵护自然,不能凌驾于自然之上。”[1]生态文明为生态环境问题的全球合作解决指明了方向,具有成为全球环境治理新话语体系的潜质。

在风险社会和人类世的基本场景中,人类作为地质力量对生态系统的影响不可避免,对生态系统整体安全和人类自身安全产生决定性影响;而外部世界则表现为广泛存在、难以度量、不断变化并因此具有高度不确定性的风险。这些风险是现代化的技术风险,而生态环境风险是其重要的形态。

二、生态环境与安全:生态环境安全的概念

从历史视角来看,生态环境与安全发生联系一般可以追溯到20世纪70年代。1972年罗马俱乐部(Club of Rome)发布了《增长的极限》(Limits to Growth)报告,认为全球生态约束(与资源使用和废弃物排放有关)将对21世纪的全球发展产生重要影响,应当通过技术、文化和制度创新来避免人类生态足迹的增加超出地球的承载能力。[2] 该报告引发了对人口、粮食、资源、环境污染等全球性问题的大讨论,环境问题也在这一时期开始被作为安全议题加以讨论。[3] 1977年,莱斯特·布朗(Lester Brown)在《定义国家安全》(Defining National Security)报告中介绍,尽管国家安全仍然主要与军事有关,但是正在出现军事力量无法应对的、超出传统国家安全定义的新威胁,对安全的威胁不仅来自外部,即

---

[1] 中共中央文献研究室编:《习近平关于社会主义生态文明建设论述摘编》,中央文献出版社2017年版,第131页。

[2] 参见[美]德内拉·梅多斯、[美]乔根·兰德斯、[美]丹尼斯·梅多斯:《增长的极限》,李涛、王智勇译,机械工业出版社2013年版,第23页。

[3] See Karen Hulme, *Environmental Security: Implications for International Law*, Yearbook of International Environmental Law, Vol. 19: 1, p. 3 – 26 (2008).

国家与国家的关系,而且也来自人与自然的关系。[1] 20 世纪 80 年代提出的可持续发展理论也呼吁在安全概念中纳入环境这一考量因素。1987 年世界环境与发展委员会在《我们共同的未来》(Our Common Future)报告中指出:“为了打造一个更令人满意的基础来管理安全与可持续发展之间的相互关系,第一步是要拓宽我们的视野。冲突……还可能源于环境退化和对发展选择权的剥夺。”[2]地缘政治学关注环境对军事活动和战争的影响,其他研究则将环境作为危害、迁徙、危机和冲突的原因或影响因素,促使国际关系学越来越多地将托马斯·霍布斯(Thomas Hobbes)所谓的环境“低政治”(low politics)与国家生存的“高政治”(high politics)相联系。[3] 稳定和安全的环境因而成为人类生存的必需品。20 世纪 90 年代末,随着气候变化现象得到科学证据的支持和生物多样性丧失的加速,环境安全开始涵盖国内和国际的更为广泛的威胁。[4] 通过条约等国际规则和一系列世界会议,各国共同采取行动,以应对濒危物种贸易、船舶污染、生物多样性、气候变化等问题。[5] 联合国等国际组织所发布的环境法表明,一国如果希望解决本国的环境问题,则需要与其他国家携手进行全球合作,方可实现目的。

有学者指出,安全概念具有模糊性,缺少公认的定义。[6] 近几十年来,安全概念变得越发复杂,不过国家安全仍是国际关系领域安全问题

---

〔1〕 See Lester R. Brown, *Redefining National Security*, Worldwatch Paper No. 14, 1977.

〔2〕 Brundtland Commission, *Our Common Future: Report of the World Commission on Environment and Development*, United Nations, 1987, p. 295.

〔3〕 See Elizabeth L. Chalecki, *Environmental Security: A Guide to the Issues*, Praeger, 2013, p. 4; Jean – Paul Brodeur, *High Policing and Low Policing: Remarks about the Policing of Political Activities*, Social Problems, Vol. 30: 5, p. 507 – 520 (1983).

〔4〕 See Karen Hulme, *Environmental Security: Implications for International Law*, Yearbook of International Environmental Law, Vol. 19: 1, p. 3 – 26 (2008).

〔5〕 有关条约包括 1973 年《濒危野生动植物种国际贸易公约》、1973 年《国际防止船舶造成污染公约》及其议定书、1992 年《生物多样性公约》、1992 年《气候变化框架公约》及其议定书等,有关会议包括 1972 年斯德哥尔摩人类环境会议、1992 年环境与发展里约大会、2002 年约翰内斯堡可持续发展世界首脑会议、2012 年里约峰会等。

〔6〕 See David A. Baldwin, *The Concept of Security*, Review of International Studies, Vol. 23: 1, p. 5 – 26 (1997).

研究的主战场。随着冷战结束,国家越来越多地关注对战争或暴力冲突等造成的危险、损失或损害威胁的防卫和保护。[1] 国际关系学研究主要关注安全化过程(processes of securitization)以及相应的紧急状态权力。[2] 法学研究也开始关注国家安全问题,但往往并未对安全给出明确的法学定义,而是倾向于采用其他学科对这一变动概念的定义。[3] 安全,在广义上可以定义为,提供条件使不同的生活、社会安排、法律和经济体系以及栖息地得以存在。[4] 犯罪学上将安全定义为保证条件以便推动人际和平(interpersonal peace),此处的和平是霍布斯意义上的和平,即存在人可以生活、工作与游憩的安全区域的可信保障。[5]

生态环境安全是一个跨学科概念,至少涉及法学、犯罪学和国际关系等学科领域。[6] 生态环境安全的定义,取决于由谁来定义,及其所保护和预防的对象。不同的学科对于生态环境安全的定义有着不同的侧重点。法学学者指出,广义的环境安全包括环境影响人类安全的能力,以及人影响生物圈的稳定性(stability)和可行性(viability)的能力。[7] 犯罪学学者将环境安全视作一个概括性术语(umbrella term),认为其囊括了水安全、能源安全、食品安全、气候安全和其他着眼于环境的安全以

---

[1] See Simon Dalby, *Anthropocene Formations: Environmental Security, Geopolitics and Disaster*, Theory Culture & Society, Vol. 34: 2 – 3, p. 233 – 252 (2017).

[2] See Clifford Shearing, *Criminology and the Anthropocene*, Criminology & Criminal Justice, Vol. 15: 3, p. 255 – 269 (2015).

[3] See Karen Hulme, *Environmental Security: Implications for International Law*, Yearbook of International Environmental Law, Vol. 19: 1, p. 3 – 26 (2008).

[4] See Simon Dalby, *Anthropocene Formations: Environmental Security, Geopolitics and Disaster*, Theory Culture & Society, Vol. 34: 2 – 3, p. 233 – 252 (2017).

[5] See Clifford Shearing, *Criminology and the Anthropocene*, Criminology & Criminal Justice, Vol. 15: 3, p. 255 – 269 (2015).

[6] See Cameron Holley et al., *Environmental Security and the Anthropocene: Law, Criminology, and International Relations*, Annual Review of Law and Social Science, Vol. 14, p. 185 – 203 (2018).

[7] See Karen Hulme, *Environmental Security: Implications for International Law*, Yearbook of International Environmental Law, Vol. 19: 1, p. 3 – 26 (2008).

及相应的不安全。[1] 国际关系学学者认为,环境安全中的安全并不是要保护不受外部威胁的稳定初始状态,而是要发展经济体系以减少对单一资源的依赖,而且该体系应当是一个可以适应各种变化的动态体系。[2] 生态学学者则采用1962年的早期定义,认为环境安全在客观上指对既得价值不存在威胁,在主观上指不存在此类价值将被攻击的恐惧。[3]

以上内容已经说明,安全主要被放在国家安全的范畴内加以讨论。但也应当指出,自20世纪90年代开始,对生态环境安全的讨论并不局限在国家层面上,也在社区、个人等层面展开,构成对国家安全理论的一种反思。代表性思想是1994年《联合国人类发展报告》(United Nations Human Development Report)首次使用的人类安全(human security)概念。对于普通人而言,人类安全代表免受疾病、饥饿、失业、犯罪、社会冲突、政治镇压和环境危险的威胁。[4] 人类安全本质上是个人和社区在追求可持续发展过程中享受和平而非恐惧、稳定而非不稳定的权利,强调以国家层面以外的包括社区、个人在内的多中心方式(holistic approach)解决安全问题。[5] 人类安全概念意在打破国家对安全问题的垄断,着眼于更广泛的人和事物,并将其同时视作安全的动因和主体。此外,在国际环境法中也涉及环境安全问题,主要是将其作为国际安全的组成部分,研究环境变量与战争、冲突、使用武力和冲突后重建的关系。[6] 有

---

〔1〕 See Clifford Shearing, *Criminology and the Anthropocene*, Criminology & Criminal Justice, Vol. 15: 3, p. 255 – 269 (2015).

〔2〕 See Simon Dalby, *Environmental Security*, University of Minnesota Press, 2002, p. 60.

〔3〕 See Giovanni Zurlini & Felix Müller, *Environmental Security*, in S. E. Jorgensen & Brian D. Fath eds., Encyclopedia of Ecology, 1st edition, Elsvier, 2008, p. 1351.

〔4〕 See United Nations Development Programme, *Human Development Report*, Oxford University Press, 1994, p. 22 – 40.

〔5〕 See Niloy Ranjan Biswas, *Is the Environment A Security Threat? Environmental Security Beyond Securitization*, International Affairs Review, Vol. 20: 1, p. 9 (2011); Cameron Holley et al., *Environmental Security and the Anthropocene: Law, Criminology, and International Relations*, Annual Review of Law and Social Science, Vol. 14, p. 188 (2018).

〔6〕 参见[法]皮埃尔·玛丽·杜普、[英]豪尔赫·E. 维努阿莱斯:《国际环境法》,胡斌、马亮译,中国社会科学出版社2021年版,第510~520页。

学者将国家安全、人类安全、国际安全等视为不同的生态环境安全话语体系,并研究其对环境安全概念发展的影响。[1]

当前生态环境安全研究的重点主体仍然是民族国家,其也主要采用了国家安全的话语体系。[2] 从起源来看,环境安全概念的兴起与国家安全概念的扩大化进程同步:随着20世纪70年代环境资源法和环境思想的兴起,国家安全开始越来越多地覆盖环境、健康、发展等非传统安全领域。[3] 相关研究将稀缺资源冲突与环境恶化所造成的社会崩溃联系起来,着重考察环境问题是否构成安全威胁、为何构成安全威胁。此类研究秉持着安全是由负责分配稀缺资源的政府所提供的公共物品(public good)的安全观。[4] 基于这一观点,国家具有排他性权威,通常运用统一的强制性规则,以停止生态环境恶化,并将生态系统恢复到先前的自然、稳定并可维持人类生存的状态,或者加强边境保护和安全规划。[5] 在受到理论挑战的情况下,环境安全研究更多地体现了建构主义的思想,将环境安全视为一种建构的政治概念,如考察不同政治社群

---

〔1〕 See Matt McDonald, *Discourses of Climate Security*, Political Geography, Vol. 33, p. 42 – 51 (2013).

〔2〕 See Cameron Holley et al., *Environmental Security and the Anthropocene: Law, Criminology, and International Relations*, Annual Review of Law and Social Science, Vol. 14, p. 189 (2018).

〔3〕 See Cameron Holley et al., *Environmental Security and the Anthropocene: Law, Criminology, and International Relations*, Annual Review of Law and Social Science, Vol. 14, p. 188 (2018).

〔4〕 See Ahjond S. Garmestani et al., *Introduction: Social – Ecological Resilience and Law*, in Ahjond S. Garmestani & Craig R. Allen eds., Social – Ecological Resilience and Law, Columbia University Press, 2014, p. 1 – 14; Cameron Holley & Ekaterina Sofronova, *New Environmental Governance: Adaptation, Resilience and Law*, in Bridget M. Hutter ed., Risk, Resilience, Inequality and Environmental Law, Edward Elgar, 2017, p. 141.

〔5〕 See Barbara A. Cosens et al., *The Adaptive Water Governance Project: Assessing Law, Resilience and Governance in Regional Socio – ecological Water Systems Facing a Changing Climate*, Idaho Law Review, Vol. 51, p. 3 (2014); Grainne de Burca et al., *New Modes of Pluralist Global Governance*, New York University Journal of International Law and Politics, Vol. 45: 1, p. 730 (2013); Ahjond S. Garmestani et al., *Introduction: Social – Ecological Resilience and Law*, in Ahjond S. Garmestani & Craig R. Allen eds., Social – Ecological Resilience and Law, Columbia University Press, 2014, p. 1; Rob White, *Environmental Insecurity and Fortress Mentality*, International Affairs, Vol. 90: 4, p. 835 (2014).

对安全和威胁的不同认知如何造成实际中的特定回应。[1]

我国的生态环境安全是在国家的层面上被提出的,涉及国家安全和生态文明两个领域。我国的生态环境安全研究从20世纪90年代起步,到20世纪90年代后期才逐渐为人们所重视。[2] 2000年12月国务院发布《全国生态环境保护纲要》,首次明确提出“维护国家生态环境安全”的目标,认为保障国家生态环境安全是生态环境保护的首要任务。[3] 2003年,原国家环境保护总局组织完成了《国家环境安全战略报告》。[4] 同年,科技部下达“国家环境安全及其环境管理支持体系”研究项目,由中国环境规划院、中国环境科学研究院、清华大学等单位联合研究,该研究项目结合中国环境安全的实际情况和相关数据,对环境安全评估、环境安全管理、环境安全预警、环境安全战略保障等具体问题进行了研究。[5]

2007年10月,党的十七大报告提出生态文明概念,为环境资源法乃至整个法律体系的生态化提供了指导思想、奠定了理论基础。[6] 2018年3月,生态文明概念通过修宪正式写入宪法。2018年5月,习近平总书记在全国生态环境保护大会上的讲话指出,加快构建包括“以生态系统良性循环和环境风险有效防控为重点的生态安全体系”在内的生态文明体系。[7]

2014年4月15日,习近平总书记在中央国家安全委员会第一次会议中首次提出总体国家安全观的概念,并指出,“当前我国国家安全内涵和外延比历史上任何时候都要丰富,时空领域比历史上任何时候都要宽

---

〔1〕 See Matt McDonald, *Security, The Environment and Emancipation: Contestation over Environmental Change*, Routledge, 2012, p. 65 – 154.

〔2〕 参见崔胜辉等:《生态安全研究进展》,载《生态学报》2005年第4期。

〔3〕 参见张强、薛惠锋:《基于WSR方法论的环境安全分析模型》,载《中国软科学》2010年第1期;崔胜辉等:《生态安全研究进展》,载《生态学报》2005年第4期。

〔4〕 参见解振华主编:《国家环境安全战略报告》,中国环境科学出版社2005年版,第1页。

〔5〕 参见吴舜泽等:《国家环境安全评估报告》,中国环境科学出版社2006年版,第1页;王金南等:《环境安全管理评估与预警》,科学出版社2007年版,第1页。

〔6〕 参见蔡守秋:《以生态文明观为指导,实现环境法律的生态化》,载《中州学刊》2008年第2期。

〔7〕 参见习近平:《推动我国生态文明建设迈上新台阶》,载《奋斗》2019年第3期。

广,内外因素比历史上任何时候都要复杂”,“贯彻落实总体国家安全观,必须……既重视传统安全,又重视非传统安全,构建集政治安全、国土安全、军事安全、经济安全、文化安全、社会安全、科技安全、信息安全、生态安全、资源安全、核安全等于一体的国家安全体系”[1]。对于总体国家安全观所涉及的领域,习近平总书记2014年的讲话中提及了包括生态安全和资源安全在内的11个领域的安全事项,2015年通过的《国家安全法》则在此基础上增加了粮食安全等4个领域的安全事项,习近平总书记在2018年的讲话中又确认了生态安全在生态文明体系中的重要性。由于当前我国国家安全“内涵和外延比历史上任何时候都要丰富”,有些领域的安全事项的重要性,特别是对国家安全的影响是逐步显现出来的。例如,2020年年初新型冠状病毒感染暴发,就凸显了生物安全的重要性。对此,习近平总书记在2020年2月14日主持召开中央全面深化改革委员会第十二次会议所发表的重要讲话中指出:“要把生物安全纳入国家安全体系,系统规划国家生物安全风险防控和治理体系建设,全面提高国家生物安全治理能力。”《生物安全法》于2021年实施,正是将生物安全纳入国家安全体系的努力。

笔者认为,对于生态安全、资源安全、粮食安全、生物安全等已经在立法和政策上得到确认且与生态文明有关的国家安全体系内的概念,应当在学理上进一步加强对其的系统研究。诚如有些学者指出的,我们当前对于这些涉及环境与安全交叉领域的概念的法学理论研究仍然在起步阶段,尚未形成学术研究热点,也没有达成基础性的学术共识。[2] 笔者认为,加强有关理论建设的一个重要途径,就是用一个上位概念挈领,把与生态环境和安全有关的系列概念体系化,并探讨有关体系的理念基础、基本原则和制度创新问题。生态环境安全概念具有成为上位概念的潜质,这是由于:其一,从概念起源上看,2000年国务院《全国生态环境

---

[1] 中共中央党史和文献研究院编:《习近平关于总体国家安全观论述摘编》,中央文献出版社2018年版,第4~5页。

[2] 参见莫纪宏:《关于加快构建国家生物安全法治体系的若干思考》,载《新疆师范大学学报(哲学社会科学版)》2020年第4期。

保护纲要》首次提出的生态环境安全概念的发展与国家安全概念的扩大化进程同步,具有国家安全和生态环境保护的双重基因,符合我国以总体国家安全观为指导,在国家层面探讨与生态环境有关的安全问题的实际。其二,从概念内涵来看,生态环境安全在法律政策中并未被明确规定,具有理论定义的空间。与之相比,生态安全、资源安全、粮食安全、生物安全等概念,已经在法律政策中有了比较明确的内涵,且业已形成相互并列的关系,缺乏作为上位概念所需要的定义空间。此前,一些具有远见的环境资源法学者曾试图对生态安全作广义理解,将其作为关涉生态环境安全的上位概念使用。[1] 但是,在生态安全的内涵已经逐渐限缩并与生物安全等概念形成并列的现实下,将生态安全等概念作为学理上的上位概念,容易造成理论话语与实践话语的脱节,不利于国家安全法律体系和生态文明制度体系的构建。其三,从概念外延来看,生态环境安全具有较强的包容性和发展性,可以涵盖内涵不断丰富的、与生态环境和安全有关的系列概念。笔者认为,宜参照国外将 environmental security 作为概括性术语使用的传统并结合我国法律制度实际,将生态环境安全作为一个概括性术语使用,使其囊括生态安全、资源安全、粮食安全、生物安全等业已在实践中被规定的与环境安全有关的概念,并积极发展气候安全等新兴的环境安全概念,在完善我国环境安全概念体系的同时,建立可以与国际对接的话语体系。

对生态环境安全的定义应当尽量概括,同时,应体现其与国家安全和生态文明建设的关联。此外,这一定义还应体现风险社会理论对主客观统一的要求和人类世下人与环境相互作用的关系。据此,本书将生态环境安全界定为:国家安全和生态文明的组成部分,是人类与生态环境

---

[1] 参见周珂、王权典:《我国生态安全的法律价值与法制体系之初探》,载《华南农业大学学报(社会科学版)》2002 年第 1 期。蔡守秋教授提出:“目前我国环境保护部门和环境资源法所讲的环境安全是一种广义上的环境安全,它包括生活环境安全、生态环境安全、自然资源安全、能源安全、生物安全、食物安全、人的生命健康安全、国际环境安全、国防环境安全等内容。”蔡守秋:《环境正义与环境安全——二论环境资源法学的基本理念》,载《河海大学学报(哲学社会科学版)》2005 年第 2 期;王树义:《生态安全及其立法问题探讨》,载《法学评论》2006 年第 3 期。

互动过程中,人类赖以生存的生态、环境、资源以及人类健康处于风险可控的客观状态,且人类在主观上认为上述风险可被接受。

三、生态环境安全与风险

风险与安全是相互联系的两个概念。风险的普遍存在是当代风险社会的基本特征,而安全则概括地反映了人们面对风险社会中的风险时的理想客观状态和合理主观诉求。安全的反面是不安全,是危险。以下对与生态环境安全相关的风险进行分析。

"risk"(风险)一词源于意大利语中的 risco 和法语中的 risque,产生于早期的航海贸易和保险业中。[1] risco 的意思是撕破(rips),源于暗礁(reef)或礁石(rock),由此指在深海中航行的货船所具有的危险性。[2] 风险的概念运用于日常生活和学术的各领域,具有很强的模糊性,其既可以指人为主观原因造成一定后果的可能性,也可以指客观存在的不以人的意志为转移的自然事件发生的概率。[3] 德国学者汉斯·布劳赫(Hans Brauch)运用美国学者阿诺·沃夫尔(Arnold Wolfers)1962 年对安全所下的经典定义,将风险界定为危险的一个侧面。[4] 布劳赫对安全的定义具有两个侧面:一是没有客观危险(absence of objective dangers),即没有安全威胁(threats)、挑战(challenges)、脆弱性(vulnerabilities)和风险(risks);二是在主观对安全威胁、挑战、脆弱性和风险的认知上,没有对安全威胁、挑战、脆弱性和风险的主观恐惧。[5] 王明远教授等认为:在统计学上,风险是某个事件造成破坏或伤害的可能性或概率;

---

〔1〕 参见[美]史蒂芬·布雷耶:《打破恶性循环:政府如何有效规制风险》,宋华琳译,法律出版社 2009 年版,第 3 页。

〔2〕 参见周战超:《当代西方风险社会理论研究引论》,载薛晓源、周战超主编:《全球化与风险社会》,社会科学文献出版社 2005 年版。

〔3〕 参见张燕雪丹、周珂:《生态环境风险评价制度评述及中美比较》,载谭柏平、竺效主编:《赞天地之化育——周珂教授从教三十周年师生论文集》,法律出版社 2014 年版。

〔4〕 See Hans Günter Brauch, *Threats, Challenges, Vulnerabilities and Risks in Environmental and Human Security*, UNU Institute for Environment and Human Security, 2005, p. 9.

〔5〕 See Arnold Wolfers, *Discord and Collaboration: Essays on International Politics*, John Hopkins University Press, 1962, p. 147.

而在人类学、社会学意义上,风险则是群体对危险的认知,它的作用就是辨别群体所处的危险性。[1] 上述定义均强调了风险的客观性(物质性)和主观性(社会建构性)两个侧面的统一。

由此,本书所称的生态环境风险,是指由自然原因或人类活动引起的因降低环境质量或损害生态系统服务或功能而对人体健康、自然环境或生态系统产生不利后果的可靠概率,以及主观上对产生不利后果的概率的认知。[2] 其客观方面可以用以下算式形象地表示:生态环境风险 = 事件导致生态环境不利后果的大小 × 事件发生的概率。[3] 不论成因是自然还是人为,只要涉及生态环境的不利后果,并且这种后果存在发生的可能性,即可界定为生态环境风险。同时,生态环境风险本身除了客观概率上因数据缺乏、事件局限、科学理论局限等造成的科学不确定性以外,还包括主观的价值判断层面的不确定性。[4]

实际风险管理中常采用生态环境风险系统的概念,即由生态环境风险源、风险受体和风险控制机制三者组成的有机整体。[5] 生态环境风险源是指可能产生环境危害的源头,是生态环境风险事件发生的先决条件。生态环境风险受体即风险承受者,主要包括区域内人群、生态系统以及社会经济主体等。生态环境风险控制机制是指降低生态环境风险的政策、措施、技术等,包括生态环境风险源的控制设施与维护、管理使之良好运作等主要与人有关的机制以及对传播风险的自然条件的控制。生态环境风险控制机制又包括初级控制机制与次级控制机制:初级控制机制是指,控制生态环境风险源释放风险因子(如污染物、能量因子等)这一过程的系统,引发其失效的因素包括排污、自然灾害、管理故障、机械故障、人为故障等;次级控制机制是指对风险因子运转的控制,以及减

---

[1] 参见王明远、金峰:《科学不确定性背景下的环境正义——基于转基因生物安全问题的讨论》,载《中国社会科学》2017 年第 1 期。

[2] 本概念参考了毕军等:《我国环境风险管理的现状与重点》,载《环境保护》2017 年第 5 期。

[3] 参见毕军等:《生态环境风险管理研究:中国环境与发展国际合作委员会专题政策研究项目报告》,2015 年,第 1 页。

[4] 参见罗大平:《环境风险评价法律制度研究》,武汉大学 2005 年硕士学位论文,第 5 页。

[5] 参见毕军等:《生态环境风险管理研究:中国环境与发展国际合作委员会专题政策研究项目报告》,2015 年,第 1 ~ 2 页。

轻受体暴露及危害程度的措施。生态环境风险事件的发生,就是生态环境风险系统的各个部分依次发生作用,最终导致生态环境风险事件的发生,这一过程又被称为生态环境风险链,如图 1 所示。

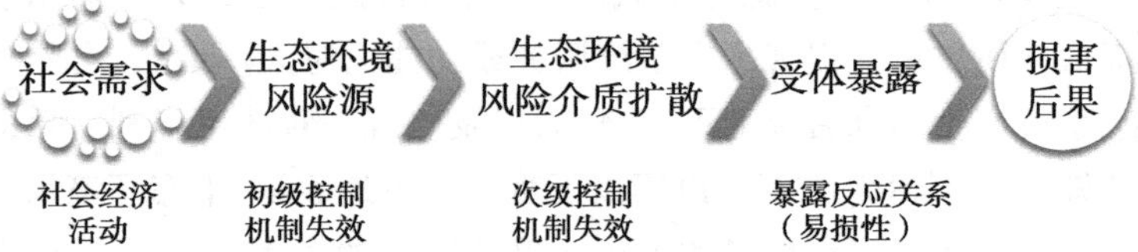

图 1　生态环境风险链

资料来源:毕军等:《生态环境风险管理研究:中国环境与发展国际合作委员会专题政策研究项目报告》,2015 年,第 2 页。

我国目前尚无关于生态环境风险的统一分类标准。按照风险源分类,生态环境风险可以分为化学风险、物理风险以及自然灾害引起的风险。按照承受风险的对象,生态环境风险可以分为人群风险、设施风险以及生态风险。[1] 按照风险产生和发生的频率,一些学者将生态环境风险分为突发生态环境风险与累积生态环境风险:突发生态环境风险是指突发事故或物质泄漏造成污染物瞬时大量排放从而影响环境质量的行为;累积生态环境风险是指人类开发活动中潜在的对人类健康、生态环境具有长远影响的危害行为。[2] 还有一种划分方式则是将生态环境风险划分为突发性污染事故风险、长期累积性污染达到一定程度引发的突发污染事件风险、长期慢性生态环境风险三个类别。[3] 笔者认为,影响和后果更能体现生态环境风险的本质,以其作为划分标准、将生态环境风险分为突发性生态环境风险和累积性生态环境风险是恰当的。

在这里区别一个容易与生态环境风险混淆的概念,即生态风险。生态系统是生态环境风险的受体之一,生态风险也是生态环境风险的一种

[1] 参见程胜高、鱼红霞:《环境风险评价的理论与实践研究》,载《环境保护》2001 年第 9 期。

[2] 参见朱德米、平辉艳:《环境风险转变社会风险的演化机制及其应对》,载《南京社会科学》2013 年第 7 期。

[3] 参见毕军等:《生态环境风险管理研究:中国环境与发展国际合作委员会专题政策研究项目报告》,2015 年,第 2～3 页。

特定类型。[1] 生态风险，是指特定生态系统中所发生的非期望事件的概率和后果，如干扰或灾害对生态系统结构和功能造成的损害，其特点是不确定性、危害性和客观性。[2] 因此，生态风险是作为生态环境风险的一个侧面而存在的，生态环境风险包括生态风险。

尽管近年来我国生态环境风险防控与管理体系不断得到完善，但总体上仍是事件驱动型的管理模式。例如，《重金属污染综合防治“十二五”规划》是在多起重金属污染事故发生后才编制出台的。[3] 我国生态环境风险管理体系建设仍然处于起步阶段，管理上存在重应急轻防范、重突发污染事故轻长期慢性健康风险等问题。环境管理模式尚未实现向风险控制为目标的管理模式的转变。毕军等认为，我国生态环境风险管理方面的主要问题包括：生态环境风险“底数不清”，缺乏生态环境风险管理的目标和战略；生态环境风险管理支撑体系不完善，包括相关法律法规体系不完善、管理技术指南与标准体系不完善、生态环境风险应急能力有待提高、生态环境风险系统化基础研究和科技支撑能力不足等；生态环境风险信息公开与风险交流体系有待提升。[4] 生态环境安全法治建设是实现对生态环境风险有效管控的重要前提。

而具体到生态环境风险与生态环境安全的关系上，此前的研究曾出现将生态环境风险理解为生态环境安全的本质、基本场景及其所试图规制和管理的对象等观点。崔胜辉等指出，生态风险是生态安全本质的两个方面之一（另一方面为生态脆弱性），生态风险表征了环境压力造成危害的概率和后果。[5] 谢玲认为，管理生态风险是实现生态安全的必然途径：“强调现代社会实现生态安全的价值，并不是说要实现一个完全没有生态风险的社会，而是一个对生态风险能进行有效管理的社会。只要我们将生态风险控制在不对人类社会构成危险的状态，就实现了生态

---

〔1〕 参见程胜高、鱼红霞：《环境风险评价的理论与实践研究》，载《环境保护》2001 年第 9 期。

〔2〕 参见肖笃宁、陈文波、郭福良：《论生态安全的基本概念和研究内容》，载《应用生态学报》2002 年第 3 期。

〔3〕 参见毕军等：《我国环境风险管理的现状与重点》，载《环境保护》2017 年第 5 期。

〔4〕 参见毕军等：《我国环境风险管理的现状与重点》，载《环境保护》2017 年第 5 期。

〔5〕 参见崔胜辉等：《生态安全研究进展》，载《生态学报》2005 年第 4 期。

安全的目标。因此对生态风险进行管理是实现生态安全的必然途径。由此可知,生态安全是环境保护的价值目标之一,是通过对生态风险进行有效控制而实现的。"[1] 马波从政府责任的角度出发,强调解决环境风险的根本出路就是确立生态安全的全新安全观,为维护生态正义、生态公平以及生态秩序,确保国家安全,政府应切实推进生态法律制度建设,积极履行法定义务,承担生态安全保障责任。[2]

笔者认为,与生态环境安全有关的风险其实并不限于生态环境风险,也包括其他领域的风险。结合我国的政策实践,应当特别将对生态环境安全与风险的认识放到新时代防范化解重大风险的大背景下来考量。所谓重大风险,是指可能传导和影响整个社会、造成极为严重后果的风险。[3] 党的十九大报告提出了全面建成小康社会的三大攻坚战,即"防范化解重大风险"、"精准脱贫"和"污染防治"。其中"防范化解重大风险"居于三大攻坚战之首。重大风险的演变可能导致国家和社会的危机。因此,增强危机意识、提高防风险化危机的能力是打好防范化解重大风险攻坚战的主要应对之策。[4]

重大风险包括七个领域的风险,即政治风险、意识形态风险、经济风险、科技风险、社会风险、外部环境风险和党的建设风险。[5] 虽然生态环境并不在明确提出的重大风险七大领域之中,但因为生态环境问题的根本性、重要性及其与其他领域问题的关联性,生态环境安全与我国当前的重大风险态势息息相关。我国生态文明建设仍处于负重前行的爬坡阶段,生态文明体系还未全面建立,生态退化、不合理地开发利用自然资源造成的环境破坏、经济建设高速发展引起的环境污染等问题依然突

---

[1] 谢玲:《我国生态安全立法的路径选择》,载《广东海洋大学学报》2014 年第 2 期。

[2] 参见马波:《论生态风险视域下政府生态安全保障责任之确立》,载《法治研究》2013 年第 4 期。

[3] 参见本刊编辑部:《防风险化危机是领导干部必备的能力》,载《中国领导科学》2019 年第 2 期。

[4] 参见本刊编辑部:《防风险化危机是领导干部必备的能力》,载《中国领导科学》2019 年第 2 期。

[5] 参见习近平:《提高防控能力着力防范化解重大风险 保持经济持续健康发展 社会大局稳定》,载新华网, http://www.xinhuanet.com/politics/2019-01/21/c_1124021712.htm。

出。一方面,如果不能尽快彻底地管理好生态环境风险,将对生态环境造成不可逆转的损害,影响到生态文明建设和中华民族永续发展的大计。另一方面,由于各领域之间的相互关联作用,生态环境的退化和恶化可能会触发关乎国家安全的事件而演变为重大的政治问题,可能因引发公共健康问题或环境群体性事件而转化为重大的民生社会问题,也可能因环境因素恶化造成系统性风险而演变为重大的经济问题,从而引发政治、社会、经济等领域的重大风险。[1] 换言之,“如果中国不迅速转变生产与生活方式,人类历史上突发性环境危机对经济、社会体系的最大摧毁,将可能出现在中国”[2]。

通过上述讨论,可以将理论和实践中与生态环境安全有关的概念之间的对应关系梳理出来,如图2所示。

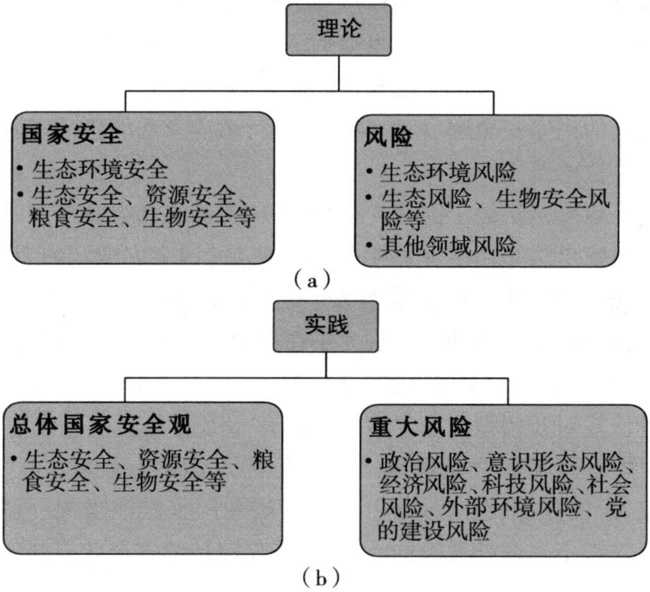

图2 理论与实践中与生态环境安全有关的概念

---

〔1〕 参见朱德米、平辉艳:《环境风险转变社会风险的演化机制及其应对》,载《南京社会科学》2013年第7期。

〔2〕 潘岳:《环境文化与民族复兴》,载《管理世界》2004年第1期。

四、生态环境安全法的范围和体系

在对生态环境安全进行界定并明确了生态环境安全与有关风险的关系后，本部分对生态环境安全法的范围和体系进行讨论。生态环境安全需要法治保障。2019年10月十九届四中全会审议通过的《中共中央关于坚持和完善中国特色社会主义制度 推进国家治理体系和治理能力现代化若干重大问题的决定》提出了12个制度体系，其中包括国家安全法律制度体系和生态文明制度体系。推动生态环境安全的法治化，可以同时满足建设国家安全法律制度体系和生态文明制度体系的要求。

我国学者对生态环境安全法的学理构造问题早有关注。[1] 周珂教授和王权典教授指出，环境安全可划分为人的生命健康、生命系统安全、环境系统安全三个层次，分别对应环境安全法体系中的特定空间安全的法律保护，自然要素、生物和非生物资源的生态功能的法律保护，国家对生态安全保障职能和公民的生态权利的法律制度化三部分内容。[2] 本书结合我国的国家安全法、环境资源法和行政应急法的法治实践确定生态环境安全法的范围。

生态环境安全法处于国家安全法、环境资源法和行政应急法的交叉领域。国家安全法律制度体系中的基本法是《国家安全法》(2015年)，生态文明法律制度体系中的基本法是《环境保护法》(2014年修订)，行政应急法律制度体系中的基本法为正在全面修订过程中的《突发事件应对法》，以及生态环境部的部门规章《突发环境事件应急管理办法》。这几部法律法规对于何谓生态环境安全已有一定指引。

《国家安全法》第2条规定："国家安全是指国家政权、主权、统一和领土完整、人民福祉、经济社会可持续发展和国家其他重大利益相对处于没有危险和不受内外威胁的状态，以及保障持续安全状态的能力。"前

---

〔1〕 参见周珂、王权典：《我国生态安全的法律价值与法制体系之初探》，载《华南农业大学学报(社会科学版)》2002年第1期；王权典、周珂：《国家环境安全及其法律保护比较研究》，载《环境保护》2003年第2期；周珂、王权典：《论国家生态环境安全法律问题》，载《江海学刊》2003年第1期。

〔2〕 参见周珂、王权典：《论国家生态环境安全法律问题》，载《江海学刊》2003年第1期。

文已经提到,可持续发展理论源自《我们共同的未来》这一报告。该报告同时指出:“今天,保护一国的安全不能以牺牲别国为代价。安全只能是普遍的,但又不能只是政治和军事的,还应当是生态、经济和社会的。安全必须确保实现人类整体的期望。”[1]虽然《国家安全法》第2条中未明确用“环境”或者“生态”一词修饰“可持续发展”,但可持续发展概念的诞生具有较为明确的生态环境意蕴。此外,《国家安全法》第2条中“国家其他重大利益”的表述也可以被理解为预留了将生态环境安全纳入国家安全的空间。《国家安全法》第3条规定:“国家安全工作应当坚持总体国家安全观……维护各领域国家安全,构建国家安全体系,走中国特色国家安全道路。”《国家安全法》第8条第2款规定:“国家安全工作应当统筹内部安全和外部安全、国土安全和国民安全、传统安全和非传统安全、自身安全和共同安全。”上述相关法条体现出国家安全乃是一个具有综合性、全局性和基础性的概念,其内涵丰富,并且明确包括“非传统安全”;而《国家安全法》的立法目的是要对各领域的国家安全进行一体化保护,构建国家安全体系。《国家安全法》第30条明确规定了生态环境安全的内容:“国家完善生态环境保护制度体系,加大生态建设和环境保护力度,划定生态保护红线,强化生态风险的预警和防控,妥善处置突发环境事件,保障人民赖以生存发展的大气、水、土壤等自然环境和条件不受威胁和破坏,促进人与自然和谐发展。”从结构上看,第30条位于《国家安全法》第二章“维护国家安全的任务”中,此章实质上是对各领域中具体的国家安全保障任务进行规定。从内容上看,《国家安全法》第30条提到了“人与自然和谐发展”的总体思路,“大气、水、土壤”等环境要素,“生态风险”和“突发环境事件”的生态环境治理任务,“生态建设”和“环境保护”目标,“生态环境保护制度”和“生态保护红线”等具体制度,不仅明确地将生态环境问题作为国家安全问题加以考虑,而且呈现了生态环境安全法所关注的内容和试图搭建的体系。根据《国家安全法》第30条,我们至少可以明确:生态环境安全法

---

〔1〕 Brundtland Commission, *Our Common Future*: *Report of the World Commission on Environment and Development*, United Nations, 1987, p. 1.

是在人与自然和谐发展理念的指导下，保护人民赖以生存发展的大气、水、土壤等自然环境和条件，防治生态风险和突发环境事件，通过生态环境保护制度、生态保护红线制度等具体制度实现生态建设和环境保护目标。

《环境保护法》不同条文中分别使用“环境安全”和“生态安全”的表述：该法第 47 条规定了环境污染公共监测预警机制，提到对于“环境受到污染，可能影响公众健康和环境安全”的情况，应当及时公布预警信息，启动应急措施；该法第 30 条规定，开发利用自然资源应当“保障生态安全”。《突发事件应对法》第 1 条规定，该法所维护的价值包括“国家安全、公共安全、环境安全和社会秩序”。2021 年 12 月 20 日，司法部部长就修订《突发事件应对法》进行说明时，提到《突发事件应对法》有“维护国家安全、公共安全、生态环境安全和社会秩序”的作用。[1]《突发环境事件应急管理办法》第 1 条规定了该规章所保障的价值包括“公众生命安全、环境安全和财产安全”，第 2 条将“突发环境事件”定义为自然和人为因素“导致污染物或者放射性物质等有毒有害物质进入大气、水体、土壤等环境介质，突然造成或者可能造成环境质量下降，危及公众身体健康和财产安全，或者造成生态环境破坏，或者造成重大社会影响，需要采取紧急措施予以应对的事件”。

就生态环境安全的内涵而言，此处列举的“环境安全”或者“生态安全”或者“生态环境安全”是被放到与公众生命安全、公共安全、社会秩序以及传统的国家安全并列意义上的一个基础性、总括性概念。使用“生态环境安全”这一表述有助于将国家安全法、环境资源法和行政应急法中的有关概念囊括进来，形成统一的话语体系。而就生态环境安全的外延来讲，《国家安全法》第 30 条明确提及“加大生态建设和环境保护力度”“划定生态保护红线”，这是确认了生态安全法及其子概念生态保护红线法作为生态环境安全法体系组成部分的地位。此外，该条提到

---

〔1〕 参见王比学：《疫情对突发事件应对管理带来挑战 突发事件应对法拟全面修订》，载中国人大网 2021 年 12 月 21 日，http://www.npc.gov.cn/npc/c30834/202112/a55c8c498c7a4296bd9babe59beee842.shtml。

“人民赖以生存发展的大气、水、土壤等自然环境和条件”以及《环境保护法》第 30 条规定的开发利用自然资源应当保障生态安全,说明应当将人居环境中与生存息息相关的自然资源和要素法纳入生态环境安全法的范围内。而《国家安全法》第 30 条提及的“强化生态风险的预警和防控,妥善处置突发环境事件”、《环境保护法》第 47 条提及的预警信息和应急措施,以及《突发环境事件应急管理办法》中的突发环境事件应急管理,则属于生态环境安全法下的基础安全和应急制度,也应被纳入生态环境安全法的体系内。此外,由于粮食安全、能源安全与生态环境存在密切联系,其也应当被纳入生态环境安全法的范围内。当然,近年来得到国家决策和立法机关高度重视、正在积极立法进程中的气候安全法和生物安全法,也应被纳入生态环境安全法的范围内。近期就有学者呼吁,应把气候安全明确纳入中国国家安全体系,以便有效应对气候变化,更有力地维护中国国家安全。[1] 党的二十大报告明确提及了生物安全、粮食安全和能源安全。[2]

这里有一个问题需要加以说明,即如何理解《国家安全法》第 30 条提到的“完善生态环境保护制度体系”中的生态环境保护制度。笔者认为,应当对此处的生态环境保护制度作限缩解释,即并不将其理解为生态环境保护制度的整体,而应指其中涉及生态环境风险和生态环境安全利益的部分,否则将导致环境资源法这一大概念被生态环境安全法这一相对较小的交叉领域的概念吞并的荒谬结果。依据上述分析,生态环境安全法体系如图 3 所示。

---

〔1〕 参见张海滨:《关于全球气候治理若干问题的思考》,载《华中科技大学学报(社会科学版)》2022 年第 5 期。

〔2〕 参见习近平:《高举中国特色社会主义伟大旗帜 为全面建设社会主义现代化国家而团结奋斗——在中国共产党第二十次全国代表大会上的报告》,载新华网,http://www.news.cn/politics/cpc20/2022-10/25/c_1129079429.htm。

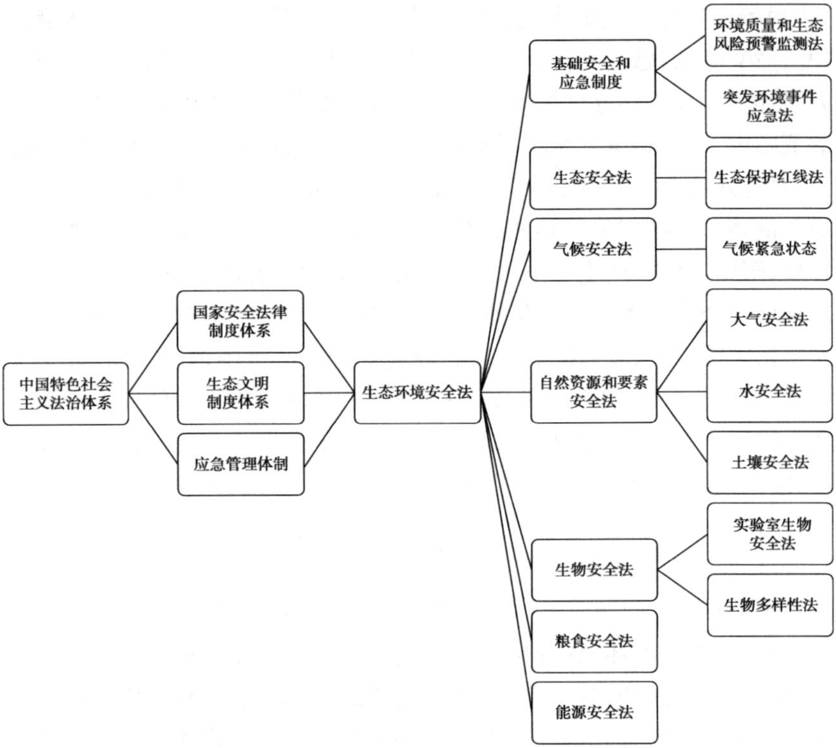

图3　生态环境安全法体系

在明确了生态环境安全法的范围和体系后，本书接下来将从理论和制度两个维度展开讨论。理论创新编包含三章：第一章讨论生态环境安全法的理念，从主体论、价值论和认识论三方面展开；第二章探讨生态环境安全法的原则，分析和证成由人类宜居原则、风险预防原则、不倒退原则和合作治理原则组成的生态环境安全法的原则体系；第三章关注生态环境安全法的主体，包括国家这一传统主体和公民、企业、社会组织、国际组织等新型主体。制度创新编包含四章，选取了四个近年来创新实践和问题较多的生态环境安全法分支展开讨论：第四章"气候安全法治创新"总结气候变化对法律体系构成破坏性挑战的特征，并重点考察气候变化法与国家安全法交叉领域的基本问题，即气候紧急状态问题，最后提出气候安全法治发展的建议;第五章“生态安全法治创新”总结生态安全的特点,澄清生态安全的价值内涵和定位,并重点关注生态保护红线制度的法治建设与制度创新;第六章“生物安全法治创新”总结生物安全的特征,并重点关注实验室生物安全法中的实验动物安全管理问题;第七章“水安全法治创新”选取自然资源和要素安全法下的水安全法,总结了水安全法的特点,并以海水淡化立法为例分析了水安全法的创新进路。制度创新编的分析中着重考察实现环境安全“良法善治”所遇到的障碍,并提供解决问题的基本思路。本书结语总结全书主要内容,并以安全与韧性结合的视角展望生态环境安全法治的未来发展和未来的研究方向与重点。

理论创新编

第一章　生态环境安全法的理念

生态环境安全的法理念体系，也即生态环境安全的核心价值体系，是生态环境安全法治形而上的部分，是生态环境安全法的法理基础。相较于民主、法治、自由等传统法理念，以安全为视角的生态环境安全法理念在主体论、价值论和认识论等方面有所革新，并符合可持续发展的内在要求。

第一节　主体之辨：人与自然、人与人的和谐共生

在主体论层面，生态环境安全法将法学研究的主体从人类和人与人之间的社会关系拓展到了包括人类在内的生态环境，以及人与自然的关系。在人类世和风险社会背景下，生态环境安全法所遵循的是"人与自然、人与人的和谐共生"的新理念。

从世界范围来看，在人与自然关系这一问题上，存在三种典型观点，分别是古典人类中心主义、非人类中心主义和现代人类中心主义。第一种观点是古典人类中心主义（anthropocentrism），它遵循西方传统伦理学观点，主张自然界与人类有主客之分，只有人类具有内在价值，或者人类的内在价值远大于任何非人类事物的内在价值，因此牺牲非人类事物以

保护或促进人类的利益或福祉几乎总是合理的。[1] 例如，亚里士多德指出："自然……创造所有的动物必然是为了人类。"[2]这种目的论思维将自然的价值视为完全工具性的，认为自然是实现人类目的的手段。这也是工业文明背景下开发利用自然，同时无视过度开发利用所造成的环境恶化和生态破坏的思想基础。

第二种观点是20世纪70年代随着环境伦理学兴起而产生的非人类中心主义（nonanthropocentrism），该理论对以人类为中心、以满足人类利益和需要为根本依据的传统伦理学发起了挑战。[3] 无论是移植和延伸传统伦理学概念和规范的动物解放论、动物权利论、生命平等论等，还是利用生态学基本原理来构建环境伦理学的大地伦理学、自然价值论、深生态学等，抑或从生态问题出发进行社会正义思考的女性主义生态学、社会生态学等，非人类中心主义理论都否认道德关注的中心应该是人类利益，认为非人类世界之所以有价值，并不只是因为它直接或间接地为人类利益服务，并据此提倡人类应当以生态为中心并顺应自然、保护自然环境。[4] 一些非人类中心主义伦理学家使用内在价值（intrinsic value）的概念，试图赋予自然环境以及自然中的非人类事物以内在价值，尽管他们对于何为内在价值可能持有不同的观点。[5]

第三种观点是现代人类中心主义或者革新的人类中心主义（enlightened anthropocentrism），该理论在反思古典人类中心主义的基础上，认为没有必要发展新的非人类中心主义理论，而应当将对环境的道德义务植根于人对环境中的人类居民的直接义务，不仅把自然看作对象，而

---

〔1〕 See Andrew Brennan & Norva Y. S. Lo, *Environmental Ethics*, The Stanford Encyclopedia of Philosophy (Summer 2022 edition) (May 4, 2022), https://plato.stanford.edu/archives/sum2022/entries/ethics-environmental/.

〔2〕［古希腊］亚里士多德：《政治学》，高书文译，中国社会科学出版社2009年版，第21页。

〔3〕参见刘湘溶：《人与自然的道德话语：环境伦理学的进展与反思》，湖南师范大学出版社2004年版，第21页；李培超：《伦理拓展主义的颠覆：西方环境伦理思潮研究》，湖南师范大学出版社2004年版，第31页。

〔4〕环境伦理思潮的派别划分，参见李培超：《伦理拓展主义的颠覆：西方环境伦理思潮研究》，湖南师范大学出版社2004年版，第29～32页。

〔5〕 See Katie McShane, *Anthropocentrism vs. Nonanthropocentrism: Why Should We Care?*, Environmental Values, Vol. 16, p. 169-170 (2007).

且看作人类自身价值的载体,保护和合理地利用自然。[1] 诺顿(Bryan G. Norton)称其为弱式人类中心主义(weak anthropocentrism),它与强式人类中心主义(strong anthropocentrism)的区分如下:强式人类中心主义指价值理论所支持的所有价值都满足人类个体的感觉偏好(felt preferences);弱式人类中心主义则不仅满足人类个体的某些感觉偏好,也满足得到理性肯定的深思熟虑的偏好(considered preferences)。[2] 诺顿由弱势人类中心主义出发,认为由代内公平分配和非个人化的代际资源维持义务构成的环境伦理,足以构成对过度消费的感觉偏好批评的基础,可以实现与非人类中心主义同样的推崇环境负责任行为和政策的效果,同时又可以避免非人类中心主义的主体论争议,因此弱式人类中心主义优于非人类中心主义。[3]

大多数的政策制定者和社会科学家都是现代人类中心主义者,他们的多数工作都以人类中心主义为假定前提。[4] 而环境伦理学家对于人类中心主义假设的承认,也让他们得以与那些对环境政策有重要影响的人建立起更有成效的合作关系。[5]《我们共同的未来》这一报告就是人类中心主义的一个例证。该报告将可持续发展定义为"既满足当代人的需要,又不对后代人满足其需要的能力构成危害"[6]。这一定义采用以人类为核心的视角,具有明显的现代人类中心主义色彩。该报告也指

---

〔1〕 See Andrew Brennan & Norva Y. S. Lo, *Environmental Ethics*, The Stanford Encyclopedia of Philosophy (Summer 2022 Edition) (May 4, 2022), https://plato.stanford.edu/archives/sum2022/entries/ethics-environmental/.

〔2〕 See Bryan G. Norton, *Environmental Ethics and Weak Anthropocentrism*, Environmental Ethics, Vol.6, p.131-148 (1984); 参见李培超:《伦理拓展主义的颠覆:西方环境伦理思潮研究》,湖南师范大学出版社2004年版,第202页。

〔3〕 See Bryan G. Norton, *Environmental Ethics and Weak Anthropocentrism*, Environmental Ethics, Vol.6, p.131-148 (1984); Katie McShane, *Anthropocentrism vs. Nonanthropocentrism: Why Should We Care?*, Environmental Values, Vol.16, p.170 (2007).

〔4〕 See Katie McShane, *Anthropocentrism vs. Nonanthropocentrism: Why Should We Care?*, Environmental Values, Vol.16, p.172 (2007).

〔5〕 See Bryan G. Norton, *Pragmatism, Adaptive Management, and Sustainability*, Environmental Ethics, Vol.8:4, p.451-466 (1999).

〔6〕 世界环境与发展委员会:《我们共同的未来》,王之佳等译,吉林人民出版社1997年版,第52页。

出,越来越多的证据表明,对生命支持至关重要的地球系统正处于紧张状态。由此可见,人类对生态资本的可持续开发利用关乎人类的未来与安全,这依然是以人类为中心的视角。人类中心主义的视角也得到了包括 1992 年《里约环境与发展宣言》(以下简称《里约宣言》)在内的后续国际文件的支持。在人类世和风险社会的背景下,现代人类中心主义可以进一步得到支持。在认识到人类改造自然的巨大影响力和不能完全规避、可能造成全球影响甚而危及人类存续的生态风险后,人类必然不能延续人与自然二分对立的简单认识,而是需要将对自然的善与对人类自身的善统一起来,从矛盾冲突走向协调共生。

在我国语境中,人与自然的关系是生态文明的基础问题,也是生态环境安全法所调整的基础关系。自生态文明概念被提出以来,党和国家的顶层设计中多使用"人与自然和谐发展"来描述人与自然的关系。例如,党的十八大报告指出:"加快建立生态文明制度……推动形成人与自然和谐发展现代化建设新格局。"[1]党的十八届五中全会首次提出"人与自然和谐共生"的发展理念。党的十九届四中全会则用"坚持和完善生态文明制度体系,促进人与自然和谐共生"来概括解决生态文明建设问题的总体思路,使"人与自然和谐共生"成为对人与自然关系的基本描述,将"促进人与自然和谐共生"作为生态文明建设的总体目标。

从"和谐发展"到"和谐共生",反映了党和国家对新时代生态环境问题基础性和紧迫性的清醒认识。共生是生物学概念,指不同种属的生物因某种物质联系而生活在一起的现象。人与自然的共生关系,一方面表明自然是人类社会存续的前提和物质基础,人不能离开自然而存在;另一方面也揭示出人类世背景下人类活动对自然环境的潜在巨大影响,自然的存在与否有赖于人类活动遵守自然的限度。当前的科学研究支持人与自然共生的观点:研究表明,在被称为行星限度(planetary boundaries)的确保人类安全存续空间的地球系统的九大子系统中,气候变化程度、生物多样性丧失率和氮循环干扰程度已超越临界值,而人类活动

---

〔1〕 中共中央文献研究室编:《十八大以来重要文献选编》(上),中央文献出版社 2014 年版,第 15 页。

正是这些环境变化的主因。[1] 自党的十八届五中全会以来，习近平总书记多次论及这一共生关系："人因自然而生，人与自然是一种共生关系，对自然的伤害最终会伤及人类自身。"[2]"人与自然是生命共同体，人类必须尊重自然、顺应自然、保护自然。"[3]人与自然的共生关系，要求人类遵循自然规律，以便"有效防止在开发利用自然上走弯路"[4]。2018年5月18日，习近平总书记在全国生态环境保护大会上的讲话特别指出，新时代推进生态文明建设，首先需要坚持的原则就是"坚持人与自然和谐共生"，人与自然是生命共同体，当人类合理利用、友好保护自然时，自然的回报常常是慷慨的；当人类无序开发、粗暴掠夺自然时，自然的惩罚必然是无情的。[5] 在党的十九届五中全会上，习近平总书记强调，我国建设社会主义现代化国家具有许多重要特征，其中之一就是我国的现代化是人与自然和谐共生的现代化。[6]

党和国家的顶层设计中提出"人与自然和谐共生"这一科学论断，奠定了社会主义生态文明的理论基础，具有重大的理论意义和现实影响。人与自然和谐共生，更新了环境资源法的法哲学基础，进而推动了生态安全法的主体论革新。保护优先原则是环境基本法《环境保护法》第5条所确立的环境法基本原则之一，适用于环境立法、执法、司法和守法的法治全过程。围绕保护优先原则，一直存在保护对象是环境还是生态，保护实质是环境利益优先于经济发展、环境保护行为优先于环境开

---

〔1〕 See Johan Rockström et al., *A Safe Operating Space for Humanity*, Nature, Vol. 461: 24, p. 472 – 475 (2009).

〔2〕 习近平：《在省部级主要领导干部学习贯彻党的十八届五中全会精神专题研讨班上的讲话（2016年1月18日）》，人民出版社2016年版，第18页。

〔3〕 习近平：《决胜全面建成小康社会 夺取新时代中国特色社会主义伟大胜利——在中国共产党第十九次全国代表大会上的报告（2017年10月18日）》，人民出版社2017年版，第64页。

〔4〕 习近平：《在省部级主要领导干部学习贯彻党的十八届五中全会精神专题研讨班上的讲话（2016年1月18日）》，人民出版社2016年版，第18页。

〔5〕 参见习近平：《论坚持人与自然和谐共生》，中央文献出版社2022年版，第9页。

〔6〕 参见习近平：《习近平谈治国理政》（第4卷），外文出版社2022年版，第362页。

发利用行为还是风险预防等争论。[1] 进入生态文明时代，本体论上人与自然的二分法受到挑战，追求人在自然之中与万物共生的生态法治理念正在出现。[2] 在人与自然的生命共同体中，人是地球生态系统的组成部分，而自然则是“原初自然、人化自然和人工自然的统一体”[3]。经过理念更新的保护优先原则，其出发点是共生逻辑，对象是包括人类社会在内的整个地球生态系统，实质是通过“尊重自然、顺应自然、保护自然”的理念和行为，实现人与自然生命共同体的和谐共生和可持续发展。

由此，人与自然和谐共生理念要求：不仅以人为标准考虑自然的资源和工具性价值，也认可自然具有独立于人的生态、遗传等内在价值；不仅将自然视为权利客体，也适当承认其主体地位；不仅将环境利益和经济利益作为权衡对象，也承认在关涉国家安全时环境利益所具有的前提性、基础性和绝对优先性。选用人与自然和谐共生理念指导实践，可以有力推动生态环境安全法治建设。

除人与自然的和谐共生外，人与人的和谐共生也是生态环境安全法的理念内涵之一。以气候变化、新型冠状病毒感染为代表的全球生态环境安全事件，已经超越了地区和国别，呈现明显的全球性和相互关联性。面对全球性的生态环境风险，没有国家可以独善其身。而生态环境风险的有效控制和环境安全的保护，又有赖于国家之间的国际合作和国内在区域和个人层面的共同治理。在这种情况下，仅以民族国家的视角看待生态环境问题远远不够。作为负责任的大国，中国理应站到全人类乃至整个地球生态系统的高度来思考人与人和谐共生的路径，为全球生态环境安全的维护贡献中国智慧和中国方案。因此，在人类命运共同体之内，人与人之间的和谐共生也是生态环境安全法的本体论理念的组成部分。

---

〔1〕 参见竺效：《论中国环境法基本原则的立法发展与再发展》，载《华东政法大学学报》2014年第3期；王社坤、苗振华：《环境保护优先原则内涵探析》，载《中国矿业大学学报（社会科学版）》2018年第1期。

〔2〕 参见朱明哲：《生态文明时代的共生法哲学》，载《环球法律评论》2019年第2期。

〔3〕 张云飞：《唯物史观视野中的生态文明》，中国人民大学出版社2018年版，第185页。

第二节　价值之辨：环境正义在科学不确定性下的转向

在价值论层面上，生态环境安全法体现出环境正义理念在科学不确定性情境下的新内涵。法是善与正义之科学。[1] 正如正义是法学的基本理念一样，维护和追求环境正义也是环境资源法学的基本理念。[2] 在环境法的正义、秩序、效率等诸价值中，正义价值被认为处于最高位阶。[3]

环境正义运动于20世纪80年代初产生于美国，之后传播到包括欧盟和我国在内的世界其他地区。[4] 然而，对于何谓正义，以及何谓环境正义，历来众说纷纭，不同政治、经济和文化下的人们对于环境正义问题的回应方式和着力点也不尽相同。[5] 一般来说，环境正义论主要是关涉有限环境资源的分配正义的理论，这些理论涉及利益相对于人们的需求较为稀缺或负担过度时，利益与负担进行分配的方式。[6] 当至少有一部分人必须放弃他们更想拥有的利益时，人们需要用一种方式决定哪些人该承担哪些义务和责任，哪些人该享有哪些利益。[7]

在讨论环境正义问题时，最常被我国法学家引用的理论当属约翰·

---

〔1〕 参见梁治平：《梁治平自选集》，广西师范大学出版社1997年版，第24页。

〔2〕 参见蔡守秋：《环境正义与环境安全——二论环境资源法学的基本理念》，载《河海大学学报（哲学社会科学版）》2005年第2期。

〔3〕 参见于文轩：《生物安全法之正义价值探析——以罗尔斯正义理论为视角》，载《法商研究》2008年第2期。

〔4〕 参见周杰普、吴春潇：《环境正义源变考》，载《中共福建省委党校学报》2017年第4期。

〔5〕 参见周杰普、吴春潇：《环境正义源变考》，载《中共福建省委党校学报》2017年第4期。

〔6〕 参见王明远、金峰：《科学不确定性背景下的环境正义——基于转基因生物安全问题的讨论》，载《中国社会科学》2017年第1期。

〔7〕 参见［美］彼得·S.温茨：《环境正义论》，朱丹琼、宋玉波译，上海人民出版社2007年版，第2页。

罗尔斯(John Bordley Rawls)的正义论。[1] 罗尔斯的正义论强调,正义原则是在一种公平的原初状态中被一致同意的,而原初状态假定各方处于“无知之幕”的背后,参加者对自身的特性、能力、宗教信仰及个人历史一无所知。[2] 在该假设的基础上,罗尔斯提出了实现正义的两个原则:第一原则,即每个人对其他人所拥有的最广泛的、与平等基本自由体系相容的类似自由体系都应有一种平等的权利(平等自由原则);第二原则,即社会和经济的不平等应该这样安排,使它们被合理地期望符合每一个人的利益(差别原则),并且依系于地位和向所有人开放(机会公正平等原则)。[3] 在原则的适用顺序上,第一原则优先于第二原则,第二原则中的机会公正平等原则又优先于差别原则,只有在充分满足了前一原则的情况下才能考虑后一原则。[4]

但是,对罗尔斯的正义论是否可以直接适用于生态环境问题,仍然存在不同的理论观点。甚至罗尔斯本人也对此有所保留,其承认人与动物和自然的关系的正确观念在正义论的范围之外,属于形而上学的任务。[5] 正义论适用于生态环境问题存在的困难首先体现在,罗尔斯的正义论预设了人的风险规避(risk-averse)偏好,这将导致“公地的悲剧”(tragedy of the commons)。其中的逻辑在于,由于代表性个体对于自身所处原初状态的资源情况一无所知,所以风险规避偏好会使之尽可能地

---

[1] 相关文献,如于文轩:《生物安全法之正义价值探析——以罗尔斯正义理论为视角》,载《法商研究》2008 年第 2 期;曹明德:《中国参与国际气候治理的法律立场和策略:以气候正义为视角》,载《中国法学》2016 年第 1 期;周杰普、吴春潇:《环境正义源变考》,载《中共福建省委党校学报》2017 年第 4 期;王明远、金峰:《科学不确定性背景下的环境正义——基于转基因生物安全问题的讨论》,载《中国社会科学》2017 年第 1 期。

[2] 参见赵汀阳:《坏世界研究:作为第一哲学的政治哲学》,中国人民大学出版社 2009 年版,第 34 页。

[3] 参见[美]约翰・罗尔斯:《正义论》,何怀宏、何包钢、廖申白译,中国社会科学出版社 2009 年版,第 47 页。

[4] 参见[美]约翰・罗尔斯:《正义论》,何怀宏、何包钢、廖申白译,中国社会科学出版社 2009 年版,第 48 页。

[5] See James Penn, *Towards an Ecologically - based Society: A Rawlsian Perspective*, Ecological Economics, Vol. 2: 3, p. 230 (1990);[美]约翰・罗尔斯:《正义论》,何怀宏、何包钢、廖申白译,中国社会科学出版社 2009 年版,第 404 ~405 页。

去使用公共资源以确保自身至少获得一些利益;而个人行为的叠加会造成公共资源的过度使用和破坏,从而使个人利益和社会利益、个人短期利益和长期利益产生冲突对立。[1] 当正义论用于解决国际环境问题时,实际上要求我们必须接受罗尔斯理论中的西方偏见,特别是源自启蒙运动的理性信仰。该理论预设了原初状态的经济阶级是利益同质化的,代表性个体可以代表国家利益等,但这些预设在处理国际问题时可能并不成立;此外,罗尔斯回避了产品估值这一生态环境领域必须直面的问题。[2] 这些缺憾让罗尔斯的正义论难以解决涉及包括发展中国家在内的处于不同发展阶段、具有不同文化传统的多个国家的国际环境问题。最后,在代际正义问题上,正义论忽略了时代因素和家庭先决条件以优势或劣势的形式实际影响子代状况的可能性;同时,处于原初状态的代表性个体又因为缺乏必要信息、缺少正义感以及个人利益与自我牺牲的冲突等原因,无法及时采取最优策略使污染的个人成本等于污染的社会成本,从而使得"公地的悲剧"现象延续。[3]

在人类世和风险社会的语境下将正义论用于讨论生态环境安全问题,需要对正义论进行一定的修正。一方面,需要重新考虑罗尔斯正义论对于人的风险规避偏好的预设,以及我们对于自然资源的假设。风险社会中,风险分配的逻辑代替了财富分配的逻辑。[4] 环境正义也必须处理风险分配的新问题,即在科学不确定的条件下如何进行利益与负担的分配。在人类世背景下,考虑到人类活动对地球系统的决定性影响,假设世界自然资源的稳定供给显然是不现实的。此时,处于"无知之

---

〔1〕 See Todd B. Adams, *Rawls' Theory of Justice and International Environmental Law: A Philosophical Perspective*, Pacific McGeorge Global Business & Development Law Journal, Vol. 20:1, p. 4 (2007).

〔2〕 See Todd B. Adams, *Rawls' Theory of Justice and International Environmental Law: A Philosophical Perspective*, Pacific McGeorge Global Business & Development Law Journal, Vol. 20:1, p. 6 – 9 (2007).

〔3〕 See Todd B. Adams, *Rawls' Theory of Justice and International Environmental Law: A Philosophical Perspective*, Pacific McGeorge Global Business & Development Law Journal, Vol. 20:1, p. 9 – 10 (2007).

〔4〕 参见[德]乌尔里希·贝克:《风险社会:新的现代性之路》,张文杰、何博闻译,译林出版社2018年版,第3～48页。

幕”背后原初状态下的代表性个体需要解决的,并不是什么样的契约可以确保其至少获得一些个人利益的问题,而是如果要尽最大可能生活在一个可持续的世界之中,代表性个体应当采取何种风险态度的问题。处于原初状态的代表性个体必须考虑到世界上自然资源的不确定性,并对风险采取多元化的处理方法,以鼓励资源稀缺情况下个人承担风险并做出符合社会利益和长期利益的行为,避免“公地的悲剧”发生。同时,由于对气候变化等环境安全风险的影响程度存在科学预测上的局限,处于原初状态的代表性个体需要对各种可能的事实情况、各种情况发生的可能性以及错误选择的后果都有所了解,才有可能达成契约。

另一方面,我们可能要对正义论的广泛适用性进行限制,考虑代表性个体利益和国家利益的差异,处于不同发展阶段、具有不同文化传统的国家的利益的差异。例如,在科学不确定性情境下,在生态环境安全问题上很难去确定机会公正平等原则和差别原则中的“最不利的成员”和“最大利益”。修正不平等后形成的机会应当有利于社会中最不利成员得到最大利益,然而,不同的社会主体除了财富地位不同以外,风险地位也是不同的,应当如何界定其有利或者不利的程度?最大利益包括国家安全、社会秩序、生态环境、资源能源、人体健康、基本饮食条件等在内的广泛利益,不同的社区可能对最大利益及各项利益的权重和排序有不同的观点。以水安全中的海水淡化问题为例,干旱缺水、连饮用水需要都时常得不到保证的中东北非地区所考虑的利益以及利益权重与水资源丰富的地区不同:前者更容易在明知海水淡化可能影响海洋生态环境的情况下,依然出于满足人民基本饮水需要的目的大力发展海水淡化产业。因此,在人类世和风险社会的语境下,适用正义论更为恰当的方法可能是结合语境进行价值和利益的个案分析,而不是试图建立起一个放之四海而皆准、能够公平解决所有生态环境问题的结构,并且需要特别关注处于文化和经济双重弱势地位的发展中国家的价值观和利益。

总体而言,运用以罗尔斯正义论为代表的环境正义的学说,可以从环境正义的角度提出生态环境安全法的价值目标,也就是采取多元化的风险管理方法,鼓励资源稀缺情况下个人承担风险、做出符合社会利益和长期利益的行为,避免“公地的悲剧”发生,尽最大可能使人类生活在一个可持续的世界之中,注意价值和利益需要结合具体语境进行个案分析。同时,我们也注意到,要在科学不确定性情境下确定“最不利的成员”和“最大利益”,或者说实现生态环境安全的程序正义,需要对风险信息和知识进行认识论分析。

第三节　认识之辨:风险知识的合作生产

在认识论层面上,生态环境安全法体现为风险知识合作生产的新理念。与传统生态环境风险不同,现代生态环境风险的实质是科学知识或专业知识的不确定性所引发的科技风险作用于生态环境以及人类健康领域的结果。[1] “风险的本质在于决策,而决策的本质在于知识。”[2] 当前,存在生态环境风险的治理僵局:一方面,由于生态环境风险与复杂的科学技术相关联,风险知识的生产基本上被科技专家与技术官僚垄断,普通公众被排除在风险治理与决策过程之外;另一方面,社会公众在风险恐惧中高度质疑专家的可信性以及政府决策动机与目的的正当性,这种质疑引起政府、专家与民众的沟通不畅、信任丧失甚至对立冲突。[3] 这种僵局提示我们应当对知识输入类型与应用模式进行反思。

目前,对生态环境风险知识的认知基于三种不同的理论基础,并分别与三种公众参与模式相联系。第一种理论是传统的科学启蒙观,它认为,科学知识本身是客观有效且价值无涉的,是人类理解自然的唯一途径。[4] 因此,生态环境风险的根源不在于科学知识,而在于科学知识的不当使用。以科学启蒙观的认识论为基础,掌握科学知识与技术的专家日益主导了生态环境风险的治理过程、掌握了生态环境风险的定义权,将普通社会公众排除在外。这种现象造成了公众对专家以及科学知识

---

〔1〕 参见张海柱:《环境风险治理中的知识生产与公众参与》,载《人文杂志》2018 年第 1 期。

〔2〕 李瑞昌:《风险、知识与公共决策》,天津人民出版社 2006 年版,第 248 页。

〔3〕 参见张海柱:《环境风险治理中的知识生产与公众参与》,载《人文杂志》2018 年第 1 期。

〔4〕 See Irwin Alan & Brian Wynn, *Misunderstanding Science: The Public Reconstruction of Science and Technology*, Cambridge University Press, 2004, p. 6.

系统的依赖,成为"专家治国"(technocracy)体制的重要体现。[1] 此理论所对应的是普通公众科学认知能力的缺失模型(deficit model),即假设公众缺乏充足、有效的科学知识用于理解科技事务以及由此引发的生态环境风险。[2] 在这种观点下,公众参与需要建立在提升公众科学素质的基础上。

第二种理论是20世纪70年代兴起的科学知识社会学,它对传统假设提出了挑战,认为科学知识是通过"社会磋商"过程确立的,科学知识自身具有内在不确定性。[3] 在此基础上,贝克和安东尼·吉登斯(Anthony Giddens)均指出,知识已经成为风险和不确定性的来源。[4] 以公共卫生政策为例,依据复杂性理论,在高度不确定性和新兴风险产生的"世界风险社会"中,影响公共卫生的复杂过程决定了知识基础的非线性特点,一味追求基于证据的公共卫生政策将会面临严重的局限性。[5] 因此,专家与官僚同盟一方面难以做出准确的判断和预测,另一方面又因为责任制的缺乏而出现"有组织的不负责任"的现象。[6] 基于这种认识论的公众参与,强调公众对于竞争性专家或科学知识的自由选择权,公众是科学知识的选择者。[7] 但是,由于风险知识最终仍然源于科学知识,知识的流动方式仍然是从专家到公众,这种观点被认为批判性

---

〔1〕 参见王芳:《不确定性与脱嵌:环境风险生成中的科技失灵》,载《华东理工大学学报(社会科学版)》2016年第4期。

〔2〕 参见张海柱:《环境风险治理中的知识生产与公众参与》,载《人文杂志》2018年第1期。

〔3〕 参见[英]迈克尔·马尔凯:《科学与知识社会学》,林聚任等译,东方出版社2001年版,第71、124页。

〔4〕 参见[德]乌尔里希·贝克:《风险社会:新的现代性之路》,张文杰、何博闻译,译林出版社2018年版,第14、218~219页;[英]安东尼·吉登斯:《超越左与右——激进政治的未来》,李惠斌、杨雪冬译,社会科学文献出版社2000年版,第4页。

〔5〕 See Sarah Curtis & Mylène Riva, *Health Geographies II: Complexity and Health Care Systems and Policy*, Progress in Human Geography, Vol. 34:4, p. 513 – 520 (2010).

〔6〕 参见蔡守秋:《论政府防治生态环境风险的法律机制》,载《公民与法》2011年第10期;[德]乌尔里希·贝克:《世界风险社会》,吴英姿、孙淑敏译,南京大学出版社2004年版,第78、191页。

〔7〕 参见张海柱:《环境风险治理中的知识生产与公众参与》,载《人文杂志》2018年第1期。

有限，仍然是缺失模型的延续。[1]

第三种理论是常民知识（lay knowledge）认识论。常民知识是普通人以日常生活知识为基础对外部世界（包括科学世界）进行类型化，将陌生情境转化为熟悉的日常生活情境，赋予社会以现实感和秩序感。[2] 常民知识作为一种有别于专家知识或科学知识的知识类型，在生态环境风险问题上具有重要的认知价值。例如，气候变化可以被视为一种地方层面的关系现象加以研究，气候变化的常民知识也被认为长期来看具有为当前由专家解决的问题提供有效（而不只是正当）的解决方案的潜力。[3] 近期的一项研究表明，许多环境专家对于常民知识采取了较为积极的观点，并且专家们也承认，他们理解“真实”的知识、掌握“真实”的能力具有局限性，且环境科学的客观性和普遍适用性也是存疑的。[4] 常民知识认识论倡导的是更具实质性的公众参与模式：公众并非仅仅是民主的代表，更是认知的代表；公众并非科学知识的接受者或者选择者，而是风险知识的生产者。[5] 这种理论支持风险知识的合作生产模式，即由传统科层式的、自上而下的关系模式（由专家到公众的单向知识流动）改变为互动式的、合作生产的关系模式（专家与公众之间平等、双向的知识流动）。[6] 同时，我们也应当看到，常民知识也存在局限性。例如，一项对 499 名奥地利公众气候变化知识的研究表明，公众对于气候变化的认识存在一些误解，同时受访者对答案的信心水平高于答案的准确性，对知识的过度自信和误解可能对公众接受气候变化政策产生潜在

---

〔1〕 参见谭笑：《技术问题决策中的专家话语和公众话语——柯林斯〈重思专能〉的方案》，载《开放时代》2014 年第 6 期。

〔2〕 参见王树生：《风险社会中的知识生产、利益框架与公众批判》，载《自然辩证法研究》2007 年第 8 期。

〔3〕 See Catherine Brace & Hilary Geoghegan, *Human Geographies of Climate Change: Landscape, Temporality, and Lay Knowledges*, Progress in Human Geography, Vol. 35: 3, p. 204 – 302 (2010).

〔4〕 See Hatsue Koizumi & Hiromi Yamashita, *Deficit Lay or Deficit Expert: How Do "Experts" in Environmental Projects Perceive Lay People and Lay Knowledge?*, SAGE Open, Vol. 11: 3, p. 1 – 13 (2021).

〔5〕 参见张海柱：《环境风险治理中的知识生产与公众参与》，载《人文杂志》2018 年第 1 期。

〔6〕 参见张海柱：《环境风险治理中的知识生产与公众参与》，载《人文杂志》2018 年第 1 期。

混淆影响。[1] 目前,常民知识仍不具备科学知识那样的雄辩力量。

在生态环境安全问题上,应当着重考察科学不确定性情境下的知识生产模式。传统上,对于生态环境安全事项的应对,表现为行政机关不折不扣地贯彻立法机关意志的"传送带"行政模式和科学启蒙观下专家对知识生产的垄断。[2] 而在科学不确定性情境下,专家丧失了绝对权威的地位,行政机关不得不引入风险行政和风险规制,而风险行政和风险规制都经常依靠裁量权的行使。在这种情况下,知识的生产过程必须引入公众参与的民主性要素。对于生态环境安全法来说,无论是科学知识社会学所主张的弱式公众参与模式,还是常民知识认识论所主张的强式公众参与模式,本质上都是让公众在环境安全和风险规制中发挥主观能动性、实质性参与行政决策,以期促使决策效果更佳。风险知识的合作生产,一方面体现了风险的主观建构性,另一方面也通过所谓"以相互理解为取向的交往行动"供给生态环境安全的程序正义。[3]

总体而言,在人类世和风险社会的双重背景下,生态环境安全法发展出了独具特色的法理念:在主体论领域坚持人与自然、人与人的和谐共生;在价值论领域适用改良的环境正义学说,采用多元化的风险处理方法鼓励资源稀缺情况下符合社会利益和长期利益的行为,避免发生"公地的悲剧",并对价值和利益进行个案分析;在认识论领域强调风险知识的合作生产,供给程序正义。从更宏观的视角来看,生态环境安全法的理念符合可持续发展的内在要求。可持续发展超越了单纯的环境保护,是将环境问题与发展问题有机地结合起来,以环境可持续、经济可持续和社会可持续三个支柱回答了人类的发展道路和发展战略问

---

〔1〕 See Annina Thaller & Thomas Brudermann, "*You Know Nothing, John Doe*" – *Judgmental Overconfidence in Lay Climate Knowledge*, Journal of Environmental Psychology 69 (2020) 101427.

〔2〕 参见[英]伊丽莎白·费雪:《风险规制与行政宪政主义》,沈岿译,法律出版社 2012 年版,第 34 ~ 42 页。

〔3〕 参见童世骏:《批判与实践:论哈贝马斯的批判理论》,生活·读书·新知三联书店 2007 年版,第 6 页。

题。[1] 生态环境安全法的理念突出了环境可持续相对于其他两大支柱的基础地位：生态环境安全法的出发点和落脚点，是使不同国家、不同时代的人（当代人和后代人）、人类与其他生命体和非生命体都尽可能生活在一个可持续的世界之中，保证人类的安全存续空间和人类社会发展的环境基础。

---

〔1〕 参见吕忠梅：《发现环境法典的逻辑主线：可持续发展》，载《法律科学（西北政法大学学报）》2022 年第 1 期。

第二章　生态环境安全法的原则

生态环境安全法要构成一个法律体系，应当具备外在的规则体系和内在的原则体系。法理学分析指出，规则—原则模式是一种最优化的法治模式，加入原则以后，有助于实现法律体系的融贯性，提供实质化的实践理由并实现法的正确性。[1] 在生态环境安全法的各个领域，都存在（主要是学理上的）哪些属于其原则或基本原则的建议。本书制度创新编所关注的气候安全法、生态安全法、生物安全法和水安全法等领域的法律原则的建议，见表1。

表1　气候、生态、生物和水安全领域的法律原则汇总

领域	原则内容	性质
气候安全	以生态文明理念为指导，最脆弱群体优先，重在预防，适度适应，适应与减缓相协同，广泛参与，国际合作①	学者建议的适应气候变化立法的基本原则
生态安全	禁止生态倒退原则②	学者建议的可提升为环境法基本原则的原则
生物安全	以人为本，防范为先，审慎监管，统筹协调③	法律草案内容
	以人为本，风险预防，分类管理，协同配合④	法律条文
	国家主权原则，谨慎原则⑤	退休官员建议的基本原则

[1] 参见雷磊：《法律体系、法律方法与法治》，中国政法大学出版社2016年版，第55～62页。

续表

领域	原则内容	性质
	损害预防优先原则，科学管理原则，公众参与原则，损害者负担原则，风险预防原则⑥	学者建议的原则
	公共安全保留原则，风险预防原则，适度控制原则，全过程控制原则⑦	学者建议的基本原则
	风险预防原则，科学证据原则，全过程控制原则，分级管理原则，动态监管原则，协同合作原则⑧	学者建议的原则
	风险预防原则，谨慎发展原则，全程管理原则⑨	学者建议的基本原则
	以人为本原则，维护国家安全原则，维护生态平衡原则，保障基本人权原则，技术开发风险可控原则，构建人类命运共同体原则⑩	学者建议的法治原则（基本立法原则）
	生物防护原则，风险预防原则，发展原则，损害预防原则，国际合作原则⑪	学者建议的基本原则
水安全	预防原则，可持续发展原则，公平与效率兼顾原则，公众参与及全过程监督原则，政府主导社会参与原则，协同合作原则⑫	学者建议的水资源安全预警法的基本原则

①参见曹明德：《完善中国气候变化适应性立法的思考》，载《中州学刊》2018年第8期。

②参见陈真亮：《论“禁止生态倒退”的国家义务及其实现——基于水质目标的法律分析》，载《中国地质大学学报（社会科学版）》2015年第3期。

③参见《生物安全法（草案二次审议稿）》。

④参见《生物安全法》第3条。

⑤参见杨朝飞：《〈生物安全法〉的基本原则和制度》，载《北京航空航天大学学报（社会科学版）》2019年第5期。

⑥参见常纪文：《加快构建国家生物安全法律法规体系》，载《学习时报》2020年2月17日，A1版。

⑦参见蔡守秋：《论生物安全法》，载《河南省政法管理干部学院学报》2002年第2期。

⑧参见孙佑海：《加快生物安全立法，全面提升生物安全治理能力》，载《光明日报》2020年2月22日，第7版。

⑨参见于文轩：《生物安全法的基本原则》，载《中国生态文明》2020年第1期。

⑩参见莫纪宏:《关于加快构建国家生物安全法治体系的若干思考》,载《新疆师范大学学报(哲学社会科学版)》2020 年第 4 期。

⑪参见王子灿:《论生物安全法的基本原则与基本制度》,载《法学评论》2006 年第 2 期。

⑫参见姚金海:《水资源安全预警法律制度建设的主要内容》,载《学术论坛》2011 年第 6 期。

由表 1 可见,对于生物安全法这样已进入立法程序的领域,对其法律原则的讨论和建议比较多;相比之下,气候安全法、生态安全法、水安全法等法律规范体系仍在完善过程中,对于法律原则的讨论和建议则稍显不足。而被建议的原则的数量和内容差异之大,反映了不同的理论观点和侧重点。同时,被提出的原则中,既包括损害预防原则、风险预防原则(谨慎原则)、公众参与原则这样的环境法学理上的基本原则,也包括以人为本原则、国家主权原则这样的其他部门法的原则和政治性原则,还包括一些反映该领域特点的原则,如气候安全领域中的减缓和适应相结合的原则,生物安全法领域中的科学证据原则、全程管理原则等。更重要的是,在被建议的原则中,也包含以生态安全领域的禁止生态倒退原则为代表的新原则,它们体现出了生态环境安全法的创新空间。

结合既有的理论和实践,本书尝试提出生态环境安全法的四个原则:首先,人类宜居原则是生态环境安全法的目的原则,反映了生态环境安全法的根本诉求和生态环境安全的基本判断标准;其次,风险预防原则和不倒退原则是生态环境安全法的基本原则,既反映了在具有科学不确定性的情况下国家应当积极采取的风险预防措施,也反映了在面对生态环境安全风险时国家应当严守的法律底线;最后,合作治理原则是生态环境安全法的手段原则。

第一节 人类宜居原则

人类宜居是生态环境安全法的根本追求。人类宜居,首先体现了以人为本的思想。尽管本书主要在国家安全的层面上探讨生态环境安全,但生态环境安全法的最终目标是保障每一个作为个体的人在与环境有关事项方面的安全状态和安全感。生态环境安全法治，通过建立相关法律制度和制度的良好运行，保障国家安全和个人在生态环境安全方面的利益。以人为中心，有利于生态环境安全工作围绕人来开展，体现生态环境安全法的现代人类中心主义视角。

其次，人类宜居中使用“人类”的用语，有助于体现生态环境安全法的全球视野，站在全人类的高度思考“人类命运共同体”的生态环境安全利益，也有助于中国形成和输出可以与国际接轨的生态环境安全话语，体现了人与人和谐共生的理念。同时，如果直接使用“以人为本”又不足以充分体现生态环境安全的特点。生态环境安全所要维护的是生态环境这一特定领域的利益，有必要通过“宜居”二字体现生态环境安全的特殊性。与政治安全、经济安全等国家安全组成部分不同，生态环境安全具有明确的物质基础，也即我们生存在其中的地球生态系统。生态环境安全的目的是维持生态环境对人类而言适宜居住的状态。只有维持宜居状态，才真正保障人类的生态环境安全，才能实现人与自然的和谐共生。

“宜居”的表述本身体现了主客观相统一的辩证思维，这与风险社会中风险的主客观相统一保持一致和对应关系。“宜居”之中，包含着有关生态环境安全性的客观判断标准，例如，生态系统的承载力和韧性(resilience)[1]、资源和环境要素支撑和满足人类生活(如食物和水的供应)和生产(如原材料供应)需求的能力、免受生物因子威胁的状态等。同时，正如环境品质的判断是一种价值判断，[2]“宜居”反映了生态环境安全的主观价值判断侧面，即人类只有从主观上认为环境是适宜居住

---

〔1〕 对于“韧性”应当如何理解，《世界环境公约(草案)》(Global Pact for the Environment)给出了一种解释。其第16条名为“韧性”：“缔约方应当采取必要措施维持和修复多样性，以及生态系统和人类社会承受环境干扰和恶化并恢复和适应的能力。”[Global Pact for the Environment (Preliminary Draft), Art. 16.] ecological resilience 也可翻译为生态系统恢复力或生态系统弹性。参见汪辉等：《恢复力、弹性或韧性？——社会——生态系统及其相关研究领域中“Resilience”一词翻译之辨析》，载《国际城市规划》2017年第4期。

〔2〕 参见李建良：《论环境保护与人权保障之关系》，载《东吴法律学报》第2期(2000年)。

的，才真正实现了主观上对生态环境安全的认知。因此，人类宜居原则同时体现了生态环境安全法的客观安全状态和主观安全感两个侧面。

总体而言，人类宜居原则主要是从个体层面出发的目的原则，体现了生态环境安全以人为本的道德关怀和个人在生态环境安全方面所具有的利益的判断标准。

第二节　风险预防原则

风险预防原则是生态环境安全法的基本原则，反映了风险社会中生态环境安全问题上的科学不确定性。生态环境安全法的难题之一是判断哪些行为可能会对环境上的安全利益构成风险，从而及时采取行动予以规制和治理。对本书在接下来的部分中将会探讨的生态保护红线的划定和管控、实验动物的安全性、海水淡化的综合影响等问题，目前并不存在科学上的确定结论。对于气候变化问题，尽管气候模型在预测自然系统的未来长期行为方面已经取得了显著进步，但是，气候变化及其实际影响的预测仍面临一些不确定性，例如，特定影响的严重程度、地域范围和期限方面的不确定性等。[1] 因此，相关领域的立法和政策制定活动往往与科学认识的过程同步，而不能以后者为前提。在这样的情况下，应当引入环境法上的风险预防原则，其作为生态环境安全法的基础原则，为科学不确定情况下的生态环境风险规制提供行动指南。

风险预防原则是我国环境法学理上的一项基本原则，并已经得到了党的十九届四中全会决定的政策支持。风险预防原则（precautionary principle），也被称为预防原则或者谨慎原则，应当与环境损害预防原则

〔1〕 参见联合国秘书长报告：《气候变化和它可能对安全产生的影响》，联合国大会第六十四届会议，文件编号 A/64/350，2009 年 9 月 11 日，第 5 页。

(prevention principle)相区分。[1] 风险预防原则源于联邦德国的 Vorsorge 法则,该法则的核心是社会应当通过认真地提前规划和阻止潜在的有害行为来避免环境破坏。其后,风险预防原则开始出现在环境保护的国际条约、协议和宣言中。[2] 有学者指出,20 世纪 90 年代以后,几乎所有与环境有关的国际法律文件都承认风险预防原则。[3] 1992 年《里约宣言》的表述是风险预防原则发展的一个里程碑,其原则 15 规定:"为了保护环境,各国应按照本国的能力,广泛采取预防措施。遇有严重或不可逆转损害的威胁时,不得以缺乏科学的充分可靠性为理由,延迟采取符合成本效益的措施防止环境退化。"[4] 而 1998 年的《温斯布莱德风险预防原则声明》(Wingspread Statement on the Precautionary Principle)将风险预防原则表述为:"当一项活动引起损害人类健康或环境的威胁,即应采取预防措施,即使并未在科学上充分建立因果关系。"[5]《温斯布莱德风险预防原则声明》采用的是强风险预防原则的表述,即只要一项活动存在对人类健康和环境损害的威胁即应采取预防措施,而《里约宣言》采用的是弱风险预防原则的表述,为采取预防措施加上了国家能力、严重或不可逆损害、成本效益等限定语。

风险预防的重要侧面,是在科学不确定的条件下,基于现实的科学知识去评价生态环境风险,即对开发和利用环境的行为可能带来的尚未

---

〔1〕 称"预防原则"的,如张梓太、王岚:《论风险社会语境下的环境法预防原则》,载《社会科学》2012 年第 6 期;陈先根:《论生态红线概念的界定》,重庆大学 2016 年硕士学位论文,第 18 ~ 19 页。称"风险预防原则"的,如张志勋、郑小波:《论风险预防原则在我国环境法中的适用及完善》,载《江西社会科学》2010 年第 10 期。称"谨慎原则"的,如高家伟:《欧洲环境法》,工商出版社 2000 年版,第 61 页。对风险预防原则和环境损害预防原则的内涵的讨论,见竺效:《论中国环境法基本原则的立法发展与再发展》,载《华东政法大学学报》2014 年第 3 期。

〔2〕 参见张志勋、郑小波:《论风险预防原则在我国环境法中的适用及完善》,载《江西社会科学》2010 年第 10 期。

〔3〕 参见张梓太、王岚:《论风险社会语境下的环境法预防原则》,载《社会科学》2012 年第 6 期。

〔4〕 联合国:《联合国环境与发展会议的报告》(1992 年 6 月 3 至 14 日,里约热内卢,第一卷),A/CONF. 151/26/Rev. 1 (Vol. 1),联合国,1993 年。

〔5〕 胡加祥:《转基因食品安全性的法律思辨与价值取向》,载《中国农业大学学报(社会科学版)》2016 年第 2 期。

明确或者无法具体明确的环境危害进行事前预测、分析和评价，使开发决策避免出现可能的环境危害及其风险。[1] 对不确定风险的防范，法律规定相对滞后，学者也有不同观点。[2] 而从环境法原则的角度来看，对于风险预防原则是否是我国《环境保护法》中"保护优先"原则的学理表述，目前仍然存在理论争议。[3] 总体而言，风险预防原则在我国处于有限适用的状态。[4]

风险预防原则已经在政策层面有所体现。党的十九届四中全会在提出坚持节约资源和保护环境的基本国策之后，紧接着提出"坚持节约优先、保护优先、自然恢复为主的方针"，在前半句提及的两项国策已经厘清常态下经济社会发展与环境资源保护之间谁优先的情况下，后半句应理解为在遇有生态环境风险的科学不确定性的特殊情况下，在资源利用、环境保护和生态保护三大领域内，对节约优先、保护优先、自然恢复的工作方针进行了说明。可以将这句话解读为：不仅要在科学可确定的情况下节约资源和保护环境，也要在存在科学不确定性的情况下以风险预防原则为指导，优先考虑资源节约、环境保护和自然恢复来开展风险预防工作，从而对生态环境风险进行有效防范。

这一解读可以得到党的十九届四中全会决定中其他内容的印证。在决定所确立的生态文明制度体系的组成部分中，"实行最严格的生态环境保护制度"、"全面建立资源高效利用制度"和"健全生态保护和修复制度"分别对应环境、资源和生态三领域，其中提到的不少具体制度可以与风险预防方针相联系。例如，作为三种空间管控边界之一的生态保护红线，便是以保障生态承载力、生态系统完整性和生态系统服务功能为出发点，对国家重点生态功能区、生态环境敏感区和脆弱区进行严格

---

〔1〕 参见吕忠梅：《环境法》，法律出版社1997年版，第154页。

〔2〕 参见张梓太、王岚：《论风险社会语境下的环境法预防原则》，载《社会科学》2012年第6期。

〔3〕 参见竺效：《论中国环境法基本原则的立法发展与再发展》，载《华东政法大学学报》2014年第3期；王社坤、苗振华：《环境保护优先原则内涵探析》，载《中国矿业大学学报（社会科学版）》2018年第1期。

〔4〕 参见李艳芳、金铭：《风险预防原则在我国环境法领域的有限适用研究》，载《河北法学》2015年第1期。

保护，从而实现以一条红线管控重要生态空间的风险预防措施。由此来看，当前生态文明制度体系建设的工作任务中已经包含风险预防的内容，风险预防应当作为中国特色生态文明建设的工作方针。

在风险预防原则得到政策和学理支持的情况下，将其确认为生态环境安全法的基本原则，既反映了生态环境安全具有科学不确定性，也体现了国家在生态环境安全问题上的风险预防义务。过往学者们已经探讨了国家在宪法上的风险预防义务、国家环境义务等概念。[1] 国家生态环境安全风险防御义务，是国家风险预防义务在环境领域的体现，也是国家环境义务的一个侧面。国家环境保护义务，包括现状保持义务、危险防御义务和风险预防义务。[2] 作为国家任务的风险预防，不同于传统理解中的国家通过消除危险来保障安全，[3] 它也并非一味地降低风险，其重点在于明确预防的范围和程度。因此，可以将国家的生态环境风险预防义务表述为：对于具有科学不确定性的生态环境风险，国家应在合理判断社会所能接受“剩余风险”的基础上，采取适当的预防措施。[4] 生态环境安全是总体国家安全观的组成部分，而保障国家安全，首要措施就是国家应积极地履行风险预防义务。因此，将风险预防原则确立为我国生态环境安全法的基本原则较为适宜。

第三节　不倒退原则

不倒退原则（或不退化原则）是生态环境安全法的另一项基本原则，体现了国家的现状保持义务。从起源来看，不倒退原则（non-regression principle，又称为 standstill principle，其法文为 principe de non-

---

〔1〕 参见王旭：《论国家在宪法上的风险预防义务》，载《法商研究》2019 年第 5 期；陈真亮：《环境保护的国家义务研究》，法律出版社 2015 年版，第 126～127 页。

〔2〕 参见陈海嵩：《国家环境保护义务的溯源与展开》，载《法学研究》2014 年第 3 期。

〔3〕 参见［德］乌尔里希·K. 普罗伊斯：《风险预防作为国家任务》，载刘刚编译：《风险规制：德国的理论与实践》，法律出版社 2012 年版。

〔4〕 参见陈海嵩：《国家环境保护义务的溯源与展开》，载《法学研究》2014 年第 3 期。

régression）最早出现在国际人权法领域，体现为渐进地满足经济、社会和文化权利的要求。[1] 不倒退原则后来被引入环境法领域。在国内法层面上，不倒退原则获得了一些国家宪法和法律的确认，如厄瓜多尔 2008 年宪法承认了环境领域的不倒退原则，巴西、葡萄牙和德国宪法中有永恒性规定（eternal provisions），可被解释为包含环境人权的永恒性。[2]《法国环境法典》总则中将不倒退原则规定为法国环境法原则，并指出："据此原则，环境保护由环境相关的法律和法规规定予以保障，并应当在参照当前科学和技术知识的情况下实现持续性的改善。"[3] 此外，比利时、匈牙利、巴西和西班牙等国的法院都曾援引这一原则，作为对法律文件进行审查的依据。[4] 在国际法层面，不倒退原则曾在 2012 年的"里约 +20"峰会期间被提出，并获得包括中国在内的国家的支持。[5] 不倒退原则也在国际投资法中有所体现。[6] 2017 年，由法国起草的联合国《世界环境公约（草案）》中也包含不倒退原则，其第 17 条规定："各缔约方及其次国家实体不得允许或通过会降低现行法律保障之环境保护整体水平的活动或规范。"[7] 总体而言，比较环境法上的不倒退原则，是指国家已经颁布的规则、标准和实践的改变不能造成环境标准的降低，否

---

[1] 参见彭亚媛、马忠法：《〈世界环境公约（草案）〉制度创新及中国应对》，载《太平洋学报》2020 年第 5 期；Rebecca J. Cook, *Reservation to the Convention on the Elimination of All Forms of Discrimination Against Women*, Virginia Journal of International Law, Vol. 30, p. 643 – 709 (1990).

[2] Patricia Savin, « Principe de Non – régression: Un Nouveau Pilier du Droit de l'Environnement », *Chronique Environnement*, p. 32 – 36.

[3] Code de l'environnement, Article L110 – 1. 中译见莫菲、刘彤、葛苏聃译：《法国环境法典（第一至三卷）》，法律出版社 2018 年版，第 4 页。

[4] Patricia Savin, «Principe de Non – régression: Un Nouveau Pilier du Droit de l'Environnement », *Chronique Environnement*, p. 32 – 36.

[5] See Michel Prieur, *Non – Regression in Environmental Law*, S. A. P. I. EN. S, Vol. 5: 2, p. 55 (2012).

[6] 但须注意，国际投资法中，自由贸易协定中的不退化义务的范围比环境法中的不退化原则要窄，仅禁止取得贸易或经济优势的退化。See Andrew Mitchell & James Munro, *No Retreat: An Emerging Principle of Non – Regression from Environmental Protections in International Investment Law*, Georgetown Journal of International Law, Vol. 50, p. 625 – 708 (2019).

[7] Global Pact for the Environment (Preliminary Draft), Art. 17.

则将不被允许。不倒退原则旨在产生棘轮效应（英文为 ratchet effect，法文为 effet cliquet），即如同只能前进而不能后退的棘轮一样，所考虑的习惯或者标准只能逐步向上调整，而不能向下降低。[1]

笔者对国内学者论著进行研究后发现，我国已有一些学者提出了与比较法上不倒退原则近似的概念。例如，王灿发教授曾在论及构建生态文明建设法律保障体系时，提出“不得恶化”的体系构建原则。环境法的目的包括保护环境的直接目的与保障人体健康的最终目的。[2] 上述目的又可分解为“维持”和“改善”两个层次：第一层次，环境质量不得受损，健康水平不得下降；第二层次，环境质量得以改善，健康水平得以提高。环境保护法目的的实现，需要不得恶化原则加以保障。不得恶化原则是指在经济社会发展过程中，任何一个地方的环境质量不得劣于保护该环境的立法生效前的质量水平。[3] 这一原则是对“达标合法原则”的修正。王灿发教授主要在污染防治的领域内讨论这一原则。而杜群教授、陈真亮副教授等则在生态保护的语境中提出了“禁止生态倒退原则”[4]。禁止生态倒退原则又称生态不得恶化原则或者生态底线原则，意指为了维护生态平衡和健康，要求人类无论是向环境排放污染物还是从环境中获取用于生活和生产的物质资料，都应当以生态底线或生态承载力为界限，防止出现生态倒退或回退。[5] 这意味着，生态环境质量需要逐年改善，并产生环境正外部性，防止反弹或返回甚至是导致新的生

---

[1] Patricia Savin, « Principe de Non – régression：Un Nouveau Pilier du Droit de l'Environnement », *Chronique Environnement*, p. 32 – 36.

[2] 参见胡静：《环境法本体论范畴研究》，载《中国政法大学学报》2013 年第 1 期。

[3] 参见王灿发：《论生态文明建设法律保障体系的构建》，载《中国法学》2014 年第 3 期。

[4] 陈真亮曾在 2015 年的文章中提及，学术意义上的“禁止生态倒退原则”概念可能是杜群和陈真亮两人于 2014 年首次正式提出，并在流域生态补偿制度研究中进行了相关演绎。参见杜群、陈真亮：《论流域生态补偿“共同但有差别的责任”——基于水质目标的法律分析》，载《中国地质大学学报（社会科学版）》2014 年第 1 期；陈真亮：《论“禁止生态倒退”的国家义务及其实现——基于水质目标的法律分析》，载《中国地质大学学报（社会科学版）》2015 年第 3 期；陈真亮、李明华：《论水资源“生态红线”的国家环境义务及制度因应——以水质目标“反退化”为视角》，载《浙江社会科学》2015 年第 10 期。

[5] 参见杜群：《环境法融合论：环境·资源·生态法律保护一体化》，科学出版社 2003 年版，第 229 页。

态环境退化问题。禁止生态倒退原则所欲追求和实现的是国家生态安全,能够为人类生存和经济社会发展持续提供生态服务功能。它本质上是一种义务性法规范,主要是从"消极禁止"的全过程角度对所有环境义务和责任主体发出的任务要求,集中体现了国家的"状态责任"或环境现状保持义务。[1]

比较我国学者提出的"不得恶化""禁止生态倒退"等原则和国际上的不倒退原则,可以发现一个突出的区别:我国学者提出的原则中不倒退的对象是环境质量,而国际上的不倒退原则中不倒退的对象限于环境规范和标准,并不将实际中环境质量是否倒退作为考察对象。对于缘何如此处理,不倒退原则研究领域的专家,也是不倒退原则进入法国环境法原则序列主要推手的法国环境法学家米歇尔·普利埃(Michel Prieur)教授曾特别就此问题进行过论述:"退化也可能体现在实际层面上环境法的有效性方面。但是,我们认为与不适用或者不当适用环境法相关的有效性问题,属于其他考量,如被动行政、守法管控的财政投入不足等,而这些问题并不属于真正的环境问题。因此,我们更愿意将思考的范围局限在特定的情况,即从现行法律出发并且不考虑其适用、公权力修改或者废除现行法律、造成对环境的保护减少或者倒退的情况。"[2]换言之,比较环境法上的不倒退原则是一种立法原则,而我国学者所提出的原则则属于法治原则,且为强调法治最终成效的效果原则。

从增强生态环境安全法原则的适用性和可操作性的角度出发,笔者认为宜将不退化原则限定为一种立法原则。虽然生态环境安全法的不退化原则以实现环境质量不倒退,从而高于生态环境安全的底线为最高目标,但原则本身需要对目标的实现具有足够的指引性,也要具备足够的可操作性。不退化原则指向国家的现状保持义务,而是否履行义务需要有具体明确的判定标准。如果以环境质量为标准来考察国家以及履

---

〔1〕 参见陈真亮:《论"禁止生态倒退"的国家义务及其实现——基于水质目标的法律分析》,载《中国地质大学学报(社会科学版)》2015 年第 3 期。

〔2〕 Michel Prieur, «De l'Urgente Nécessité de Reconnaître le Principe de Non Régression en Droit de l'Environnement », *IUCN Academy of Environmental Law e - Journal*, p. 26 - 40.

行国家职能的行政机关是否履行了现状保持义务，则难免会因为所涉及的其他影响因素较多而难以进行有效判断，造成该原则适用上的困难。反过来，考察规范和标准的不倒退，是相对更具有适用性和可操作性的思路。实现了生态环境安全法的规范和标准的不倒退，对于最终实现环境的安全质量也有所助益。因此，笔者建议将生态环境安全法中的不退化原则视为一项立法原则，其内涵在于考察生态环境安全法的规范和标准是否在后续的修法过程中有所倒退。应当明确的是，国家在履行现状保持义务的过程中，也不是完全被动和不作为的。不倒退原则仅仅强调，通过棘轮效应推动生态环境安全法的不断进步和发展。

第四节　合作治理原则

除了上述目的原则和基本原则之外，本书也希望提出生态环境安全法的手段原则，即合作治理原则。合作治理原则包括国际和国内两个层面：在国际层面，强调国际合作，体现人类命运共同体意识和新安全观；在国内层面，强调多种主体协同参与安全治理过程，体现公众参与、全过程民主等原则和理念。

合作治理原则陈述了生态环境安全的具体实现方式和手段。它首先强调解决生态环境安全法问题必须进行国际合作。生态环境安全是国家安全的重要组成部分，但在人类世和风险社会背景下，生态环境风险具有规模大和全球性、跨国性的特点。本书制度创新编所涉及的气候风险、生态风险、生物风险、水风险等，都是具有明显国际属性的集体行动问题，需要通过国际合作加以解决。国际合作原则在气候风险、生物风险和水风险领域都得到了一些专家学者的认可。[1] 当我们以国家安全的主视角考虑国家采取行动、履行生态环境安全方面的国家义务时，也不能忽视生态环境安全风险的国际属性，通过国际合作实现国与国之间行动最大限度的协同一致，形成对此类集体行动问题和合作问题的有

---

〔1〕 见本章引论部分表1。

效回应。

强调生态环境安全法的国际合作，也体现了人类命运共同体意识和新安全观。党的二十大报告指出，构建人类命运共同体是世界各国人民前途所在，只有各国行天下之大道，和睦相处、合作共赢，繁荣才能持久，安全才有保障。[1] 构建人类命运共同体与新安全观紧密联系在一起，构建人类命运共同体的目标是建设永久和平、普遍安全、共同繁荣、开放包容、清洁美丽的世界，其中永久和平与普遍安全的实现离不开新安全观。[2] 我们对于生态环境安全法的讨论表明，清洁美丽同样离不开新安全观。2017 年 1 月，习近平在联合国日内瓦总部发表《共同构建人类命运共同体》的演讲时，强调坚持共建共享、建设一个普遍安全的世界，提出“各方应该树立共同、综合、合作、可持续的安全观”[3]。新安全观是中国外交理念对马克思主义安全观以及马克思共同体思想的继承和创新，以人类社会存在制度多样和文化传统及价值多元为基本前提，以人类处于同一地球，构成一荣俱荣、一损俱损的命运共同体为基本预设，以人类共享和平、安全、合作与发展成果为基本主张，以人类命运共同体实现长期安全与和平为基本目标，注重每一个人的生命保护和全体人类的合作共赢。[4] 中国代表在联合国安理会谈及气候安全问题时，指出了新安全观的作用：国际社会要树立共同、综合、合作和可持续的新安全观，妥善处理与气候相关的安全风险，通过走可持续发展道路，并最终依靠实现共同发展来解决气候变化问题可能导致的土地和水资源减少、粮食安全、人道主义危机和大规模移民潮等安全风险问题。[5]

---

[1] 参见习近平：《高举中国特色社会主义伟大旗帜 为全面建设社会主义现代化国家而团结奋斗——在中国共产党第二十次全国代表大会上的报告》，载新华网，http://www.news.cn/politics/cpc20/2022-10/25/c_1129079429.htm。

[2] 参见左凤荣：《习近平的新安全观论述及其实践研究》，载《理论视野》2021 年第 4 期。

[3] 习近平：《习近平谈治国理政》（第 2 卷），外文出版社 2017 年版，第 542 页。

[4] 参见郭才华、张国清：《全球安全危机与构建人类安全共同体》，载《浙江大学学报（人文社会科学版）》2021 年第 3 期；张蕴岭主编：《新安全观与新安全体系构建》，社会科学文献出版社 2015 年版，第 101 页。

[5] 参见联合国安全理事会：《第八三〇七次会议临时逐字记录》，文件编号 S/PV.8307，2018 年 7 月 11 日，第 18 页。

生态环境安全法上的合作治理原则,也强调在国内层面多种主体协同参与安全治理过程。治理是指使一个组织或一个社会运作的过程和系统。[1] 生态环境安全法的主体,除了国家之外,还包括公民、社会组织等。由于生态环境安全问题关涉每一个人的安全状态和安全主观认知,生态环境安全问题也需要设置公众知情、参与决策和进行监督的机制,以国家、社会、个人协同治理的方式实现更好的生态环境安全保障效果,这符合环境法上的公众参与原则的要求。无怪乎气候安全还是生物安全、水安全领域,都有专家学者提出将"广泛参与"或者"公众参与"作为一项原则。[2] 而多种主体协同参与安全治理,对国家的有关行政决策和管理构成了监督,具有增强行政协商民主的作用,这符合全过程民主的要求。党的二十大报告第六部分的标题为"发展全过程人民民主,保障人民当家作主",并阐明"全过程人民民主是社会主义民主政治的本质属性,是最广泛、最真实、最管用的民主"[3]。生态环境安全法存在的意义,是保障人民的生态环境利益,以及保障人民在生态环境安全事项上当家作主。将合作治理确立为生态环境安全法的手段原则,有利于体现社会主义民主政治的本质属性,将全过程人民民主的理念落到实处。

---

〔1〕 See Thilo Marauhn, *The State*, in Lavanya Rajamani and Jacqueline Peel eds., The Oxford Handbook of International Environmental Law, 2nd edition, Oxford University Press, 2021, p. 618.

〔2〕 见本章引论部分表1。

〔3〕 习近平:《高举中国特色社会主义伟大旗帜 为全面建设社会主义现代化国家而团结奋斗——在中国共产党第二十次全国代表大会上的报告》,载新华网,http://www.news.cn/politics/cpc20/2022-10/25/c_1129079429.htm。

第三章　生态环境安全法的主体

本章关注生态环境安全法的主体。本书第二章第四节在有关合作治理原则的讨论中已经提到,生态环境安全法涉及多种主体。当前,国家安全法也开始出现了安全内涵扩大化、传统国家职能私有化和国际化等新趋势。在这样的背景下,公民、企业、社会组织、国际组织等新型主体登场,国家这一传统主体则需要法律转型和重新定位。

第一节　传统主体:国家

对国家安全职能的讨论绕不开国家主权理论。在西方传统政治思想中,16世纪法国政治思想家让·博丹(Jean Bodin)的主权理论对后世有深远影响。博丹将主权(souveraineté)定义为一个正义的政府,拥有主权性的权力,包括若干家庭以及他们共同拥有的东西。[1] 而在论及主权的真正标志或者说特征性权力时,博丹列举了立法权和发布命令权、宣战和媾和的权力、设立首要官员的权力、终审权、赦免权、铸币权和征税权等。[2] 其中,宣战和媾和的权力涉及国家的生死存亡,指向了国家的防卫和安全。由于博丹所提出的特征性权力本质上并不是暴力或象

---

〔1〕 参见[法]让·博丹著、[美]朱利安·H.富兰克林编:《主权论》,李卫海、钱俊文译,北京大学出版社2008年版,第26页。

〔2〕 参见[法]让·博丹著、[美]朱利安·H.富兰克林编:《主权论》,李卫海、钱俊文译,北京大学出版社2008年版,第92~147页。

征性的荣誉等，它的内涵最好用拉丁语 *iura* 来表示，也就是“权利”或者“特权”的复数形式。[1] 博丹论及主权的标志时，批判性地使用了最早由 14 世纪王室法学家提出的王室特权或王室权利的概念（拉丁语为 *iura regalia*，英语为 regal powers 或 regal rights，法语为 pouvoirs régaliens 或 droits régaliens），用于说明主权的本质和表现形式，即国家的职能是什么及其主要属性（国防、财政等）。[2] 在法国这样一个“对国家及其目的有着深刻文化关注”[3] 的国家，时至今日，法国学者仍然使用王权职能（fonctions régaliennes）来描述奠定国家存在根基、原则上不可授权的四大排他性领域，即外部安全（外交和领土防卫）、内部安全与维持公共秩序、制定法律与伸张正义、定义货币与预算政策等，并将国防部、内政部、外交部、司法部和财政部称为王权部（ministère régalien）。[4] 法国实定法也仍使用这一词汇，例如，《法国环境法典》规定，国家狩猎与野生动物办公室的收支应当区分履行王权职能和其他职能的收入。[5]

西方传统的国家安全概念源于从霍布斯到马克思 · 韦伯（Max

---

〔1〕 参见［法］让 · 博丹著、［美］朱利安 · H. 富兰克林编：《主权论》，李卫海、钱俊文译，北京大学出版社 2008 年版，第 92 页。

〔2〕 之所以说博丹是“批判性地”使用，是因为王室法学家所提出的王室权利清单很长，包括多达 200 个事项，而博丹反对将那些烦琐的次要权利也载入这个清单，与主权中的核心权利相混淆。参见［法］让 · 博丹著、［美］朱利安 · H. 富兰克林编：《主权论》，李卫海、钱俊文译，北京大学出版社 2008 年版，第 95 页；Léo Vanier, « Régalien », in Nicolas Kada & Martial Mathieu (dir.), *Dictionnaire d'Administration Publique*, Presses Universitaires de Grenoble, 2014, p. 418 – 419。

〔3〕 Manuel Tirard, *Privatization and Public Law Values: A View from France*, Indiana Journal of Global Legal Studies, Vol. 15: 1, p. 285 – 304 (2008).

〔4〕 See Frederic Megret, *Are there "Inherently Sovereign Functions" in International Law?*, American Journal of International Law, Vol. 115 : 3, p. 461 (2021); Sébastian Roché, « Vers la Démonopolisation des Fonctions Régaliennes: Contractualisation, Territorialisation et Européanisation de la Sécurité Intérieure », *Revue française de science politique*, p. 43 – 70; Virginie Malochet, « La Sécurité Est – elle Vraiment l'Affaire de Tous? Les limites de la participation citoyenne en France dans un domaine typiquement régalien », *Participations*, p. 41 – 71.

〔5〕 参见莫菲等译：《法国环境法典（第四至七卷）》，法律出版社 2020 年版，第 38 页。

Weber)为代表的一系列现代主义政治和社会思想。[1] 例如,霍布斯承袭了博丹的观点,认为安全是民族国家的核心职能。霍布斯在《论公民》中指出,人民的安全就是最高法律。[2] 霍布斯又在《利维坦》中指出,主权者的职责是为人民求得安全,安全不单纯是指保全性命,而且也包括每个人通过合法的劳动,在不危害国家的条件下可以获得生活上一切其他的满足。[3] 因此,国家需要绝对垄断合法使用武力的权力,同时安全是民族国家的核心责任;由此,民族国家的存在理由(raison d'être)就是通过建立职业的安全官僚机构(如边境安全、军事、执法和准军事组织)对国内和外部安全进行管理,以实现安全的供给。[4] 传统国家安全,往往与确定的领土范围相联系,以保护国家不受内部和外部威胁为主要诉求。

然而,进入20世纪以后,民族国家的核心责任发生了比较大的变化。第一个大的时代背景是,"二战"后福利国家的出现标志着现代民族国家核心责任的转变,即集中提供积极的政治物品(positive political goods),如安全、医疗服务、教育、法律和秩序、经济机会以及关键基础设施,换句话说,也就是其公民的整体福利。[5] 第二个大的时代背景是,20世纪90年代以后出现的全球化现象对民族国家产生了包括安全影响在内的多重影响。[6] 而在人类世和风险社会的语境下,与国家安全相关的法律和政策发生了以下关涉生态环境安全的转变。

---

〔1〕 See Christian Fjäder, *The Nation – State, National Security and Resilience in the Age of Globalisation*, Resilience, Vol. 2: 2, p. 116 (2014).

〔2〕 See Thomas Hobbes, *De Cive: The English Version Entitled in the First Edition Philosophicall Rudiments Concerning Government and Society*, Oxford University Press, 1983, p. 157; [德]列奥·施特劳斯、[美]约瑟夫·克罗波西主编:《政治哲学史》(第3版),李洪润等译,法律出版社2009年版,第412页。

〔3〕 参见[英]霍布斯:《利维坦》,黎思复、黎廷弼译,商务印书馆1985年版,第260~261页。

〔4〕 See Christian Fjäder, *The Nation – State, National Security and Resilience in the Age of Globalisation*, Resilience, Vol. 2: 2, p. 117 (2014).

〔5〕 See Christian Fjäder, *The Nation – State, National Security and Resilience in the Age of Globalisation*, Resilience, Vol. 2: 2, p. 115 (2014).

〔6〕 See William Scheuerman, *Globalization*, The Stanford Encyclopedia of Philosophy (November 5, 2018), https://plato.stanford.edu/archives/win2018/entries/globalization/.

首先,生态环境安全作为国家安全的组成部分,进入国家安全职能的序列。从国家战略和政策层面来看,许多国家将生态环境安全威胁在内的新安全威胁纳入国家安全战略中。例如,英国2014年的国家安全战略提及了许多新的威胁,包括能源安全、水供应(水安全)和气候变化(气候安全)方面的威胁。[1] 又如,美国2022年10月公布的国家安全战略将气候与能源安全和食品安全列为共同挑战。[2] 2015年的一项研究指出,在发布国家安全战略文件的国家中,有超过70%的国家将气候变化列为对国家安全的威胁。[3] 从法律规范的层面来看,国家安全法开始涉足非传统安全领域,并与环境资源法发生联系。本书绪论部分已经指出,《国家安全法》已在第30条明确规定了生态环境安全的内容。

其次,生态环境安全治理的概念开始兴起,呼吁多中心、多层次的治理形式,以及环境法乃至法律思想的转型。"我们处在一个连环的、相互关联的生态变化中,在这个充斥着洪水、干旱、大规模灭绝和大规模移民等新的、更不确定的威胁的时代,有必要考虑和重新思考环境安全的治理问题。"[4]多中心、多层次的治理形式,涉及更多的生态环境安全参与者和提供者。环境法学者已经开始关注这种多中心治理趋势,提出非国家行为体可以像国家一样制定规范,以影响人类行为。此外,人类世中法律的作用也需要被重新认识,一些基本的法律范畴,如因果关系、主体、财产、法律责任、法律人格等,可能被调整或取代。[5] 而具体就环境

---

[1] See HM Government, *A Strong Britain in the Age of Uncertainty: The National Security Strategy*, GOV. UK (Oct. 18, 2010), https://www.gov.uk/government/uploads/system/uploads/attachment_data/file/61936/nationalsecurity - strategy. pdf.

[2] See The White House, *National Security Strategy*, The White House (Nov. 18, 2022), https://www.whitehouse.gov/wp - content/uploads/2022/11/8 - November - Combined - PDF - for - Upload. pdf.

[3] See Shirley V. Scott, *Implications of Climate Change for the UN Security Council: Mapping the Range of Potential Policy Responses*, International Affairs 91, Vol. 5, p. 1317 - 1333, p. 1330 (2015).

[4] Cameron Holley et al., *Environmental Security and the Anthropocene: Law, Criminology, and International Relations*, Annual Review of Law and Social Science, Vol. 14, p. 196 (2018).

[5] See Jorge E. Viñuales, *Law and the Anthropocene*, C - EENRG Working Papers, 2016 - 4, p. 13.

法而言，环境法在横向上（在不同的地方、国家、区域和超国家层面）和纵向上（国家间和区域间）成为全球性的法律；就法的权威性来源而言，由于涉及多种国家和非国家行为体，环境法既是私法也是公法；由于需要调解人类与环境的关系，环境法需要从实现命令—控制的典型工具性作用的压制型和规制型的法（repressive and regulatory law）转向回应型、反思型的法（reflexive law）。[1] 反思型的法"对社会的法律控制变得间接……只试图为未来的行动规定组织和程序基础，而不是对未来行动的结果进行规定或规划"，并"旨在利用法律程序建立一种沟通策略，以披露信息和提供更多的问责制度"[2]。

最后，新的背景同时也体现为对更多的国家法律控制的需要。在人类引起生态环境改变、充满风险和不确定性的时代，我们对国家立法的需求只可能更多而不是更少。1972 年斯德哥尔摩人类环境会议之后实际上出现了国家权力集中的现象：许多国家设立了生态环境部门，并将与生态环境相关的国内和国际法治建设作为重点工作。而到了今天，法律仍需解决气候安全等生态环境安全领域中由人类引起的变化的原因确定、责任认定以及对过去、现代和未来的损害责任分配等问题。为此，法学家提出了赋予自然更大的权利、规定生态灭绝罪（genocide）等不同的立法改革方案。[3] 同样地，政府监管也有可能扮演更重要的作用。人类对人类世的反应将不可避免地导致政府更多地参与到广泛的人类

---

[1] See Louis J. Kotzé, *Rethinking Global Environmental Law and Governance in the Anthropocene*, Journal of Energy & Natural Resources Law, Vol. 32: 2, p. 146 – 147 (2014).

[2] David J. Schneider, *Radical or Rational? Reflexive Law as Res Novo in the Canadian Environmental Regulatory Regime*, in Neil Michael Mac, Neil Sargent and Peter Swan eds., Law, Regulation and Governance, Oxford University Press, 2002, p. 101; Peter Swan, *Democratic Environmental Governance and Environmental Justice*, Neil Michael Mac, Neil Sargent and Peter Swan eds., Law, Regulation and Governance, Oxford University Press, 2002, p. 124.

[3] See Peter D. Burdon, *Rights of Nature: Reconsidered*, Australian Humanities Review, Vol. 49, p. 69 (2010); Robert Agnew, *The Ordinary Acts that Contribute to Ecocide: A Criminological Analysis*, in Nigel South and Avi Brisman eds., Routledge International Handbook of Green Criminology, Routledge, 2012, p. 58 – 72; Fiona Haines & Christine Parker, *Moving Towards Ecological Regulation: The role of Criminalization*, in Cameron Holley and Clifford Shearing eds., Criminology and the Anthropocene, Routledge, 2018, p. 81 – 108.

活动中。[1]

总体而言,国家是生态环境安全法最重要的主体。生态环境安全在法律和政策层面都是国家安全的组成部分。与一些评论家所宣称的"国家失败""国家退场"的论调不同,国家在人类世和风险社会中的生态环境安全法主体地位依然是不可撼动的,作为组织的国家也不存在替代品,国家需要通过加强立法和监管来应对新的安全威胁和不确定性。当然,生态环境安全治理的兴起也表明,国家在新的时代背景下,在复杂的环境治理结构中需要新的定位,超越纯粹的命令—控制型生态环境安全法,通过更加关注程序法和组织法、采用更加丰富的激励措施和手段等推动生态环境安全法向着回应型、反思型的法转型。

第二节　新型主体:公民、企业和社会组织

本节讨论国家内部的生态环境安全法新型主体,重点关注公民、企业和社会组织。《国家安全法》第六章规定了公民和组织的义务和权利,其中主要规定了公民和组织有支持、协助国家安全工作的义务,公民和组织支持、协助国家安全工作的行为受法律保护,并且公民和组织因支持、协助国家安全工作导致人身财产损失时可按规定获得补偿和抚恤优待。[2] 该法第82条特别规定,公民和组织对国家安全工作有向国家机关提出批评建议的权利,对国家机关及其工作人员在国家安全工作中的违法失职行为有提出申诉、控告和检举的权利。尽管此处的规定体现出公民和组织在《国家安全法》中只扮演有限的角色,但在生态环境安全领域,环境法的有关规定为公民和组织扮演重要角色保留了空间。

2014年修订的《环境保护法》将"公众参与"确立为我国环境法的原则,有助于动员公众依法参与到环境保护中,也有助于逐步形成和完善

〔1〕 See Eric Biber, *Law in the Anthropocene Epoch*, Georgetown Law Journal, Vol. 106:1, p. 1 - 68 (2017).

〔2〕 参见《国家安全法》第79~81条。

"政府—企业—公众(社会)"互动的新型环保格局。[1] 公众参与旨在赋予公众环境知情权、参与权和监督权,并通过《环境保护法》第五章"信息公开和公众参与"、《环境影响评价法》、《政府信息公开条例》以及其他有关的民事、行政法律法规建立起政府和排污单位环境信息公开、公民举报环境违法、环境行政听证、环境民事私益和公益诉讼等制度。[2]

上述信息公开和公众参与制度可以被用于保障生态环境安全。例如,对于生态保护红线这一由《国家安全法》明确规定属于国家安全内涵范围的制度而言,环境民事公益诉讼制度可以为公众参与维护生态保护红线提供途径。例如,在引起广泛关注的"绿孔雀案"中,一审原告和专门从事环境保护公益活动的社会组织"自然之友"在案件二审过程中,主张一审判决已认定涉案水电站淹没区大部分被划入生态保护红线范围的前提下,应适用《环境保护法》《关于划定并严守生态保护红线的若干意见》中关于生态红线区域实行严格保护、禁止开发的规定,依法判令禁止案涉项目开发建设。[3] 尽管二审判决以案涉项目生态保护红线如何适用需经相关行政主管部门明确为由未予支持社会组织的主张,但该案为公众参与维护生态保护红线提供了思路。因此,我们可以从公民、企业和社会组织等不同类型主体的角度明确其生态环境安全法主体地位。

公民有权获得行政机关所掌握的环境资料,对生态环境安全状况、关涉生态环境安全的政府决策、可能影响生态环境安全的工程项目等信息享有知情权,有权就相关问题向政府咨询并及时得到答复。[4] 公民,特别是其中的利害关系人,在涉及生态环境安全的行政规划的制定过程中享有提出建议权、提出异议权和参与听证权。[5] 利害关系人是指与

---

〔1〕 参见《环境保护法》第5条;竺效:《论中国环境法基本原则的立法发展与再发展》,载《华东政法大学学报》2014年第3期。

〔2〕 参见周珂等主编:《环境法》(第6版),中国人民大学出版社2021年版,第39~40页。

〔3〕 参见北京市朝阳区自然之友环境研究所等与中国电建集团昆明勘测设计研究院有限公司环境污染责任纠纷上诉案,云南省高级人民法院(2020)云民终824号民事判决书。

〔4〕 参见《环境保护法》第53条;《政府信息公开条例》。

〔5〕 参见莫于川主编:《行政规划法治论》,法律出版社2016年版,第162~164页。

行政规划有实质的利益关系的主体,我国将之界定为行政行为所直接指向的对象,即行政相对人和受到行政行为直接影响的行政相关人。[1] 对于按照规定需要编制环境影响报告书的建设项目,公民依法享有参与听证权。[2] 此外,公民还可以行使监督权,向国家机关提出批评建议,对国家机关及其工作人员在生态环境安全工作中的违法失职行为提出申诉、控告和检举,对任何影响生态环境安全的单位和个人进行举报。[3] 当破坏生态环境安全的行为使公民的环境权益受到侵害,或者使公民的环境知情权、环境决策参与权受到非法侵害时,公民有权通过诉讼获得司法救济。

传统上,企业被视为污染者和环境监管的对象,而相关的公司法、合同法等法律制度也被认为改革步伐不够大,给予了企业过大的灵活性,没能克服传统的股东优先模式(shareholder primacy)所导致的环境不负责倾向,无法产生足够的激励使企业走上符合可持续发展精神的道路。[4] 近些年,由工商业内部发展起来的以企业社会责任(corporate social responsibility, CSR)、社会责任投资(socially responsible investment)为代表的运动和理念开始获得越来越广泛的认同,并逐渐具有了法律上的意义,如通过合同条款使不具有法律拘束力的企业社会责任指南(CSR Codes)可以约束合同当事方。[5] 此外,在联合国等国际组织的推动下发展迅速的企业环境—社会—治理(environmental, social and governance, ESG)信息披露目前也得到了越来越多的国家乃至区域性国

---

〔1〕 参见莫于川主编:《行政规划法治论》,法律出版社2016年版,第162页。

〔2〕 参见《环境影响评价法》第21条。

〔3〕 参见《国家安全法》第82条;《环境保护法》第57条。

〔4〕 See Benjamin J. Richardson & Beate Sjafjell, *Business and Industry*, in Lavanya Rajamani and Jacqueline Peel eds., The Oxford Handbook of International Environmental Law, 2nd edition, Oxford University Press, 2021, p. 717 – 720.

〔5〕 See Benjamin J. Richardson & Beate Sjafjell, *Business and Industry*, in Lavanya Rajamani and Jacqueline Peel eds., The Oxford Handbook of International Environmental Law, 2nd edition, Oxford University Press, 2021, p. 724.

际组织的认可和法治化,实现从自愿披露向强制披露转变。[1] 欧盟于2022年11月通过并将于2024年1月1日起实施的《企业可持续报告指令》(Corporate Sustainability Reporting Directive)取代欧盟2014年的《非财务信息报告指令》(Non-financial Reporting Directive),大幅扩展须强制披露ESG信息的企业范围。[2] 在我国,2022年2月开始施行的《企业环境信息依法披露管理办法》要求重点排污单位、强制性清洁生产审核企业以及存在生态环境违法行为的上市公司和发债企业按照规定进行年度环境信息强制披露,披露内容包括碳排放信息、生态环境应急信息等涉及生态环境安全的内容。2022年,中国企业改革与发展研究会团体标准《ESG信息披露指南》《企业ESG报告编制指南》陆续发布,这是中国最早的ESG团体标准。其中2022年11月正式发布的《企业ESG报告编制指南》的环境议题包含资源消耗、污染防治和气候变化三个二级指标,涉及气候安全和水安全等领域,有助于促进中国企业ESG信息披露的标准化,落实企业生态环境安全责任制,并实现经济高质量发展。

适格社会组织有权按照《民法典》《民事诉讼法》《环境保护法》的规定对污染环境、破坏生态、损害社会公共利益的行为提起环境民事公益诉讼。生态损害是指"人为的活动已经造成或者可能造成人类生存和发展所必须依赖的生态(环境)的任何组成部分或者其任何多个部分相互作用而构成的整体的物理、化学、生物性能的任何重大退化"[3],其中包括损害生态环境安全的行为。社会组织获取主体资格的要求包括两项积极条件,即"依法在设区的市级以上人民政府民政部门登记"和"专门从事环境保护公益活动连续五年以上",以及一项消极条件,即"无违法记录"。[4] 而为了贯彻风险预防原则,司法解释规定可以提起环境民事公

---

[1] 参见王大地、黄洁主编:《ESG理论与实践》,经济管理出版社2021年版,第1~2、23~28页。

[2] See Philipp Grenzebach et al., *CSRD Update: Corporate Sustainability Reporting Directive (CSRD) Adopted*, McDermott Will & Emery (Nov. 30, 2022), https://www.mwe.com/insights/corporate-sustainability-reporting-directive-csrd-adopted/.

[3] 竺效:《生态损害的社会化填补法理研究》,中国政法大学出版社2017年版,第42页。

[4] 参见《环境保护法》第58条;竺效主编:《环境公益诉讼实案释法》,中国人民大学出版社2018年版,第9页。

益诉讼的违法行为包括"具有损害社会公共利益重大风险的污染环境、破坏生态的行为"[1]，将尚未发生实际损害但是具有损害生态环境重大风险的行为纳入受案范围。对于何谓"重大风险"，规范性文件并未给出解释，但最高人民法院公布的指导性案例中指出，人民法院应当从被保护对象的独有价值、损害结果发生的可能性、损害后果的严重性及不可逆性等方面，综合判断被告的行为是否具有"损害社会公共利益重大风险"[2]。

总之，安全这样的接近国家核心职能、紧密联系公共利益的价值本质上是政府性或者公共性的，因此安全领域原则上不得私有化，或者只能有限度地私有化。[3] 不过，生态环境安全却是一个特例。生态环境安全问题的跨国、跨区域和全球性特征对传统的法律秩序构成了一种挑战。国家以外的公民、企业、社会组织等私主体参与生态环境安全法治过程既具备正当性，也具有必要性。私主体在生态环境安全法上的主体地位还有进一步强化的趋势，如使公民更直接地参与影响生态环境安全的政策的制定，或者进一步便利社会组织寻求司法救济，维护生态环境安全公共利益。

第三节　新型主体：国际组织

本节关注国际层面的生态环境安全法主体，或曰生态环境安全领域的国际法主体，重点聚焦国际组织。首先应当明确的是，生态环境安全法的国际法主体中，最重要的仍然是国家。目前已经建立的各种国际治理结构系统的实际运作，依然取决于国家的参与和执行。有研究指出，当代国家在国际环境法中扮演着规范制定者、对象（具有避免、预防和保

---

〔1〕 最高人民法院《关于审理环境民事公益诉讼案件适用法律若干问题的解释》第1条。

〔2〕 北京市朝阳区自然之友环境研究所诉中国水电顾问集团新平开发有限公司、中国电建集团昆明勘测设计研究院有限公司生态环境保护民事公益诉讼案，最高人民法院指导案例173号(2021年)。

〔3〕 See George Katrougalos, *Constitutional Limitations of Privatization in the USA and Europe: A Theoretical and Comparative Perspective*, Constellations, Vol. 7:3, p. 407 – 425 (2010).

护三类义务)和监护人等不同角色。[1] 20世纪下半叶,国际法律体系发生系统性变化,释放了国际环境制度中非国家行为者的潜力。由于生态环境安全挑战通常具有跨国特点或者全球性,各国越来越依赖国际组织来寻求解决方案。

国际组织是人为创造的、用于帮助实现一定目的的社会构造,[2]很难对其进行全面定义。国际组织有广义和狭义之分。广义上的国际组织是跨越国界的、以促进国际合作与理解为目标的多国机构。凡是两个以上国家的政府或民间团体、个人,基于某种目的,依一定的协议形式创设的各种机构,均可称为国际组织,其涵盖了政府间组织和非政府间组织以及跨国公司。[3] 为便于展开本节的讨论,此处采用狭义的国际组织定义,即仅指政府间组织。同时,政府间组织的定义也有广狭之分,这里采国际协会联盟(Union of International Associations)对政府间国际组织的较为宽泛的定义,即"若干国家或其他政府间国际组织为了特定目的以条约形式而建立的一种常设机构"[4]。这种宽泛的定义除了包括国家根据条约建立的、具有国际法律人格的国际组织外,也包括由其他政府间国际组织建立的、一般不具有国际法律人格的机构,如由联合国大会建立的联合国环境规划署(United Nations Environment Program, UNEP)。[5] 从这个意义上讲,也可以把本节的国际组织理解为"为促进

[1] See Thilo Marauhn, *The State*, in Lavanya Rajamani and Jacqueline Peel eds., The Oxford Handbook of International Environmental Law, 2nd edition, Oxford University Press, 2021, p. 619 – 623.

[2] See Jan Klabbers, *An Introduction to International Organizations Law*, 3rd edition, Cambridge University Press, 2015, p. 7.

[3] 参见饶戈平主编:《国际组织法》,北京大学出版社1996年版,第10~11页。

[4] [土耳其]里夫·力纳克:《政府间国际组织在安全、经济、健康和环境领域的角色与行动》,吕晓莉等编译,载杨丽、丁开杰主编:《全球治理与国际组织》,中央编译出版社2017年版。对政府间组织的狭义定义,即"若干国家(政府)为特定目的以条约建立的各种常设机构",参见梁西著、杨泽伟修订:《梁西国际组织法》(第7版),武汉大学出版社2022年版,第5页。

[5] See Ellen Hey, *International Institutions*, in Lavanya Rajamani and Jacqueline Peel eds., The Oxford Handbook of International Environmental Law, 2nd edition, Oxford University Press, 2021, p. 633.

国家间合作而建立的正式、多边或官僚安排”[1]。

与国家相比，国际组织在推动生态环境安全法发展方面具有一定的优势：首先，国际组织可以聚合和平衡国家利益，在此基础上促进共同利益和关切的发展。生态环境安全法涉及许多政策领域。仅就气候安全而言，由于气候安全风险相互影响，气候安全涉及多个政策领域，如安全、外交、和平与冲突、发展、减少灾害风险和移民。[2] 在这些领域中，国际组织都可以有所作为，成为各国积聚共识和合作的平台。由于国际环境法发展的分散化和碎片化，以及各国对建立中央协调机构缺乏共识，生态环境领域缺少类似于世界卫生组织（World Health Organization）、世界贸易组织（World Trade Organization）那样的中央协调机构。不过，与生态环境安全相关的国际组织也可以发挥较大的作用。例如，尽管联合国环境规划署只是联合国大会的一个下设机构，但它所履行的职责与世界卫生组织等联合国专门机构所履行的职责是相似的。[3]《生物多样性公约》这一多边环境协定就是在联合国环境规划署内进行谈判的。其次，国际组织有可能吸收认识共同体（epistemic communities）的知识和投入，在环境问题上提供比国家层面更有力的投入。最后，国际组织可以协调和监督国际环境协定的实施，特别是可以在国际层面上促进履约控制和履约援助。[4]

尽管以上将国际组织作为一个整体来进行讨论，也说明了生态环境安全涉及多个政策领域，但现有研究倾向于关注特定政府间组织在特定

---

〔1〕 Beth A. Simmons & Lisa L. Martin, *International Organizations and Institutions*, in Walter Carlsnaes, Thomas Risse and Beth A. Simmons eds., Handbook of International Relations, Sage, 2012, p. 328 – 329.

〔2〕 See Lisa M. Dellmuth et al., *Intergovernmental Organizations and Climate Security: Advancing the Research Agenda*, WIREs Climate Change, Vol. 9: e496, p. 2 (2017).

〔3〕 See Ellen Hey, *International Institutions*, in Lavanya Rajamani and Jacqueline Peel eds., The Oxford Handbook of International Environmental Law, 2nd edition, Oxford University Press, 2021, p. 634.

〔4〕 See Thilo Marauhn, *The State*, in Lavanya Rajamani and Jacqueline Peel eds., The Oxford Handbook of International Environmental Law, 2nd edition, Oxford University Press, 2021, p. 629.

政策领域的话语或者治理方式,或者说个案研究,而很少有跨组织和跨政策领域的关于关系、范式和有效性的系统研究。[1] 鉴于此,本节关注联合国安全理事会(United Nations Security Council,以下简称安理会)、联合国开发计划署(United Nations Development Programme)、联合国难民署(Office of the United Nations High Commissioner for Refugees)、欧盟、北大西洋公约组织(North Atlantic Treaty Organization,以下简称北约)等国际组织的实践,并试图从其个案经验中归纳出国际组织作为主体在生态环境安全法治中扮演的角色。

大多数国际组织的授权范围(mandates)并未明确包括生态环境安全,因此国际组织作为主体首先要在授权范围内推动生态环境问题的安全化,在组织内部形成生态环境安全话语并促成组织对生态环境安全问题的有效回应。这种努力是渐进式的,甚至有可能事与愿违。

以安理会为例。安理会是《联合国宪章》(United Nations Charter)所设立的联合国六个主要机关(principle organs)之一,主要责任是"维持国际和平及安全"[2]。《联合国宪章》并未规定"国际和平及安全"的确切含义。而从安理会实践来看,自冷战结束以来,安理会已经扩大了关注问题的视野,包括艾滋病、气候变化在内的健康和环境问题的应对被提上安理会日程。[3] 从安理会 2007 年举行气候变化对和平与安全影响的第一次辩论以来,各国和评论员对于安理会是否是讨论气候变化问题的适当场所就一直存在分歧:支持者强调气候变化对国际和平与安全的不利影响,暗示这些影响属于安理会的授权范围。此类提议往往基于安理会具有明确授权的冲突预防工作,其逻辑是安理会需要了解和应对可能加剧冲突风险的严重环境挑战,将其纳入《联合国宪章》第 34 条的

---

[1] See Lisa M. Dellmuth et al., *Intergovernmental Organizations and Climate Security: Advancing the Research Agenda*, WIREs Climate Change, Vol. 9:e496, p. 7 (2017).

[2] 《联合国宪章》第 24 条。

[3] 参见[美]戴维·博斯科:《评估联合国安理会:协同视角》,吕晓莉等编译,载杨丽、丁开杰主编:《全球治理与国际组织》,中央编译出版社 2017 年版。

"情势"和"争端"的范围内。[1] 反对者则认为,气候变化主要是影响社会发展的问题,而非安全问题。[2] 多年过去,各国逐渐达成共识,即安理会已经做好准备对生态环境安全相关风险做出有意识但有分寸的反应。[3] 作为安理会常任理事国,我国在此问题上的立场有所转变。2007 年安理会辩论期间,中国代表指出:"发展中国家认为,安全理事会既没有处理气候变化的专业能力,也不是广泛参与、形成广泛接受的建议的适当决策场所。"[4]经过安理会与联合国其他组织机构加强应对以气候变化为代表的生态环境风险的专业性的多年努力之后,在 2021 年 2 月 23 日的安理会气候与安全辩论中,联合国秘书长古特雷斯指出,必须深化联合国系统内外的伙伴关系,包括安理会、建设和平委员会、国际金融机构、区域组织、民间社会等,包括安理会在内的所有多边机构的参与可为应对气候危机发挥重要作用。[5] 我国代表在该场辩论中指出,在以《联合国气候变化框架公约》为主渠道推进应对气候变化合作的前提下,公约秘书处、联合国发展系统以及驻地协调员应根据各自的授权,积极地回应有关国家应对气候变化和经济社会发展的需要,有针对性地提供支持,安理会在应对气候变化问题上发挥作用也符合自身的职责。[6] 而在 2021 年 9 月的安理会气候与安全辩论中,我国代表进一步明确指出,"要维护《联合国气候变化框架公约》和《巴黎协定》的主渠道地位,尊重各国在气候变化问题上同等的发言权,安理会不宜、也不能代替国

---

〔1〕《联合国宪章》第 34 条:"安全理事会得调查任何争端或可能引起国际摩擦或惹起争端之任何情势,以断定该项争端或情势之继续存在是否足以危及国际和平与安全之维持。"

〔2〕 See Shirley v. Scott, *Securitizing Climate Change: International Legal Implications and Obstacles*, Cambridge Review of International Affairs, Vol. 21: 4, p. 603 – 619 (2008).

〔3〕 See Shirley v. Scott, *Implications of Climate Change for the UN Security Council: Mapping the Range of Potential Policy Responses*, International Affairs, Vol. 91: 5, p. 1333 (2015).

〔4〕 United Nations Security Council, *Security Council Holds First – Ever Debate on Impact of Climate Change on Peace, Security, Hearing Over 50 Speakers*, United Nations (Apr. 17, 2007), https://press.un.org/en/2007/sc9000.doc.htm.

〔5〕 参见联合国安全理事会:《"维护国际和平与安全:气候安全视频会议"通报和发言》,文件编号 S/2021/198,2021 年 3 月 1 日,第 3 ~ 4 页。

〔6〕 参见联合国安全理事会:《"维护国际和平与安全:气候安全视频会议"通报和发言》,文件编号 S/2021/198,2021 年 3 月 1 日,第 37 页。

际社会集体决策”,“安理会可以在国别议题下关注气候变化带来的风险,根据实际情况动员国际社会加大投入,支持联合国专门机构帮助有关冲突国家更好地应对挑战”,“应避免不加区分地将气候因素作为所有问题的重点,甚至列入联合国维和行动的授权,防止影响安理会有效履行职责,也防止不必要的工作重叠”[1]。

此外,欧盟也采用国家安全的话语来描述生态环境安全问题。例如,在气候安全问题上,从 2008 年开始,欧盟一直强调气候变化对安全的影响是间接的,受到各种政治、社会和经济因素的制约。[2] 欧盟关于气候安全的话语,强调气候难民的安全化、外交和冲突预防、气候安全和能源安全的融合等问题。[3]

尽管国际组织开始将生态环境问题视为安全问题,但此举能否产生有效的政策回应还在学术争论之中。[4] 例如,欧盟有关移民的话语安全化的尝试最终未能带来预期行动;相反,气候移民成为已经存在的移民管控机制的对象。[5] 另一项对联合国开发计划署、联合国环境规划署和联合国人道主义事务协调厅等联合国机构的研究表明,框定政治问题降低了国际组织应对气候安全挑战的能力。[6]

上述实例表明,国际组织在基本文件中获得的授权往往不会明确纳入生态环境安全事项,在国际组织内推动生态环境问题的安全化可能是

---

[1] 中国人民共和国常驻联合国代表团:《张军大使在安理会“维护国际和平与安全:气候与安全”公开辩论会上的发言》,载中华人民共和国常驻联合国代表团网,http://un. china - mission. gov. cn/chn/zgylhg/jsyfz/qhbh/202109/t20210923_9568804. htm。

[2] See John Vogler, *Changing Conceptions of Climate and Energy Security in Europe*, Environmental Politics, Vol. 22, p. 627 - 645 (2013).

[3] See Maria Julia Trombetta, *Linking Climate - induced Migration and Security within the EU: Insights from the Securitization Debate*, Critical Studies on Security, Vol. 2: 2, p. 131 - 147 (2014).

[4] See Angela Oels, *Rendering Climate Change Governable by Risk: From Probability to Contingency*, Geoforum, Vol. 45, p. 17 - 29 (2013).

[5] See Maria Julia Trombetta, *Linking Climate - induced Migration and Security within the EU: Insights from the Securitization Debate*, Critical Studies on Security, Vol. 2: 2, p. 144 (2014).

[6] See Michael Mason, *Climate Insecurity in (Post) Conflict Areas: The Biopolitics of United Nations Vulnerability Assessments*, Geopolitics, Vol. 19: 4, p. 806 - 828 (2014).

一把"双刃剑":一方面,在国际组织内部形成生态环境安全话语有可能促成组织对生态环境安全问题的有效回应;另一方面,就安理会这样决策机制比较特殊的政府间国际组织而言,担心大国为自身目的滥用权力,使那些对全球南方(Global South)的弱势群体不利的行动或政策合法化的顾虑也是合理的,进而可能影响国际组织在生态环境安全问题上的合法性。同时,当国际组织寻求推进其整体议程而不是应对生态环境安全挑战时,往往会出现话语斗争,这意味着有可能产生初衷之外的政策结果,甚至使生态环境安全状况变得更糟。

对于国际组织作为生态环境安全法主体需要关注的另一个问题是,国际组织如何有效地治理生态环境安全问题,以及有什么样的法治发展空间。一项系统比较安理会、欧盟和北约的研究表明,气候变化问题的政治化和安理会薄弱的资源禀赋使其越来越难以动员国际干预所需的联盟,以支持那些最容易受到气候变化影响的国家和地区。[1] 另一个例子是,联合国难民署通过参与《联合国气候变化框架公约》谈判和南森会议试图解决气候引起的人员流离失所问题的努力,并没有引起具体的政策变化。[2] 评论者指出,尽管"生态难民"或者"气候变化难民"构成联合国难民署履行其核心受益人职能的严峻背景,但其执行委员会目前并没有倾向于要求联合国难民署在自然灾害或气候变化导致的流离失所者方面扮演更全面的角色。[3] 从本质上说,生态环境安全的新问题已经超出了联合国难民署既定的职能范围。

当单一的国际组织难以有效治理生态环境安全问题时,我们还需要关注多个国际组织的综合治理(integrated governance)问题。综合治理是环境法基本原则,是指法律规定一切单位和个人都有保护环境的义务,并通过行政的、市场的和自治的等各种机制和手段,积极有效地治理

---

〔1〕 See Duncan Depledge & Tobias Feakin, *Climate Change and International Institutions: Implications for Security*, Climate Policy, Vol. 12: sup01, p. S73 – S84 (2012).

〔2〕 See Nina Hall, *Money or Mandate? Why International Organizations Engage with the Climate Change Regime*, Global Environmental Politics, Vol. 15: 2, p. 79 – 97 (2015).

〔3〕 See Susan F. Martin, *Environmental Change and Migration: Legal and Political Frameworks*, Environment and Planning C: Politics and Space, Vol. 30: 6, p. 1045 – 1060 (2012).

环境问题。[1] 在国际组织进行生态环境安全治理的语境中，综合治理关注不同政策领域的国际组织之间的合作治理，以及将生态环境安全问题纳入政策主流的合力。例如，气候安全领域的综合治理，是指参与不同政策领域的政策制定者通过在政府间国际组织内部和组织之间的合作，以及通过将气候安全事项纳入各政策领域的主流，将气候变化与安全联系在一起。[2] 尽管综合治理的方法有助于有效治理生态环境安全问题，但在具体实践综合治理的过程中还需要解决不同机构之间的权限竞合问题。例如，上文中提到的安理会对气候安全的关注，是否影响了在该领域拥有更多专业知识的其他联合国机构，如《联合国气候变化框架公约》条约机构的权力。《联合国宪章》并不禁止不同的机构处理同样的问题，特别是和平与安全、发展、人权等多项联合国核心工作的问题。但是，要真正实现有效的综合治理，还是会遇到一些障碍，如气候变化带来的风险需要在政府间国际组织的和平建设活动中加以解决，但这一整合工作可能受到目标和时间框架不同等因素的阻碍。[3]

过往研究也考察了国际组织在生态环境安全治理中法治发展的可能性。例如，就气候难民问题而言，难点在于明确其定义；同时，通过一个新的条约未必是使联合国难民署的治理更加有效的最佳解决方案。[4] 又如，有学者建议制定《联合国气候变化框架公约》气候难民议定书，以实现更有效的治理。[5]

总体来说，对于国际组织作为生态环境安全法主体的研究可以说刚刚起步。现有研究表明，国际组织已经开始使用生态环境安全的有关话

---

〔1〕 参见周珂等主编：《环境法》（第6版），中国人民大学出版社2021年版，第36页。

〔2〕 See Lisa M. Dellmuth et al., *Intergovernmental Organizations and Climate Security: Advancing the Research Agenda*, WIREs Climate Change, Vol. 9: e496, p. 3 (2017).

〔3〕 See Richard Matthew, *Integrating Climate Change into Peacebuilding*, Climate Change, Vol. 123, p. 83 – 93 (2014).

〔4〕 See Jane McAdam, *Swimming Against the Tide: Why a Climate Change Displacement Treaty is Not the Answer*, International Journal of Refugee Law, Vol. 23: 1, p. 1 – 22 (2011).

〔5〕 See Frank Biermann & Ingrid Boas, *Preparing for a Warmer World: Towards a Global Governance System to Protect Climate Refugees*, Global Environmental Politics, Vol. 10: 1, p. 60 – 88 (2010).

语，使生态环境安全问题逐渐纳入各政策领域的主流，在组织授权范围内开展工作，并取得了一定的治理效果。在我国深度参与全球治理的时代背景下，有必要进一步研究国际组织生态环境安全法治的发展趋势和效果，并提出我国参与国际组织生态环境安全法治的对策，长远和稳健地服务国家战略。

将国际组织作为生态环境安全法主体的研究也表明，需要关注国际组织人才的培养问题。党的二十大报告指出，未来五年的主要目标任务包括，中国国际地位和影响进一步提高，在全球治理中发挥更大作用。[1] 中国深度参与全球治理离不开国际组织人才培养，其中也应当包括培养具有复合背景和国际视野的生态环境安全法治人才。2023 年 2 月，中共中央办公厅、国务院办公厅印发的《关于加强新时代法学教育和法学理论研究的意见》指出，立足中国实际，推进环境与资源保护法学等更新学科内涵，加强国家安全法学等学科建设，加快发展气候法学等新兴学科，推进法学和自然科学等学科交叉融合发展，培养高质量复合型法治人才，加快培养具有国际视野、精通国际法和国别法的涉外法治紧缺人才。生态环境安全法治人才具有特殊性，是具有环境资源法、国家安全法、气候法、政治学、经济学、环境科学等跨学科背景的复合型法治人才，同时也具备胜任国际组织工作的全球视野和综合能力。如何定义此类复合型人才的培养标准，系统构建培养和推送的整体方案，是我国法学教育和国际组织人才培养必然面对的课题。笔者认为，未来可围绕"国际组织法律胜任力"概念构建法治人才胜任力模型，积极推动生态环境安全法治人才培养方式研究的深入化和专门化。[2]

---

[1] 参见习近平：《高举中国特色社会主义伟大旗帜 为全面建设社会主义现代化国家而团结奋斗——在中国共产党第二十次全国代表大会上的报告》，载新华网，http://www.news.cn/politics/cpc20/2022-10/25/c_1129079429.htm。

[2] 过往部分研究开始将"胜任力"概念引入法律人才培养，但更多的是基于理论的研讨，实证研究较少。例如杨力、郭晓薇：《一流法律家的胜任力标准和培养》，载《上海交通大学学报（哲学社会科学版）》2013 年第 2 期。笔者在此提出"国际组织法律胜任力"概念，并建议通过实证研究推动法学教育和国际组织人才的培养研究发展。

制度创新编

第四章　气候安全法治创新

第一节　气候安全的要义

一、气候安全概念的提出和定义

气候安全(climate security)自20世纪80年代开始得到重视，并得到IPCC所提供的科学证据的支持。[1] IPCC于2021年8月发布的第六次气候评估第一工作组报告指出，人类活动导致气候变暖的结论是明确的(unequivocal)，人类活动导致的气候变化已经造成全球气象和气候极端事件频繁发生，而碳排放造成的很多变化，如海洋、冰盖和全球海平面的变化，在百年甚至千年的尺度上是不可逆转的。[2] IPCC于2023年3月发布的第六次评估报告《综合报告》再次强调了以温室气体排放为主要形式的人类活动明确造成了全球变暖。[3] 除了《联合国气候变化框架公约》(UN Framework Convention on Climate Change, UNFCCC)以及《巴黎协定》(Paris Agreement)等有关文件构成的条约体制致力于通过减少全球碳排放扭转气候变化的负面安全影响外，联合国系统内包括联合国大会、联合国安理会、联合国环境署、联合国发展规划署等多个机构

---

〔1〕 See Matt McDonald, *Discourses of Climate Security*, Political Geography, Vol. 33, p. 43 (2013).

〔2〕 See IPCC, *Climate Change 2021: The Physical Science Basis, Contribution of Working Group I to the Sixth Assessment Report of the Intergovernmental Panel on Climate Change*, IPCC, 2021, p. SPM4 – SPM41.

〔3〕 See IPCC, *IPCC AR6 Synthesis Report: Climate Change* 2023, IPCC, 2013, p. 4.

都致力于探讨气候变化的安全影响,尽管对于气候变化属于哪些机构权限内的事项还存在一定的争议。[1] 此外,区域性国际组织以及许多国家的国家安全报告以及非政府组织、智库机构等也特别关注气候变化的安全影响。

需要明确的是,气候安全涉及何种安全问题。气候安全的定义往往混杂了国家安全、人类安全等不同的安全话语,例如,将气候安全定义为"人民、社区和国家有能力管理气候变化和变异性带来的压力的条件"[2]。本书绪论中已经提到,本书在国家安全的范畴内讨论生态环境安全问题,因此本书讨论气候变化的安全影响时也将采用国家安全视角。[3] 安德鲁·科利尔(Andrew Collier)和史蒂夫·兰科夫(Stephen Lankoff)两位学者将最近几百年来国家安全扩大化的趋势总结为对国家安全的三种概念化方式[4]:首先,是主权国家安全(sovereign state security),其保护目标是领土主权与国家自身的延续,其威胁集中于国外或国内的敌人攻击,用以应对威胁的技术则是武力。这是17世纪霍布斯作品中对于安全的经典概念,并仍然是许多军事领导人的主流思想。其次,是人口安全(population security),其保护目标是国家的人口,其威胁是疾病、犯罪、贫困等社会痼疾,用以应对威胁的技术则包括监测、统计和公共卫生措施以及凯恩斯主义的宏观管理工具等。人口安全产生

---

[1] See Matt McDonald, *Discourses of Climate Security*, Political Geography, Vol. 33, p. 42 (2013); UN Security Council, *The UN Security Council and Climate Change*, UN Security Council, 2021, p. 2 – 4. 另见本书第三章第三节的有关讨论。

[2] Lisa M. Dellmuth et al., *Intergovernmental Organizations and Climate Security: Advancing the Research Agenda*, WIREs Climate Change, Vol. 9: e496, p. 3 (2017).

[3] 马特·麦克唐纳(Matt McDonald)等学者,从国家安全、人类安全、国际安全、生态安全等不同安全概念化的层面讨论气候安全的话语竞争问题,这不在本书的讨论范围之内。See Matt McDonald, *Discourses of Climate Security*, Political Geography, Vol. 33, p. 42 – 51 (2013); Matt McDonald, *Climate Change and Security: Towards Ecological Security?*, International Theory, Vol. 10: 2, p. 153 – 180 (2018).

[4] See Andrew Collier & Stephen Lakoff, *On Vital Systems Security*, Presentation at the University of Helsinki Collegium, 2008; Andrew Collier & Stephen Lakoff, *The Vulnerability of Vital Systems: How Critical Infrastructure became a Security Problem*, in Cavelty Myriam Dunn and Kristensen Kristian Søby eds., Securing the Homeland: Critical Infrastructure, Risk and (In) security, Routledge, 2008, p. 1 – 23.

于19世纪的安全思想家中间,为政府扩张、国家对人口更为细致的监控以及基础设施建设提供依据。最后,是关键系统安全(vital systems security),其保护目标是国家的重要基础设施(critical infrastructure),其威胁是核战争、恐怖主义和自然灾害等,威胁的具体情况难以预测,并具有潜在灾难性,用于应对威胁的技术重点是基于情境和全面危害规划的准备状态(preparedness)。关键系统安全产生于20世纪40年代,用于考虑全面战争对为推动人口安全而发展的基础设施所造成的威胁;政府不再预测和预防具体事件,而是将潜在灾难集合为统一的危险衡量单位,通过情景规划、模拟、战争游戏和其他非狭义展望方法进行准备。[1] 这三种国家安全思考模式中,后续出现的模式可以弥补更早的模式的局限性,三种模式因此互相关联:对关键系统的威胁对其所支持的人口安全构成第二级(second-order)威胁;对人口的威胁对国家本身则构成第二级威胁。[2] 同时,三种模式的独特性也让其应对安全威胁时需要采取不同的政策回应方式。

气候变化相关的安全威胁主要涉及关键系统安全和人口安全,与主权国家安全的关系相对较远。首先,气候变化最为直接和近期的影响表现为对人类社会所依赖的关键系统的影响,如更高频率的风暴可能影响能源生产与输送,更常见的极端天气事件和冰川消退、积雪减少、降雨模式改变等可能导致水供给减少,气候变化直接影响作物生产并间接影响市场和供应链基础设施从而影响农业,更加严重和常见的风暴和上升的

---

〔1〕 See Ute Tellmann, *Imagining Catastrophe: Scenario Planning and the Striving for Epistemic Security*, Economic Sociology: the European Electronic Newsletter, Vol. 10:2, p. 17 – 21 (2009).

〔2〕 See Nils Gilman, Doug Randall & Peter Schwartz, *Climate Change and "Security"*, in John S. Dryzek, Richard B. Norgaard and David Schlosberg eds., The Oxford Handbook of Climate Change and Society, Oxford University Press, 2011, p. 253.

海平面高度将损坏桥梁和道路从而影响交通等。[1] 除了上述特定风险，气候变化还可能引起不同关键系统之间的风险“多米诺效应”，也可能由关键系统影响到政治系统、社会系统等宏观系统（macrosystems）。[2] 其次，气候变化也从死亡和疾病趋势的变化、经济生产力减少、气候难民激增等方面影响人口安全。[3] 最后，从主权国家安全角度，气候变化将可能减弱军事能力、让一些国家丧失领土、增加资源冲突、因人口安全溢出（population security spillovers）而增加局部冲突，或者因应对气候变化产生新的政治形式而影响国家内部稳定或造成国际关系紧张。[4]

联合国对于气候安全的关注，首先考虑气候变化对武装冲突等传统安全事项的影响。2009 年联合国秘书长报告指出，气候变化使海平面上升，可能造成国家领土丧失，对以小岛屿发展中国家为代表的主权国家的存续构成考验，引发民众无国籍或流离失所状态、与邻国因专属经济区产生领土争端等问题。[5] 2007 年，联合国环境署和时任联合国秘书长潘基文将达尔富尔地区的冲突与气候变化的影响联系起来，称达尔

---

〔1〕 See Pak C. Wong et al., *Predicting the Impact of Climate Change on the U. S. Power Grids and Its Wider Implications on National Security*, Paper delivered at Spring Symposium for Association for the Advancement of Artificial Intelligence, 2009; World Water Council, *Synthesis of the 4th World Water Forum*, World Water Council, 2006; T. P. Barnett, J. C. Adam & D. P. Lettenmaier, *Potential Impacts of a Warming Climate on Water Availability in Snow-Dominated Regions*, Nature, Vol. 438, p. 303-309 (2005); P. J. Gregory, J. S. I. Ingram & M. Brklacich, *Climate Change and Food Security*, Philosophical Transactions of the Royal Society, Vol. 360, p. 2130-2148 (2005); Brian Mills & Jean Andrey, *Climate Change and Transportation: Potential Interactions and Impacts*, U. S. Department of Transportation, 2009.

〔2〕 See Nils Gilman et al., *Impacts of Climate Change: A Systems Vulnerability Approach*, Global Business Network White Paper, 2007.

〔3〕 See Nils Gilman, Doug Randall & Peter Schwartz, *Climate Change and "Security"*, in John S. Dryzek, Richard B. Norgaard and David Schlosberg eds., The Oxford Handbook of Climate Change and Society, Oxford University Press, 2011, p. 258-259.

〔4〕 See Nils Gilman, Doug Randall & Peter Schwartz, *Climate Change and "Security"*, in John S. Dryzek, Richard B. Norgaard and David Schlosberg eds., The Oxford Handbook of Climate Change and Society, Oxford University Press, 2011, p. 261-262.

〔5〕 参见联合国秘书长报告：《气候变化和它可能对安全产生的影响》，联合国大会第六十四届会议，文件编号 A/64/350，2009 年 9 月 11 日，第 7 页。

富尔地区冲突的根源是“至少部分由气候变化引起的生态危机”(ecological crisis, arising at least in part from climate change)。[1] 但是,一些专家认为,联合国对于达尔富尔地区冲突根源的认识夸大了气候变化和环境退化的直接安全影响。[2] 目前,人们对于气候与冲突的联系的认识仍然是有限的,气候变量也不是最重要的冲突影响因子。[3] 2021 年的文献回顾研究也提示,需要进一步研究气候变化影响安全的路径和中间因素。[4] 由于气候变化通常不是冲突的直接原因,联合国系统内多从风险倍增因素(risk multiplier)这一具备更大共识的角度来认识气候变化。[5] 2009 年联合国秘书长报告和 2011 年至 2021 年安理会部分成员的发言指出,气候变化可被视为一种威胁倍增因素(threat multiplier),它会使持续贫穷、资源管理和冲突解决的薄弱体制、社区与国家间的裂痕和不信任历史以及不能充分获取信息或资源所造成的威胁的程度加深。[6] 在此情况下,如果当地应对气候变化的战略未经协调或者措施不成功,可能导致局部冲突或者紧张局势升级、引发资源战等,也可能引起自然资源供给或获取途径的变化,由此造成国家间竞争和可能的领土

---

〔1〕 United Nations Environment Programme, *Sudan: Post-conflict Environmental Assessment*, United Nations Environment Programme, 2007; Ban Ki-moon, *A Climate Culprit in Darfur*, Washington Post, June 16, 2007.

〔2〕 See Declan Butler, *Darfur's Climate Roots Challenged*, Nature, Vol. 447, p. 1038 (2007).

〔3〕 See Katharine J. Mach et al., *Climate as a Risk Factor for Armed Conflict*, Nature, Vol. 571, p. 193-197 (2019).

〔4〕 See Nina von Uexkull & Buhaug Halvard, *Security Implications of Climate Change: A Decade of Scientific Progress*, Journal of Peace Research, Vol. 58: 1, p. 6 (2021).

〔5〕 See UN Security Council, *The UN Security Council and Climate Change*, UN Security Council, 2021, p. 3.

〔6〕 参见联合国秘书长报告:《气候变化和它可能对安全产生的影响》,联合国大会第六十四届会议,文件编号 A/64/350,2009 年 9 月 11 日,第 2 页;联合国安全理事会:《第六五八七次会议临时逐字记录》,文件编号 S/PV. 6587,2011 年 7 月 20 日,第 4、10、14、25 页;联合国安全理事会:《第八三〇七次会议临时逐字记录》,文件编号 S/PV. 8307,2018 年 7 月 11 日,第 3、8~9 页;联合国安全理事会:《第八四五一次会议临时逐字记录》,文件编号 S/PV. 8451,2019 年 1 月 25 日,第 3、32~33、51、55、71 页;联合国安全理事会:《“维护国际和平与安全:气候安全视频会议”通报和发言》,文件编号 S/2021/198,2021 年 3 月 1 日,第 48、75、79、81、87、89、94~95、102、121 页。

争端。[1]

此外，联合国系统内也将气候变化视为可持续发展问题，意图通过增强抵御自然和经济冲击的能力、加强体制促进和平与安全。在此背景下，联合国所关注的安全是人口安全和关键系统安全。2009 年联合国大会决议指出，由联合国大会和经济及社会理事会负责处理可持续发展问题，其中包括气候变化，并深为关切包括海平面升高在内的不利气候变化可能会对安全产生的影响。[2] 根据该决议提交的 2009 年联合国秘书长报告列举了气候变化加剧不安全的五个渠道，其中前两个与人口安全和关键系统安全相关：一是气候变化对最脆弱社区福祉的威胁，如生命权，健康权，获得粮食、水和住房的权利；二是对以发展中国家为代表的国家经济发展的威胁。气候变化引起的经济增长停止或大幅减速可能加剧贫穷和绝望，对发展中国家形成严重的安全威胁。[3]

我国领导人一直强调，气候变化关乎人民福祉，关乎人类未来。[4] 在安理会关于气候安全的多次会议中，我国指出，气候变化是"对人类生存、发展与安全现实、紧迫而严峻的挑战"，"气候变化造成的自然灾害，对世界许多地区造成危害，对有关地区粮食安全、水资源、生态环境、能源和人民生命财产等构成严重威胁"，在个别地区甚至成为"破坏和平稳定的因素"[5]。我国认为，虽然气候变化可能有安全方面的影响，但归根到底是发展问题，"可持续发展是解决一切问题的总开关，也是消除

---

〔1〕 参见联合国秘书长报告：《气候变化和它可能对安全产生的影响》，联合国大会第六十四届会议，文件编号 A/64/350，2009 年 9 月 11 日，第 7～8 页。

〔2〕 参见联合国大会：《2009 年 6 月 3 日大会决议：63/281 气候变化和它可能对安全产生的影响》，文件编号 A/RES/63/281，2009 年 6 月 11 日。

〔3〕 参见联合国安全理事会：《第八四五一次会议临时逐字记录》，文件编号 S/PV. 8451，2019 年 1 月 25 日，第 14 页；联合国秘书长报告：《气候变化和它可能对安全产生的影响》，联合国大会第六十四届会议，文件编号 A/64/350，2009 年 9 月 11 日，第 6 页。

〔4〕 参见习近平：《论坚持人与自然和谐共生》，中央文献出版社 2022 年版，第 154 页。

〔5〕 联合国安全理事会：《"维护国际和平与安全：气候安全视频会议"通报和发言》，文件编号 S/2021/198，2021 年 3 月 1 日，第 37 页；联合国安全理事会：《第八四五一次会议临时逐字记录》，文件编号 S/PV. 8451，2019 年 1 月 25 日，第 14 页。

冲突根源的金钥匙”[1]。因此,我国主要是从人口安全和关键系统安全的概念来认识气候安全问题的。我国认为,解决气候变化问题,各国要坚持多边主义,树立人类命运共同体意识,切实尊重气候变化领域达成的国际协议,以《联合国气候变化框架公约》为主渠道,在《联合国气候变化框架公约》和《巴黎协定》的框架下,恪守共同但有区别的责任、公平、各自能力的原则,尊重并支持各国根据国情确定国家自主贡献的目标,推进应对气候变化的合作:发达国家要履行率先减排的义务,并切实兑现承诺,提供更加有力的资金和技术支持,帮助发展中国家提升应对气候变化的能力;发展中国家要尽其所能采取积极的气候行动。[2] 同时,国际社会要树立共同、综合、合作和可持续的新安全观,妥善处理与气候相关的安全风险,通过走可持续发展道路,并最终依靠实现共同发展来解决气候变化问题可能导致的土地和水资源减少、粮食安全、人道危机和大规模移民潮等安全风险问题。[3] 我国主张,应根据《联合国宪章》和相关文件的授权,按照联合国机构的职能和分工,妥善处理和应对气候变化相关问题,公约秘书处、联合国发展系统以及驻地协调员应根据各自的授权,积极地回应有关国家应对气候变化和经济社会发展的需要,有针对性地提供支持,安理会在应对气候变化问题上发挥作用也符合自身的职责。[4]

在维护气候安全的国内行动和具体举措方面,中国领导人已经在2020年9月向国际社会郑重宣布,我国二氧化碳排放力争2030年前达

[1] 联合国安全理事会:《第六五八七次会议临时逐字记录》,文件编号 S/PV. 6587,2011年7月20日,第8页;联合国安全理事会:《“维护国际和平与安全:气候安全视频会议”通报和发言》,文件编号 S/2021/198,2021年3月1日,第37页。

[2] 参见联合国安全理事会:《第八三〇七次会议临时逐字记录》,文件编号 S/PV. 8307,2018年7月11日,第18页;联合国安全理事会:《第八四五一次会议临时逐字记录》,文件编号 S/PV. 8451,2019年1月25日,第14页。

[3] 参见联合国安全理事会:《第八三〇七次会议临时逐字记录》,文件编号 S/PV. 8307,2018年7月11日,第18页。

[4] 参见联合国安全理事会:《第八三〇七次会议临时逐字记录》,文件编号 S/PV. 8307,2018年7月11日,第18页;联合国安全理事会:《“维护国际和平与安全:气候安全视频会议”通报和发言》,文件编号 S/2021/198,2021年3月1日,第37页。

到峰值,力争2060年前实现碳中和。[1] 2021年,我国发布了《关于完整准确全面贯彻新发展理念做好碳达峰碳中和工作的意见》和《2030年前碳达峰行动方案》等顶层设计文件,还将陆续发布能源、工业、建筑、交通等重点领域和煤炭、电力、钢铁、水泥等重点行业的实施方案,出台科技、碳汇、财税、金融等保障措施,形成碳达峰、碳中和“1+N”政策体系。[2] 落实这一政策体系,离不开法律制度的支持。

二、气候安全法的特点及其定位

气候变化被视为21世纪最紧迫的集体行动问题,而国际气候体制存在不足。[3] 2015年《巴黎协定》建立了以硬性控温目标和“国家自主贡献”自主减排为中心的气候柔性治理结构,对各国强化国内立法提出了持续性要求。[4] 国家立法成为后《巴黎协定》时代各国应对气候变化最重要的工具。[5] 从国家立法的层面来看,气候变化是所谓的“热”情形(“hot” situation),对法律体系造成了重大和前所未有的挑战。[6] “热”情形是与“冷”情形相对的:“冷”情形是指可控、可预测的常规情形,法律可以发挥重要作用;“热”情形则是指现存法律框架不容易管理的情形。

气候变化具有四个相互联系的特征,对法律体系构成破坏性挑战

---

[1] 参见习近平:《论坚持人与自然和谐共生》,中央文献出版社2022年版,第252~253页。

[2] 参见习近平:《论坚持人与自然和谐共生》,中央文献出版社2022年版,第303页。

[3] See Paul G. Harris, *Collective Action on Climate Change: The Logical of Regime Failure*, Natural Resources Journal, Vol. 47:1, p. 195 – 224 (2007).

[4] 参见王江:《论碳达峰碳中和行动的法制框架》,载《东方法学》2021年第5期。

[5] See Eloise Scotford & Stephen Minas, *Probing the Hidden Depths of Climate Law: Analysing National Climate Change Legislation*, Review of European, Comparative and International Environmental Law, Vol. 28, p. 2 (2019).

[6] See Michel Callon, *An Essay on Framing and Overflowing: Economic Externalities Revisited by Sociology*, The Sociological Review, Vol. 46:sup01, p. 244 – 269 (1998); Elizabeth Fisher, *Environmental Law as “Hot” Law*, Journal of Environmental Law, Vol. 25, p. 347 – 358 (2013).

(disruptive challenges)。[1]

首先,气候变化的原因和结果都是多中心的。在人类世的背景下,人类活动是气候变化主因的观点已经得到了科学的证实。而造成气候变化的人类活动跨越了时间和空间,是累积性和全球性的。气候变化的影响也是广泛而多层面的,需要多种主体共同应对。多中心性提出的法律挑战包括:谁的权利和利益应当被纳入考量;谁具有起诉资格;谁应当承担责任,承担对谁的何种责任等。

其次,对未来气候变化影响的评估具有不确定性。在风险社会中,气候变化的风险、不确定性和结果的推迟发生意味着评估高度依赖计算机建模,而建模过程中内在地具有不确定性。[2] 本质上,这是科学与法律之间的矛盾辩证关系。18 世纪哲学家休谟(Hume)提出了归纳推理的合理性问题,也被后世称为"休谟问题"(Hume's problem),其指出从观测到的过去的现象通过归纳推理总结出的"规律"可能无法总是适用于未来,因而科学永远无法对具体问题给出确定答案。放到环境问题的语境中,"休谟问题"的存在让科学辩论无法提供法律和政策制定所需要的对特定环境问题(比如对未来气候变化影响的评估)的广泛共识,并由此导致法律和政策发展缓慢。与之相关法律问题包括:何为可接受的证据基础,基于这种技术的决定应当如何追究法律责任,如何在不确定的背景下分配法律责任等。

再次,气候变化"公地的悲剧"的性质,让有关决策不可避免地涉及国家的角色以及国家发展优先事项和治理方式的选择。[3] 更深层的问

---

〔1〕 See Elizabeth Fisher, Eloise Scotford & Emily Barritt, *The Legally Disruptive Nature of Climate Change*, The Modern Law Review, Vol. 80, p. 178 – 181 (2017).

〔2〕 See Nicholas Stern, *Why are We Waiting?: The Logic, Urgency, and Promise of Tackling Climate Change*, MIT Press, 2015, p. 4; Wendy E. Wagner, Elizabeth Fisher & Pasky Pascual, *Misunderstanding Models in Environmental and Public Health Regulation*, New York University Environmental Law Journal, Vol. 18, p. 293 – 356 (2010).

〔3〕 See Elinor Ostrom, *Polycentric Systems for Coping With Collective Action and Global Environmental Change*, Global Environmental Change, Vol. 20, p. 550 – 557 (2010); Steve Rayner, *Foreword*, in M. Hulme ed., Why We Disagree About Climate Change: Understanding Controversy, Inaction and Opportunity, Cambridge University Press, 2009, p. xxi – xxiv.

题则是,社会公平的定义或者正义价值的选择。与之相关的一个法律问题是,气候变化是否本质上是社会—政治争议而非法律争议,从而应当通过政治途径而非法律途径解决。

最后,地球的气候成为一种变量而非常量,气候变化造成的洪水、海平面上升、干旱等问题在改变物理条件的同时,也会影响我们居住在地球上的可期待利益,特别是法律权利。比如,气候变化将对海岸的财产权造成影响,并进而影响传统的财产法概念。[1] 气候的变量特征已经在2022年的气候危机中得到了体现。2022年6月,全球陆地地区出现了自19世纪50年代末人类有系统气象记录以来最热的温度,破纪录的高温、干旱、野火、暴雨和洪水席卷了北半球。[2] 2022年8月17日,国家气候中心发布消息称,综合考虑高温热浪事件的平均强度、影响范围和持续时间,从2022年6月13日至今的我国区域性高温事件综合强度已经达到了我国自1961年有完整气象观测记录以来最强。[3] 应对以这四方面挑战为代表的气候问题对法学的影响,是气候安全法的主要任务。

气候变化不仅是一个"超级邪恶"(super-wicked)的环境问题,也加大了现有的国家安全威胁;既是威胁的加速器,也是冲突的催化剂。[4] 气候变化迫使我们重新思考不同领域的法律应如何互相配合。目前,气候安全法还处于发展初期,要创造性地使气候安全法与现有的法律秩序相协调并非易事。在各国都加紧与气候相关的立法工作和司法尝试的大背景下,本书将聚焦气候变化法与国家安全法交叉领域的一个基本问

[1] 参见[美]郝莉·德瑞默斯:《气候变化与财产权的进化》,巩固译,载秦天宝主编:《环境法评论》(2018年第1期),中国社会科学出版社2018年版。

[2] 参见刘栋:《"气候危机纪元"已至?一位气象学者的示警》,载澎湃新闻网2022年8月15日,https://www.thepaper.cn/newsDetail_forward_19426008。

[3] 参见国家气候中心:《已确认!当前我国高温热浪事件综合强度已达1961年以来最强!》,载微信公众号"国家气候中心"2022年8月17日,https://mp.weixin.qq.com/s/EK080HEWXZwfGAPwAsT6mQ。

[4] See Richard J. Lazarus, *Super Wicked Problems and Climate Change: Restraining the Present to Liberatethe Future*, Cornell Law Review, Vol. 94, p. 1159 (2009); Mark Patrick Nevitt, *On Environmental Law, Climate Change and National Security Law*, Harvard Environmental Law Review, Vol. 44, p. 365 (2020).

题,即气候紧急状态问题展开讨论。[1]

第二节 气候安全法基础问题:气候紧急状态

一、气候视角下环境法与国家安全法的价值冲突与融合

从传统视角来看,环境法和国家安全法的价值存在冲突的可能。国外学者指出,环境价值观包括:接受科学方法,欣赏所有的生命形式,关注人类生活和健康的质量,采用全球主义而不是民族主义的观点,以及对地球上生命的生存有一种紧迫感。[2] 此外,环境法非常强调可持续性,重视长时间尺度,并对环境正义有持久的兴趣。[3] 在我国,以"天人合一"为伦理基础的中国传统生态环境法文化与马克思主义唯物辩证法基础上的生态观高度契合,都认为人类是自然的组成部分,也都强调人类要尊重自然规律,两者共同构成"人与自然生命共同体"的理论基础。[4] 我国学者也提出了由环境安全、环境公平和社会发展构成的环境法的价值谱系,并呼吁将生态圈的其他成员纳入保护范围。[5] 而从我国实定法角度来看,2014 年《环境保护法》目的条款所明确的环境法所保护的价值和目标包括环境、公众健康和经济社会可持续发展。[6]

---

〔1〕 近年来,气候紧急状态问题得到了越来越多国外法学学者的关注。国外主流环境法期刊上具有代表性的研究如:Mark Patrick Nevitt, *On Environmental Law*, *Climate Change and National Security Law*, Harvard Environmental Law Review, Vol. 44, p. 321 – 366 (2020); Jocelyn Stacey, *The Public Law Paradoxes of Climate Emergency Declarations*, Transnational Environmental Law, Vol. 11:2, p. 291 – 323 (2022)。

〔2〕 See Richard J. Lazarus, *The Making of Environmental Law*, University of Chicago Press, 2004, p. 47.

〔3〕 See Robert Paehlke, *Environmentalism and the Future of Progressive Politics*, Yale University Press, 1989, p. 160 – 161.

〔4〕 参见柴荣:《中国传统生态环境法文化及当代价值研究》,载《中国法学》2021 年第 3 期。

〔5〕 参见李义松、张广:《安全、公平、发展:环境法的价值谱系——兼论〈环境保护法〉第一条之修改》,载《江西社会科学》2007 年第 10 期。

〔6〕 《环境保护法》第 1 条规定:"为保护和改善环境,防治污染和其他公害,保障公众健康,推进生态文明建设,促进经济社会可持续发展,制定本法。"

国家安全法的存在是为了应对国家安全威胁,即“任何可能会显著降低人民生活质量的东西”[1]。国外学者将国家安全理解为像清洁的空气或清洁的水那样的公共物品:个人为自己提供的成本很高,而且不方便,因此个人不希望直接付费;但是一旦提供,就会使所有人受益,不能排除个人享受它。[2] 国家安全毫无疑问包含了保卫国家不受军事攻击的内容。我国学者认为,国家安全在法律上,意味着一国宪法制度和法律制度秩序的正常状态及其所标示的国家主权、国家利益和国家尊严的有机完整性和统一性,不被国内外各种敌对势力和非法活动所干扰、侵害、妨害和破坏。[3]《国家安全法》目的条款所明确的国家安全所保护的价值和目标包括人民民主专政的政权和中国特色社会主义制度、人民的根本利益、改革开放和社会主义现代化建设以及中华民族伟大复兴。[4]

在气候变化问题上,环境法与国家安全法有可能出现价值和目标的冲突。最为典型的现象就是立法机关在主要环境法规中为国家安全活动规定豁免。例如,美国《清洁空气法》(Clean Air Act)在将监管温室气体排放的权力交给美国环境保护局的同时,授权总统豁免“行政机关中的部门、机构或特别机构”的任何排放源,如果总统认为这样做符合美国的最高利益。[5]此外,“9·11”事件之后,美国能源和国防官员曾经试图在国家紧急状态下或者出于国家安全的原因暂停环境保护。[6] 美国学者指出,此类豁免可能会错失让美国军方这样一个大的温室气体排放者大幅度减少温室气体排放的机会,同时,短期的环境豁免有可能破坏长

---

〔1〕 Stephen Dycus et al., *National Security Law*, 6th edition, Wolters Kluwer, 2016, p. 3.

〔2〕 See Sarah E. Light, *Valuing National Security: Climate, the Military, and Society*, UCLA Law Review, Vol. 61: 6, p. 1772 – 1812 (2014).

〔3〕 参见梁忠前:《“国家安全”概念法理分析》,载《江苏社会科学》1995 年第 4 期。

〔4〕 参见《国家安全法》第 1 条。

〔5〕 See 42 U. S. C. § 7418(b) (2018); Mark Patrick Nevitt, *On Environmental Law, Climate Change and National Security Law*, Harvard Environmental Law Review, Vol. 44, p. 345 (2020).

〔6〕 See Stephen Dycus, *Osama's Submarine: National Security and Environmental Protection after 9/11*, William & Mary Environmental Law and Policy Review, Vol. 30, p. 4 – 6 (2005).

期的安全形势,从而对环境和国家安全都产生长期的负面影响。为此,学者建议立法机关对美国《清洁空气法》这一规定中“最高利益”的含义进行细化,要么取消这种豁免,要么提高豁免的适用标准。[1]

而随着我们对气候变化及其影响的认识的加深,可以注意到环境法与国家安全法价值的融合趋势。

首先,国家安全法所采用的面向未来威胁的基于风险的方法,类同于环境法上的风险预防原则和方法。例如,我国《国家安全法》第二章“维护国家安全的任务”中提到了经济安全风险、金融风险、生态风险等不同的风险类型,又在第四章“国家安全制度”中用第三节专门规定了“风险预防、评估和预警”制度,其中包括各领域国家安全风险预案、风险调查评估、风险监测预警、危害国家安全事件发生风险的报告等。这与我国《环境保护法》中提到的环境与健康监测、调查和风险评估制度、环境污染公共监测预警机制等在本质上是接近的:它们都是基于风险的方法,专门用以应对风险社会中具有高度不确定性的风险。而气候变化是终极的“已知的未知数”(known unknown):虽然我们知晓地球正在变暖,但我们不确定地球将变暖多少,极端天气可能在何时何地发生,以及事实上是否会出现临界点。[2] 解决这一长期的安全威胁和环境灾难的机会就在当下的行动,也就是采取风险预防的手段和方法。

其次,除了风险决策外,环境法和国家安全法也都需要不断更新知识库,进行基于事实、数据、情报和科学的决策。环境法非常强调科学的作用和通过新的知识来减少不可避免的不确定性。同样地,国家安全法也非常依赖情报和事实调查,以便在采取行动前减少风险和不确定性。而就气候变化这样一个全球性问题而言,IPCC 所进行的气候变化的科学证据的收集、整理和评估报告结论可以同时成为环境法和国家安全法的决策科学依据。

---

[1] See 42 U. S. C. § 7418(b) (2018); Mark Patrick Nevitt, *On Environmental Law, Climate Change and National Security Law*, Harvard Environmental Law Review, Vol. 44, p. 346 (2020).

[2] See William B. Gail, *Climate's Troubling Unknown Unknowns*, New York Times, April 23 2019.

最后,环境法和国家安全法都重视通过制度和措施来处理已经发生的危及生态环境和国家安全的重大事件。我国《国家安全法》第30条特别提到了妥善处置"突发环境事件",其后第四章"国家安全制度"第五节"危机管控"规定了国家安全危机管控制度,具体又可分为"发生危及国家安全的重大事件"时的常态下的应急管控处置措施和"发生危及国家安全的特别重大事件,需要进入紧急状态、战争状态或者进行全国总动员、局部动员"时的非常态下包括限制公民和组织权利、增加公民和组织义务在内的特别管控措施。《环境保护法》则规定了各级人民政府、企业事业单位等不同主体在突发环境事件应对方面的具体工作职责。[1] 气候变化有可能造成危及国家安全的特别重大事件。例如,气候变化造成的冰层融化、海平面上升和海岸侵蚀等,目前已经得到了IPCC所公布的科学证据的支持。[2] 而这些变化对于一国沿海地区的领土以及岛礁等有潜在影响,可能构成对国家利益的重大损害和危及国家安全的特别重大事件。因此,对于气候变化产生的影响的应对,需要在环境法中也引入紧急状态等非常态制度和措施,使之与国家安全法有机结合,共同管控气候变化这样的全球性危机。

二、紧急状态的基础理论、法律规范与分类

从世界范围立法例和紧急状态法调整社会关系的范围、程度、方式等层面而言,紧急状态法是"宪法性法律"[3]。作为一个法学概念,紧急状态的概念界定展现了三个方面的内涵:首先,紧急事态面向强调了紧急状态的事实特征;其次,紧急权力的启动具有事实性和规范性双重面向,紧急权力由紧急事态所激发,但同时也具有法律依据;最后,紧急状态的规范性突出权利主体在决策和行动过程中的正当性边界和价值约束,即应急决策的施行和对基本权利的限制应当符合宪法精神。由于紧

---

〔1〕 参见《环境保护法》第47条。

〔2〕 See IPCC, *Climate Change 2021: The Physical Science Basis, Contribution of Working Group I to the Sixth Assessment Report of the Intergovernmental Panel on Climate Change*, IPCC, 2021, p. SPM4 – SPM41.

〔3〕 李林:《紧急状态法的宪政立法原理、模式和框架》,载《法学》2004年第8期。

急状态兼具事实性和规范性,紧急权力的行使一方面要应对危机、恢复秩序;另一方面又受到法律规范的约束和宪法价值的制约。因此,无论我们将法治理解为实质法治还是形式法治,公法上的紧急状态总是与法治处于一定的张力之下。对此,我国学者指出,应当将紧急状态视为法治的"临界状态"〔1〕。而国外学者则总结出了有关紧急状态的三大问题,即:应当如何定义紧急状态?时间上如何规制和控制紧急权力?应当由谁来回应紧急状态以及如何回应?〔2〕现代风险社会中,以气候安全为代表的风险使紧急状态的法律问题越发难以解答。

紧急状态的规范性在实定法中体现为宪法和法律的规定。有学者总结了世界范围内关于紧急状态的多种立法模式,将其分为以法国、俄罗斯为代表的"宪法+统一紧急状态法"模式,以英国为代表的"无成文宪法国家的宪法性文件+统一紧急状态法"模式,以澳大利亚为代表的"联邦制国家的联邦各组成部分分别颁布紧急状态法"模式,以德国为代表的"宪法笼统规定"模式,以及以日本为代表的"单行法分散立法"模式等。〔3〕在我国,目前还没有一部"紧急状态法",但宪法和法律中已有与紧急状态制度有关的规定。2004 年《宪法修正案》将"戒严"改为"进入紧急状态",将"发布戒严令"改为"宣布进入紧急状态",为我国紧急状态制度提供了宪法依据。《宪法》分别对全国人民代表大会常务委员会、国家主席和国务院宣布或决定进入紧急状态的情形作出了规定。〔4〕2004 年,第十届全国人民代表大会常务委员会将"紧急状态法"起草工作列入了五年立法计划。但在立法研究过程中,考虑到立法难度和对紧急状态之外的突发事件的预防和应对的必要性和紧迫性,先制定《突发事件应对法》再制定《紧急状态法》成为优先的立法技术考量。2007 年,《突发事件应对法》正式颁布实施,其后不同地域、专业、效力位阶的相关应急法律规范相继出台。《突发事件应对法》第 69 条特别规

〔1〕郑玉双:《紧急状态下的法治与社会正义》,载《中国法学》2021 年第 2 期。

〔2〕See Karin Loevy, *Emergencies in Public Law: The Legal Politics of Containment*, Cambridge University Press, 2016, p. 59-60、218、245-255.

〔3〕参见顾林生、刘静坤:《国外紧急状态立法的经验》,载《法学》2004 年第 8 期。

〔4〕参见《宪法》第 67、80、89 条。

定，采取本法规定的应急处置措施不能消除或者有效控制、减轻严重社会危害，需要进入紧急状态的，由有权机关依照宪法和其他有关法律规定的权限和程序决定，此外紧急状态期间采取的非常措施，也另行规定。2015年《国家安全法》重申了《宪法》对国家机关宣布紧急状态的权限和程序的规定。同时，正如《突发事件应对法》第69条明确《突发事件应对法》和紧急状态法律制度的界限一样，《国家安全法》第63条和第64条也明确了"危及国家安全的重大事件"和"危及国家安全的特别重大事件"分别由应急法律制度和宪法下的紧急状态法律制度分别管控的模式。

尽管我国尚无一部专门的"紧急状态法"，但研究紧急状态的类型化问题以及气候紧急状态这样的潜在的紧急状态新类型，对于我国未来制定"紧急状态法"具有参考借鉴的意义。过往研究指出，广义上的紧急状态可分为三种主要类型：一是由战争导致的最高紧急状态，通常会宣战、发布总动员令和实施武装对抗；二是因内乱引起的特殊紧急状态，一般实行戒严或军事管制；三是因自然灾害及不可抗的原因造成的一般紧急状态，常常采用戒严、封锁、抢险、赈济等特别和紧急处置措施。[1]还有学者认为，如果紧急状态的范围较窄，可以从应对手段层面进行分类，如俄罗斯联邦《紧急状态法》将其分为涉及武力使用的武装紧急事件和不涉及武力使用的社会紧急事件；也可以从紧急状态的社会因素的角度进行分类，例如，法国1955年《紧急状态法》将紧急事件分为危害公共秩序的事件和社会灾难性事件，土耳其《紧急状态法》将紧急事件分为自然灾害、危险的流行疾病、严重的经济危机以及大规模的叛乱、暴乱、骚动；如果紧急状态的范围较为宽泛，则更适宜从造成紧急状态的社会因素的角度，以列举的方式进行分类，如英国的紧急事件不仅包括自然灾害、技术性事故、危险的流行性疾病、环境污染事件，还包括战争或武装冲突和恐怖主义事件。[2] 有学者将紧急状态的类型化称为紧急状

---

[1] 参见张晓丹、曹致中：《"紧急状态"刍议》，载《宁波大学学报（人文科学版）》1992年第1期。

[2] 参见戚建刚、杨小敏：《六国紧急状态法典之比较》，载《社会科学》2006年第10期。

态规定的模式，认为从比较法的视角存在三种模式：一是采用列举式的方法，以事件或情况的结果为依据界定紧急状态的含义；二是先界定紧急状态的统一性标准，然后再对紧急状态进行分类；三是采用概括式的界定方法，没有对紧急状态进行细化分类。[1] 总体而言，目前学理上还没有紧急状态类型化的统一范式，实践中各国的做法也各不相同。

气候紧急状态应当属于哪种类型？从大的分类来说，气候紧急状态应当不属于战争或者内乱等特殊紧急状态，而是更接近于因自然灾害及不可抗的原因造成的一般紧急状态；而从细分领域来看，气候紧急状态应当属于生态环境和灾害领域。相应地，所采取的处置或者应对措施也应当包括戒严、封锁、抢险、赈济等。不过，具体气候紧急状态是否可以比较容易地嵌入传统的紧急状态制度，还需结合法治实践进行分析。

第三节　气候紧急状态的域外经验

一、全球气候紧急状态宣告概况

随着气候变化问题在全球范围内得到广泛关注，世界范围内也出现了从经济、卫生、社会等不同视角来描述这一现象的影响的方法，进而推动气候和能源政策和立法发展、相关监管工作开展并使气候变化司法成为可能。[2] 在法学内部认识气候变化的不同角度中，气候紧急状态是运用公法学理论对气候变化进行法律分析的一种比较新的方法。评论者指出，气候紧急状态宣告占据了国际环境法的许多交叉点：非政府行

---

〔1〕 参见顾林生、刘静坤：《国外紧急状态立法的经验》，载《法学》2004 年第 8 期。

〔2〕 See Hari M. Osofsky & Jacqueline Peel, *Energy Partisanship*, Emory Law Journal, Vol. 65, p. 695 – 794 (2016); Heather W. Cann, *Policy or Scientific Massaging? Strategic Framing in a Case of Subnational Climate Change Conflict*, Review of Policy Research, Vol. 38:5, p. 570 – 595 (2021); Grace Nosek, *Climate Change Litigation and Narrative: How to Use Litigation to Tell Compelling Climate Stories*, William & Mary Environmental Law & Policy Review, Vol. 42, p. 733 – 803 (2018).

动和政府行动的交叉,多层次治理的交叉以及法律、政策和政治的交叉。[1] 普遍公认的气候紧急状态宣告的主流化进程开始于2016年。2016年4月1日,位于澳大利亚的非政府行为体提出了首个气候紧急状态宣告的请愿书,其中提到"我们呼吁澳大利亚议会宣告气候紧急状态,并发动资源重建安全气候"[2]。2016年12月5日,澳大利亚戴瑞滨(Darebin)市议会成为首个宣告气候紧急状态的地方议会。[3] 其后,气候紧急状态宣告从地方政府蔓延到国家和次国家政府,同时区域和国际行为体以及包括大学在内的其他机构也开始跟进。随着全球学生气候抗议活动和2018年10月7日IPCC《全球1.5℃增暖特别报告》的出炉,2019年气候紧急状态宣告大量涌现。例如,2019年11月,欧盟进行了气候紧急状态宣告。[4] 根据笔者统计,截至2022年12月1日,世界范围内已有19个国家在国家层面进行了气候紧急状态宣告(见表2)。另据全球数据库统计,39个国家的2000多个城市进行了气候紧急状态宣告,涵盖人口超过10亿。[5]

---

[1] See Jocelyn Stacey, *The Public Law Paradoxes of Climate Emergency Declarations*, Transnational Environmental Law, Vol. 11:2, p. 291 – 323 (2022).

[2] Cedamia, *Federal Petition with Actions*, Cedamia (date not specific), https://www.cedamia.org/federal-petition-with-actions-data/.

[3] See City of Darebin, *Climate Emergency Declaration*, City of Darebin (date not specific), https://www.darebin.vic.gov.au/zeroemissions2030.

[4] See European Parliament, *Press Release*, *The European Parliament Declares Climate Emergency*, European Parliament (Nov. 29, 2019), https://www.europarl.europa.eu/news/en/press-room/20191121IPR67110/the-european-parliament-declares-climate-emergency.

[5] See Climate Emergency Declaration, *Climate Emergency Declarations in 2,295 Jurisdictions and Local Governments Cover 1 Billion Citizens*, Climate Emergency Declaration (Nov. 24, 2022), https://climateemergencydeclaration.org/climate-emergency-declarations-cover-15-million-citizens/.

表 2　宣告气候紧急状态的国家

国家	时间	宣告发布主体
英国	2019 年 5 月 1 日	下议院、行政机关
爱尔兰	2019 年 5 月 9 日	议会
加拿大	2019 年 6 月 17 日	下议院
阿根廷	2019 年 7 月 17 日	参议院
西班牙	2019 年 9 月 17 日	众议院
奥地利	2019 年 9 月 25 日	下议院
法国	2019 年 9 月 26 日	议会
马耳他	2019 年 10 月 22 日	议会
意大利	2019 年 11 月 12 日	议会
孟加拉国	2019 年 11 月 13 日	国民大会
安道尔	2020 年 1 月 23 日	总委员会(议会)
马尔代夫	2020 年 2 月 12 日	议会
韩国	2020 年 9 月 24 日	国民大会
日本	2020 年 11 月 20 日	议会
新西兰	2020 年 12 月 2 日	议会
新加坡	2021 年 2 月 1 日	议会
斐济	2021 年 9 月 24 日	议会
秘鲁	2022 年 1 月 21 日	总统行政命令
瓦努阿图	2022 年 5 月 27 日	议会

目前,围绕气候紧急状态宣告的讨论主要集中在对其优缺点的政治学、伦理学和社会学分析。支持气候紧急状态宣告的学者和评论者认为,“紧急模式”(emergency mode)认真对待最坏的情况,并为政府行动提出了明确的目的,此外紧急状态话语通过将无法忍受或者几乎无法忍

受的条件转化为需要回应的道德或者政治场景从而有希望促进社会变革。[1] 批评气候紧急状态宣告的学者和评论者提出，鉴于紧急状态历史上被滥用的记录，气候紧急状态宣告在道德上是可疑的，同时紧急状态旨在引发紧急和协调行动的还原逻辑(reductive logic)，不能帮助我们解决包括气候变化、生物多样性丧失、社会经济不平等在内的相互关联的全球挑战。[2] 此外，紧急状态话语被认为可能产生不公正或者不正义的结果：首先，它可能排除其他叙事，助长具有殖民权力色彩的措施；其次，它可能将不公正制度的结果视为例外而分散责任，使不公正的情况持续，丧失了对造成紧急状态的结构性原因的必要反思。[3]

作为一种新的法律文化现象，气候紧急状态宣告还没有得到公法学的足够重视。以下结合已经进行气候紧急状态宣告的部分国家的例子，对其相关法律问题进行考察。

二、气候紧急状态法律问题分析

与传统的紧急状态宣告相比，气候紧急状态宣告有一些不同之处。

首先，如表 2 所示，目前已经进行的国家气候紧急状态宣告，主要是由议会等立法机关作出，而非传统紧急状态宣告那样，由行政部门根据紧急状态立法发出命令。例如，法国传统的紧急状态宣告由 1955 年《紧

---

〔1〕 See David Spratt & Philip Sutton, *Climate Code Red: The Case for a Sustainability Emergency*, Friends of the Earth, 2008; Kathryn Davidson et al., *The Making of a Climate Emergency Response: Examining the Attributes of Climate Emergency Plans*, Urban Climate 33 (2020) 100666; Mark Chou, *Australian Local Governments and Climate Emergency Declarations: Reviewing Local Government Practice*, Australian Journal of Public Administration, Vol. 80: 3, p. 1 – 11 (2020); Ben Anderson, *Emergency Futures: Exception, Urgency, Interval, Hope*, The Sociological Review, Vol. 65: 3, p. 463 – 477 (2017).

〔2〕 See Michael P. A. Murphy, *Clement to the Corinthians (on Climate Change?): Sojourning as a Theologico – Political Alternative to Environmental Emergency Rhetoric*, Cambridge Review of International Affairs, Vol. 35: 6, p. 915 – 932 (2020); Mike Humle, *Climate Emergency Politics Is Dangerous*, Issues in Science and Technology, Vol. 36: 1, p. 23 – 25 (2019).

〔3〕 See Kyle Whyte, *Against Crises Epistemology*, in B. Hokowhitu et al. eds., Routledge Handbook of Critical Indigenous Studies, Routledge, 2020, p. 52 – 64; Efrat Arbel, *Rethinking the Crisis of Indigenous Mass Imprisonment*, Canadian Journal of Law and Society, Vol. 34: 3, p. 437 – 456 (2019).

急状态法》规定，该法明确了紧急状态由部长委员会政令宣布。〔1〕 而法国的气候紧急状态被称为“生态与气候紧急状态”（urgence écologique et climatique），由2019年9月26日通过的《能源与气候法》规定，并且“生态与气候紧急状态”的表述也被写入法国《能源法典》中。〔2〕

其次，气候紧急状态宣告并未授权使用与应急反应有关的通常措施，如疏散或拨款。〔3〕 而传统的紧急状态宣告往往伴随着对应急响应措施的具体规定。

最后，从性质上来说，气候紧急状态往往被认为是政治宣言，而并不一定包含具体的承诺。例如，法国气候紧急状态就被环境部部长称为“政治宣言”，而前生态部部长则对立法中没有通过承诺来反映雄心而表示遗憾。〔4〕 传统紧急状态则是被宪法所吸纳但不同于常态法律实践的一种独特状态。〔5〕

因此，气候紧急状态在公法上的影响其实处于未定的状态。如果希望将气候紧急状态在传统的紧急状态法框架内类型化，则至少需要明确以下三方面问题。

首先，气候紧急状态体现了气候变化问题上已知和未知的融合，有必要对气候紧急状态所涵盖的紧急事态进行界定。本章第一节提到了气候变化的多义性、多中心性、不确定性和变量特征。这些特征在当前的气候紧急状态宣告中有所体现，如加拿大魁北克省气候紧急状态宣告

---

〔1〕 Loi n° 55 – 385 du 3 avril 1955 relative à l'État d'Urgence, Article 2.

〔2〕 Gouvernent français, *Loi du* 8 *novembre* 2019 *relative à l'énergie et au climat*, Vie publique (Nov. 12, 2019), https://www.vie – publique.fr/loi/23814 – loi – energie – et – climat – du – 8 – novembre – 2019; Code de l'énergie, Article L100 – 4.

〔3〕 See Jocelyn Stacey, *The Public Law Paradoxes of Climate Emergency Declarations*, Transnational Environmental Law, Vol. 11:2, p. 291 – 323 (2022).

〔4〕 Le Figaro & AFP, *L'Assemblée Nationale vote «l'Urgence Écologique et Climatique»*, Le Figaro (Jun. 27, 2019), https://www.lefigaro.fr/flash – eco/l – assemblee – nationale – vote – l – urgence – ecologique – et – climatique – 20190627.

〔5〕 See John Ferejohn & Pasquale Pasquino, *The Law of the Exception: A Typology of Emergency Powers*, International Journal of Constitutional Law, Vol. 2, p. 212 (2004).

称“突然和不可逆转的气候变化”威胁着我们所知道的生命和文明。[1] 虽然这些特征符合传统上对紧急状态“不可预测”“不可抗辩”的纯粹政治决定的认知，但是，在现代法治背景下，仍然有必要将气候紧急状态的界定、紧急权力的行使放到法治框架中进行。[2] 当前的气候紧急状态宣告已有这方面的尝试。例如，英国气候紧急状态动议的发起人称“科学告诉我们这是一个紧急情况”，试图运用科学和理性增强气候紧急状态宣告的确定性和非政治性。[3] 同时，在界定气候紧急状态时，也需要平衡好地方性和紧急性以及系统性的张力，避免因为“还原主义”倾向而将气候变化与其他生态环境问题割裂开。

其次，气候紧急状态需要明确其时间范围，以明确气候紧急状态暂时和特殊的性质。一项对英国、加拿大、澳大利亚和新西兰各级政府气候紧急状态宣告的分析表明，气候紧急状态宣告具有多层次甚至矛盾的时间范围，既压缩又扩展了我们的时间观念，并挑战了关于紧急状态措施的时间性的假设。[4] 如果希望气候紧急状态能够嵌入已有的紧急状态法框架，则需要区分以非常态下的保护为出发点的气候紧急状态措施与以常态下的转型为出发点的气候治理措施，赋予气候紧急状态明确的时间范围。

最后，气候紧急状态的例外性要求在普通政府职能和常规治理方法以及伙伴关系和全社会系统反应之间取得平衡。现有的气候紧急状态宣告可能通过专门官僚机构强化行政权力，例如，新西兰由总理主持的气候应对部长级小组领导气候紧急状态工作。[5] 由中央规定的排放模

---

〔1〕 See Group Mobilization, *Citizens' Universal Declaration of Climate Emergency*, Group Mobilization (date not specific), https//www. groupmobilisation. com/la – duc – the – dce – la – dec.

〔2〕 See David Dyzenhaus, *Schimitt v. Dicey: Are States of Emergency Inside or Outside the Legal Order?*, Cardozo Law Review, Vol. 27: 5, p. 2005 – 2039 (2006).

〔3〕 See UK Parliament, *House of Commons: Parliamentary Debates*, Vol. 294, No. 659, 1 May 2019, p. 225.

〔4〕 See Jocelyn Stacey, *The Public Law Paradoxes of Climate Emergency Declarations*, Transnational Environmental Law, Vol. 11: 2, p. 291 – 323 (2022).

〔5〕 See New Zealand Parliament, Cabinet Business Committee, "*Climate Change Emergency*" *plus whole – of – government responses*, 2 December 2020.

型和核算可能将对气候变化的应急反应限制在技术领域,从而引起限制民主参与和政治创造力的担忧。另外,已经进行气候紧急状态宣告的国家也不乏体现合作治理原则的体制创新尝试。例如,英国实施气候紧急状态的基础之一是公民气候大会(Climate Assembly),由大约 100 名公民组成代表小组审议如何应对气候紧急情况。[1] 此类情形也被解读为气候紧急状态宣告正在引发体制创新,即将其作为一种问责形式。气候紧急状态宣告因而蕴含了法治发展和创新的空间。

第四节　气候安全法治发展

我国当前的气候变化法律制度仍然处于起步阶段。在此背景下,考虑气候变化的安全侧面,用安全的视角去审视气候变化问题,对于气候变化法律制度,特别是气候安全法律制度的发展具有重要意义。从整体而言,气候安全法治发展的路径有以下几个要点。

首先,应当通过对气候安全、气候紧急状态等概念的宣传和普及,推动气候安全的价值主流化。本章第二节已经阐述了气候视角下环境法与国家安全法的价值融合趋势。气候安全可以将风险预防、科学决策、常态与非常态相结合等符合解决全球性危机的方法和价值加入现有的法律体系,使之能应对风险社会和人类世背景下的新挑战。

其次,应当通过推动包括气候紧急状态在内的紧急状态立法,加强气候安全法的制度规范化。本章第三节对世界范围内的气候紧急状态宣告的分析表明,目前气候安全法的制度化和规范化、气候紧急状态宣告大多停留在政治宣言的层面,缺少法律实质性。这一方面提示我们应当在过往立法研究的基础上继续推进气候变化立法和紧急状态立法工作;另一方面也提示我们在相关立法工作中存在处理以气候紧急状态为代表的新型紧急事态的法治创新空间。第三节对气候紧急状态嵌入传

---

〔1〕 See Climate Assembly UK, *The Path to Net Zero*: *Climate Assembly UK Full Report*, Climate Assembly UK, 2020, p. 4.

统紧急状态法框架提供了思路。除此以外,在传统框架以外“另起炉灶”,建立专门的气候紧急状态法律制度,使之与传统紧急状态法律制度并驾齐驱,也不失为一种制度选择。此种方案不乏国外立法例。例如,2020 年至 2022 年新冠病毒感染期间,法国就在其传统的 1955 年《紧急状态法》所规定的紧急状态之外,在《公共健康法典》(Code de la santé publique)中新增了卫生紧急状态(l'état d'urgence sanitaire),构建出了一套针对卫生紧急状态的新体制。在当前“传染性环境立法”的背景下,[1]我国的气候安全法律制度创新举措也可能具有世界范围的影响力,成为向外输出的有价值的中国方案。

最后,通过进一步完善相关诉讼制度,实现气候安全救济的司法化。气候安全法治的实现,离不开监督救济手段的完善。目前,世界范围内气候诉讼发展迅速,但与气候安全相关的诉讼并不多见。例如,在气候紧急状态宣告问题上,还没有法院判决对其进行讨论,[2]仍然处于起步阶段。在诉讼领域的发展可以体现为两方面:其一,我国现有的国家安全相关诉讼可以涉及生态环境安全特别是气候安全问题,作为国家安全相关诉讼的组成部分;其二,我国的生态环境公益诉讼制度也可以把气候安全纳入受保护的公共利益重大风险的范围,建立健全气候安全的司法救济途径。

---

[1] See Natasha Affolder, *Contagious Environmental Lawmaking*, Journal of Environmental Law, Vol. 31: 2, p. 187 – 212 (2019).

[2] See Jocelyn Stacey, *The Public Law Paradoxes of Climate Emergency Declarations*, Transnational Environmental Law, Vol. 11: 2, p. 291 – 323 (2022).

第五章　生态安全法治创新

第一节　生态安全的要义

一、生态安全概念的提出和定义

生态安全(ecological security)是20世纪80年代末提出的新概念,从生态学等自然科学逐渐扩展到法学、社会学等社会科学的范畴中。[1]生态安全强调将安全研究的视线转向生态系统而非环境。[2] 环境科学中的环境以人类为中心事物,是指人群周围的境况及其中可以直接、间接影响人类生活和发展的各种自然因素和社会因素的总体,包括自然因素的各种物质、现象和过程及在人类历史中的社会、经济成分。[3] 生态系统则是以整个地球上的生物及其环境等客观存在为中心,指在一定时间和空间内,生物与其生存环境以及生物与生物之间相互作用,彼此通过物质循环、能量流动和信息交换,形成的不可分割的自然整体。[4] 生态安全的反面是生态风险。生态风险是一种典型的公共风险,由大范围、多主体、长期累积的资源利用和污染排放活动引起,危及的是人类社

---

〔1〕 参见郭炯:《环境法中的生态安全观》,载《哈尔滨师范大学社会科学学报》2017年第4期。

〔2〕 See Matt McDonald, *Climate Change and Security: Towards Ecological Security?*, International Theory, Vol. 10:2, p. 165 (2018).

〔3〕 参见《中国大百科全书·环境科学》,中国大百科全书出版社2002年版,第134页。转引自汪劲:《环境法学》(第3版),北京大学出版社2014年版,第1页。

〔4〕 参见《中国大百科全书·环境科学》,中国大百科全书出版社2002年版,第328页。转引自汪劲:《环境法学》(第3版),北京大学出版社2014年版,第4页。

会自身存在的自然基础这一集体利益。[1]

在人类世,人类活动的影响广泛而深入,在全球层面以复杂、交互和加速的方式影响着地球。人类目前有能力改变地球系统,并威胁到人类所赖以生存的生物和非生物的过程和组成部分。[2] 当人类深入地影响环境变化的条件和机制时,人类世界与自然世界的界限开始逐渐变得模糊。为此,有学者指出:"自然将逐渐被人类社会吞没。"[3]因此,关注生态系统而不是独立于人类世界的环境,或许更符合当前的现实。

国外对生态安全的定义可分为两大类。第一类是基于生态系统平衡或均衡(ecosystem balance or equilibrium)的定义,即"生态安全以保持以下四个相互联系的动态平衡为基础:(1)生活在更高的消费水平的人类与自然提供资源和服务的能力的平衡;(2)人类和致病微生物的平衡;(3)人类和其他动植物物种的平衡;(4)人类内部的平衡"。任何一个动态平衡的不平衡状态都可以被视为不安全。[4]

第二类是基于生态系统韧性(ecological resilience)的生态安全定义,考虑时间、空间和物种中最为脆弱的主体的权利和需求,包括发展中国家的贫困人口、未来世代和其他生物。[5] 生态系统韧性,是指生态系统通过运行,在时间和空间下支持生命,在受到干扰后保持组织结构并在保持基本功能的同时吸收变化的能力。[6]

在人类世的大背景下,基于生态系统平衡或均衡的生态安全概念在

---

〔1〕 参见金自宁:《风险中的行政法》,法律出版社 2014 年版,第 16 页。

〔2〕 See Will Steffen et al., *Global Change and the Earth System: A Planet Under Pressure*, Springer, 2004, p. 1.

〔3〕 Pat O'Malley P, *Bentham in the Anthropocene: Imagining a Sustainable Criminal Justice*, in Cameron Holley and Clifford Shearing eds., Criminology and the Anthropocene, Routledge, 2018, p. 109.

〔4〕 See Dennis Pirages, *From Resource Scarcity to Ecological Security*, in Dennis Pirages and Ken Cousins eds., From Resource Scarcity to Ecological Security, MIT Press, 2005, p. 4.

〔5〕 See Matt McDonald, *Climate Change and Security: Towards Ecological Security?*, International Theory, Vol. 10: 2, p. 155 (2018).

〔6〕 See W. Neil Adger, Katrina Brown & James Waters, *Resilience*, in John S. Dryzek, Richard B. Norgaard & David Schlosberg eds., The Oxford Handbook of Climate Change and Society, Oxford University Press, 2011, p. 696.

理论上存在一定的问题。平衡意味着可以回归到先前的、属于前一个地质时代的状态,其对于保持先前状态的强调低估了环境变化的程度和人类的影响力。在生态系统所扮演的角色与过去相比发生了巨大变化的时代,生态系统存在的更大的意义或许在于面对必然会发生的变化体现出韧性,而非维持基于先前状态的平衡。因此,笔者认为,从生态系统韧性的角度出发去看待生态安全概念更为合理。

我国近年来的政策文件中常出现“生态安全”的表述。2015 年由中共中央、国务院发布的《生态文明体制改革总体方案》将“保障国家生态安全”作为生态文明体制改革的总体要求。同年,中共中央、国务院《关于加快推进生态文明建设的意见》指出,加快推进生态文明建设是积极应对气候变化、维护全球生态安全的重大举措,强调生态安全的国际性和全球性。该意见第十四项提出了加快生态安全屏障建设、形成生态安全战略格局的目标,其中生态安全战略格局以青藏高原、黄土高原—川滇、东北森林带、北方防沙带、南方丘陵山地带、近岸近海生态区以及大江大河重要水系为骨架,以其他重点生态功能区为重要支撑,以禁止开发区域为重要组成。2016 年《国民经济和社会发展第十三个五年规划纲要》提及了“两屏三带”为主体的生态安全战略格局,并专章规定了“健全生态安全保障机制”的举措。同年国务院印发的《“十三五”生态环境保护规划》第七章第一节专门规定了“维护国家生态安全”的三个方向,即系统维护国家生态安全、建设“两屏三带”国家生态安全屏障和构建生物多样性保护网络。

我国规范性文件将生态安全定义为:“在国家或区域尺度上,生态系统结构合理、功能完善、格局稳定,并能够为人类生存和经济社会发展持续提供生态服务的状态,是国家安全的重要组成部分。”[1] 我国环境法学者从经济、环境、社会协调发展的视角对生态安全进行了定义。周珂教授指出,生态安全是指国家生存和发展所需的生态环境处于不受或少

---

〔1〕 原环境保护部、国家发展改革委:《生态保护红线划定指南》(2017 年)。

受破坏与威胁的状态。[1] 李艳芳教授指出,生态安全是指一国生态环境在确保国民身体健康、为国家经济提供良好的支撑和保障能力的状态。[2] 马波教授指出,环境法语境下的生态安全,指的是生态系统自身健康、可持续发展与人的生态环境权利及其实现受到环境法律保护,相对处于无生态危险或不受生态危险威胁的一种状态,是由自然生态安全、经济生态安全和社会生态安全组成的一个复合安全系统。这个定义有两方面含义:一是指出生态安全乃是生态系统自身的可持续性与人类生存环境或人类生存条件的一种状态;二是说明生态安全是法律实现环境权的一种标志和状态。[3]

二、生态安全法的特点及其定位

生态安全概念具有综合性、基础性和复杂性的特点。生态安全是一个跨学科概念,最初由生态学学者提出,对其讨论盛于国际关系学领域,法学对生态安全的认识受到前述学科很深的影响。[4] 在法学研究内部,生态安全法也是一个跨越公法和私法的领域:公法视角将生态安全视为国家安全法的组成部分;[5] 私法视角则将生态安全视为与交易安全冲突的社会公共利益和交易安全社会化发展的动力。[6] 此外,生态安全法具有基础性。生态系统是人类社会存在和发展的基础,生态安全也成为一种"底座安全"[7],是政治安全、经济安全、社会安全等各种以人类社会为参照物的安全的基础。最后,生态安全法具有复杂性。这种

---

〔1〕 参见周珂:《生态安全应纳入环境资源法学的调整对象》,2001 年环境资源法学国际研讨会会议论文,2001 年 11 月于福州。

〔2〕 参见李艳芳:《我国生态安全的现状与法律保障》,载《法商研究》2004 年第 2 期。

〔3〕 参见马波:《论环境法上的生态安全观》,载《法学评论》2013 年第 3 期。

〔4〕 See Cameron Holley et al., *Environmental Security and the Anthropocene: Law, Criminology, and International Relations*, Annual Review of Law and Social Science, Vol. 14, p. 185 – 189 (2018).

〔5〕 参见张震:《宪法视野下国家安全制度研究》,知识产权出版社 2015 年版;李竹:《国家安全立法研究》,北京大学出版社 2006 年版。

〔6〕 参见马波:《论环境法上的生态安全观》,载《法学评论》2013 年第 3 期;吕忠梅课题组:《"绿色原则"在民法典中的贯彻论纲》,载《中国法学》2018 年第 1 期。

〔7〕 刘晓莉、马晶、邢福:《论生态犯罪立法的必要性》,载《当代法学》2004 年第 5 期。

复杂性，一部分源于生态安全所关注的生态环境风险本身所具有的科学不确定性，另一部分源于影响生态风险和生态安全的人类行为的不确定性，还因为生态安全反映了在特定社会中的个体对生态环境风险的可接受程度，而受到社会文化环境的影响。[1]

本书对生态环境安全进行广义上的定义，将生态安全作为生态环境安全的子概念，特指在生态系统维度上的生态环境安全问题。但是，这里应当予以说明的是，在国外相关理论讨论中，生态安全概念最初是作为对环境安全的批评而提出的。环境安全在国家安全的范畴内提出，以民族国家为参照物。国家中心主义的环境安全观受到了包括人类安全（human security）的安全参照物批评和建构主义的认识论批评在内的多种思潮的批评。[2] 生态安全被认为是对国家安全范畴内的环境安全概念更为彻底的批评，或者说，是“环境安全的强式表述”[3]。从环境伦理学的视角来看，生态安全被认为是对人类中心主义的批评，因为其不仅考虑当代人的安全，也考虑后代人和其他生命体的安全。[4] 生态安全概念也因此构成一种较为激进的政治话语，成为生态中心主义的“大本营”。

但是，笔者认为，不宜对生态安全进行生态中心主义的解读。当生态中心主义对狭隘、短视和盲目的人类沙文主义和传统人类中心主义进行价值批评时，其的确表现出了进步性。[5] 但是，生态中心主义的批评

---

〔1〕 参见［英］伊丽莎白·费雪：《风险规制与行政宪政主义》，沈岿译，法律出版社2012年版，第7~13页。

〔2〕 See Peter Hough, *Ecological Security*, in Edwin Daniel Jacob ed., Rethinking Security in the Twenty-First Century, Springer, 2017, p. 191-192; Cameron Holley et al., *Environmental Security and the Anthropocene: Law, Criminology, and International Relations*, Annual Review of Law and Social Science, Vol. 14, p. 188-189 (2018).

〔3〕 Cameron Holley et al., *Environmental Security and the Anthropocene: Law, Criminology, and International Relations*, Annual Review of Law and Social Science, Vol. 14, p. 192 (2018).

〔4〕 参见万劲波、赖章盛编著：《生态文明时代的环境法治与伦理》，化学工业出版社2007年版，第222~232页；See Matt McDonald, *Climate Change and Security: Towards Ecological Security?*, International Theory, Vol. 10: 2, p. 153-180 (2018).

〔5〕 参见张云飞：《唯物史观视野中的生态文明》，中国人民大学出版社2018年版，第483~492页。

并没能把握到问题的实质:传统的人类中心主义的弊端并不在于将人确立为价值的中心,而在于缺乏对人的具体的、历史的、阶级的分析,忽视了生态环境危机背后隐藏的阶级、经济、种族、性别等方面的不平等。实际上,“造成环境危机的深层原因不是现代世界里所谓的人类中心主义,而是现代世界物质至上的自我中心主义和工具主义世界观”[1]。自我中心主义和工具主义世界观,正是资本主义价值观的集中体现。同时,生态中心主义也没能超越其本身的资产阶级利益底色,并未真正考虑发展中国家的现代化发展诉求。将生态中心主义作为生态安全的价值基础,并不能促进我国实现可持续发展和生态文明建设目标。在生态安全的问题上,应当超越人类中心主义与生态中心主义之争,将问题的矛头指向为了什么人的安全和将什么人作为价值的中心。在我国生态文明的视野中,理应将“以人民为中心”作为生态安全乃至环境安全的价值标尺。

与生态安全发生联系的另一概念是国家安全。首先应当明确的是,生态安全是国家安全的重要组成部分。生态安全所要应对的生态风险是一种公共风险,公共风险需要集体的应对方案。[2] 生态安全的保障需要大量人力、财力、科学技术的支撑,不是私主体能够承担的,而往往由政府优先履行该义务。[3] 因此,将生态安全放到国家安全的语境中来讨论和考虑是恰当且有必要的。正因如此,《国家安全法》第 30 条明确提及“加大生态建设和环境保护力度”“划定生态保护红线”,确认了生态安全法及其子概念生态保护红线法作为国家安全组成部分的地位。同时,生态安全可作为把握生态环境风险与重大风险关系的纽带。贯彻总体国家安全观,是当前防范化解重大风险的首要任务。生态环境风险可能对国家生态安全产生重要影响,应当确认生态环境风险与重大风险的相关性,将防范化解生态环境风险也视为时代赋予的防风险化危机的

---

〔1〕 [美]丹尼尔·A. 科尔曼:《生态政治——建设一个绿色社会》,梅俊杰译,上海译文出版社 2002 年版,第 115 页。

〔2〕 参见金自宁:《风险中的行政法》,法律出版社 2014 年版,第 17 页。

〔3〕 参见曹明德:《生态红线责任制度探析——以政治责任和法律责任为视角》,载《新疆师范大学学报》2014 年第 6 期。

重要任务的一部分,树立以生态安全为纽带的重大风险观。《国家安全法》所要求的"强化生态风险的预警和防控,妥善处置突发环境事件",也明确防范化解生态环境风险是保障生态安全和国家安全的题中之意。

同时,也应当看到,"共谋全球生态文明"原则所要求的共同维护全球生态安全的任务,揭示了生态安全问题的国际特征。[1] 党的二十大报告指出,构建人类命运共同体是世界各国人民前途所在,中国坚持绿色低碳,推动建设一个清洁美丽的世界。[2] 因此,生态安全除了有国家安全的维度,还有"人类命运共同体"的全球维度。

总体来说,生态安全是一个具有进步基因的概念,也是我国首创的新的人类文明形态——生态文明——的价值体系中的重要一环,代表更完善的人与自然、人与人以及人与社会的生态关系。[3] 我国新时代的生态安全,应当坚持"以人民为中心"的价值取向,并能够从地球命运和人类共同未来的角度思考生态安全问题,以贯彻具有中国特色的生态公平正义观。

第二节　生态安全法具体化:生态保护红线

一、与生态安全相关的法律规定

在法律层面,与生态安全最直接相关的就是《国家安全法》。该法第 30 条提及"加大生态建设和环境保护力度""划定生态保护红线"。2017 年 5 月由原环境保护部和国家发展改革委共同发布的《生态保护红线划定指南》(以下简称《划定指南》)印证了生态安全属于国家安全一部分的观点。该指南在定义"生态安全"时,明确指出生态安全"是国

---

〔1〕 参见张云飞:《习近平生态文明思想话语体系初探》,载《探索》2019 年第 4 期。

〔2〕 参见习近平:《高举中国特色社会主义伟大旗帜 为全面建设社会主义现代化国家而团结奋斗——在中国共产党第二十次全国代表大会上的报告》,载新华网,http://www.news.cn/politics/cpc20/2022-10/25/c_1129079429.htm。

〔3〕 参见王金南等:《新时代中国特色社会主义生态文明建设的方略与任务》,载《中国环境管理》2017 年第 6 期。

家安全的重要组成部分”。虽说《国家安全法》未明确使用“生态安全”或“环境安全”的表述或许不无遗憾，但生态环境安全属于《国家安全法》所保护的法益、生态安全是生态环境领域的国家安全应无争议。而《国家安全法》第34条对于“国家根据经济社会发展和国家发展利益的需要，不断完善维护国家安全的任务”的规定，也为生态环境安全的进一步法治化预留了空间。从国家安全法的角度出发，可以将生态安全视为国家安全概念的扩大。

在明确了生态安全属于国家安全法保护的法益之后，还应探讨生态安全法与环境法的关系。在2013年至2014年《环境保护法》修订过程中，有学者呼吁将生态安全纳入《环境保护法》所调整和保护的法益中。最终修订的《环境保护法》在两个不同的语境里分别提到了“环境安全”和“生态安全”：第47条对环境污染公共监测预警机制的规定中，要求在“环境受到污染，可能影响公众健康和环境安全”的情况下及时公布预警信息，启动应急措施；第30条规定，开发利用自然资源应当“保障生态安全”。第47条是针对环境污染的应急处置问题，第30条是针对自然资源开发中的价值冲突问题，都不是一般意义上的生态环境风险或生态环境不安全。应当说，仅凭《环境保护法》中的明示规定，很难从规范意义上界定环境法和生态安全法的总体关系。

那么《国家安全法》第30条对界定上述关系是否有所帮助呢？笔者认为，《国家安全法》第30条实质上提出了环境法的安全化转向要求，且此种转向是国家安全体系构建的必要步骤。而“完善生态环境保护制度体系”“划定生态保护红线”，则是实现这种转向的制度路径。冷战结束后，以军事威胁为代表的传统安全的绝对支配地位消失，代之以安全概念的扩大化和非传统威胁的安全化趋势。随着贝克风险社会理论的提出，环境污染、气候变化、生物多样性加速丧失等生态环境风险被认为是自反性现代化的例证，是内生于现代化的反现代化力量。生态环境问题以其跨越时间和空间、复杂不确定又影响深远的特质而被提上国际议事日程。因此，生态安全法的兴起，或者说环境法的安全化，是风险社会来临后不可避免的法律变迁，是环境法内容的扩大和丰富。其积极方面在于使生态环境保护问题获得了更多的政治关注，其消极方面则是容易让生态问题的解决与国家强制力和军事化或者准军事化手段联系起来，反而不利于采用多中心、多主体的创造性方法管控生态环境风险。划定生态保护红线，既是《国家安全法》第30条所明确提出的环境法安全化的实现路径，也是其表现形式，因而在生态安全体系中占据十分重要的地位。

二、以生态保护红线为代表的中国生态安全法

我国虽然已经开始关注生态安全问题，但真正列入政治议程并上升到法律层面的制度以生态保护红线为主。人类的生存与发展离不开支撑所有生命的自然生态系统，人类在利用自然生态系统满足自身需要的同时也应积极保护自然，为其他物种的生存繁衍留下足够的空间。生态保护红线，本质上是通过增加生物承载力，满足人类需求的同时为自然留下空间。生态保护红线制度以各类保护区的存在为前提，但又与保护区制度存在不同的制度功能：保护区制度以生态和自然保护为己任；生态保护红线制度，则在生态保护之外，特别强调对于国家生态安全利益的维护。生态安全所指向的，是生态系统承载力或者生态系统韧性这一根本性、基础性的利益，对于我国维护生物多样性、减轻生态足迹、降低生态赤字具有重要意义。

（一）生态保护红线的发展历程：从政策到法律

我国对生态环境缺乏整体性保护，且严格性不足，尚未形成确保国家与区域生态安全和经济社会协调发展的空间格局、监督体制与机制。国家在此背景下提出划定生态保护红线的战略决策，旨在构建和强化国家生态安全格局，遏制生态环境退化趋势，力促人口资源环境相均衡、经济社会和生态效益相统一，有效推进生态文明建设。[1]在生态保护红线这一名词出现以前，与生态保护红线相关的研究主要是生态功能区划、生态安全格局和生物多样性保护等。同时，也出现了一些使用红线区进行区划管理的方案，如2000年浙江省安吉县生态规划中的红线控制方

---

〔1〕 参见高吉喜：《国家生态保护红线体系建设构想》，载《环境保护》2014年第Z1期。

案和生态立县的发展战略。2005 年到 2010 年，生态保护红线开始出现在部分研究和区划工作中，在管理中也提出了分级管控的方法。但这一阶段，生态保护红线仍然以生态红线区和生态红线等表述为主，如 2005 年《珠江三角洲环境保护规划纲要(2004—2020 年)》将自然保护区的核心区和重点水源涵养区等区域划为红线，又如《深圳市基本生态控制线管理规定》提出的基本生态控制线。[1]

2011 年，生态保护红线上升到国家战略的高度。2011 年国务院《关于加强环境保护重点工作的意见》首次要求国家编制环境功能区划，在重要生态功能区及陆地和海洋生态环境敏感区、脆弱区等区域划定生态保护红线。随后，原环境保护部在内蒙古、江西、广西、湖北开展了生态保护红线划定试点工作。2013 年 5 月 24 日，习近平总书记在中共中央政治局第六次集体学习时再次强调，要划定并严守生态红线，提出了"保障国家和区域生态安全，提高生态服务功能"的内涵。党的十八届三中全会把划定生态保护红线作为改革生态环境保护管理体制、推进生态文明制度建设最重要、最优先的任务。划定生态保护红线实行永久保护，是党中央、国务院站在对历史和人民负责的高度，对生态环境保护工作提出的新的更高要求，体现了以强制性手段强化生态保护的政策导向与决心。2017 年 2 月，中共中央办公厅、国务院办公厅公布了《关于划定并严守生态保护红线的若干意见》(以下简称《两办意见》)，明确提出 2020 年年底前，全面完成全国生态保护红线划定，基本建立生态保护红线制度。[2]

《环境保护法》(2014 年修订)使生态保护红线法治化。该法第 29 条第 1 款规定："国家在重点生态功能区、生态环境敏感区和脆弱区等区域划定生态保护红线，实行严格保护。"《海洋环境保护法》(2017 年修正)第 3 条第 1 款也规定："国家在重点海洋生态功能区、生态环境敏感区和脆弱区等海域划定生态保护红线，实行严格保护。"这标志着生态保

---

〔1〕 参见蒋大林等:《生态保护红线及其划定关键问题浅析》，载《资源科学》2015 年第 9 期。

〔2〕 参见黄红霞、阎晓磊:《我国生态保护红线法律制度的实施困境与策略》，载《齐齐哈尔大学学报(哲学社会科学版)》2017 年第 11 期。

护红线正式上升为一项环境法律制度,构成生态文明法律制度体系的重要组成部分。

(二)生态保护红线的概念

生态保护红线是继"18 亿亩耕地红线"后又一条被提到国家层面的"生命线"。[1] 然而,《环境保护法》第 29 条对生态保护红线仅作了原则性规定,对于其概念和内涵的理解仍然存在争论。生态保护红线以"红线"为基础,在区域性生态规划、管理和科学研究过程中逐渐产生和发展并得到多方面肯定,从而上升为国家战略。[2] "红线"一词起源于城市规划,在规划单位的用地示意图中,用来表示建筑物占用土地的边界线。[3] 其后,国土、水利、林业、海洋等多个部门广泛使用了这个概念,包括 18 亿亩耕地红线、水资源利用红线、林业红线、海洋红线等,包括管控对象的严格空间界线、数量或比例限值,强调了水、耕地、林地和海洋等具体保护目标。[4]

生态保护红线概念的界定尚无定论。目前,学术界和管理实践中对生态保护红线概念的观点主要可以分为广义说、狭义说和折衷说三类。广义说将生态保护红线视作兼顾资源、环境、生态三大领域的综合性概念。高吉喜将生态保护红线定义为:"对维护国家和区域生态安全及经济社会可持续发展,保障人民群众健康具有关键作用,在提升生态功能、改善环境质量、促进资源高效利用等方面必须实行严格保护的空间边界控制与数量限值,具体可包括生态功能保障基线、环境质量安全底线和自然资源利用上线。"[5] 2014 年原环境保护部印发的《国家生态保护红线——生态功能红线划定技术指南(试行)》(以下简称《试行指南》)亦支持广义说,将生态保护红线定义为:"是指对维护国家和区域生态安全

---

〔1〕 参见李干杰:《"生态保护红线"——确保国家生态安全的生命线》,载《求是》2014 年第 2 期。

〔2〕 参见高吉喜:《国家生态保护红线体系建设构想》,载《环境保护》2014 年第 Z1 期。

〔3〕 参见蒋大林等:《生态保护红线及其划定关键问题浅析》,载《资源科学》2015 年第 9 期。

〔4〕 参见邹长新、王丽霞、刘军会:《论生态保护红线的类型划分与管控》,载《生物多样性》2015 年第 6 期。

〔5〕 高吉喜:《国家生态保护红线体系建设构想》,载《环境保护》2014 年第 Z1 期。

及经济社会可持续发展，保障人民群众健康具有关键作用，在提升生态功能、改善环境质量、促进资源高效利用等方面必须实行严格保护的最小空间范围与最高或最低数量限值。”蒋大林等认为，生态保护红线包括空间红线和数量红线，空间红线是生态保护红线的空间范围及分布，是红线在该区域的具体分布位置和边界线，数量红线则是生态保护红线的面积及其占全区面积的比例，以及区域内各环境要素的承载力底线和资源可利用的数量上限，所有保护、开发和建设的规划和管理，必须保证在该限制范围内。[1]

狭义说将生态保护红线理解为必须严格保护的空间区域。2017 年 2 月印发的《两办意见》规定：“生态保护红线是指在生态空间范围内具有特殊重要生态功能、必须强制性严格保护的区域，是保障和维护国家生态安全的底线和生命线，通常包括具有重要水源涵养、生物多样性维护、水土保持、防风固沙、海岸生态稳定等功能的生态功能重要区域，以及水土流失、土地沙化、石漠化、盐渍化等生态环境敏感脆弱区域。”同时，该意见将“生态空间”定义为“具有自然属性、以提供生态服务或生态产品为主体功能的国土空间，包括森林、草原、湿地、河流、湖泊、滩涂、岸线、海洋、荒地、荒漠、戈壁、冰川、高山冻原、无居民海岛等”。同年 5 月由原环境保护部和国家发展改革委共同印发的《划定指南》沿用了这一定义，将生态保护红线视作空间区域。这也得到了一些学者的支持。例如，邹长新等认为，原环保部相关技术文件中较好地给出了生态保护红线的定义，即“依法在重点生态功能区、生态环境敏感区和脆弱区等区域划定的严格管控边界，是国家和区域生态安全的底线”，并认为该定义既体现了《环境保护法》的最新规定，又突出了生态保护红线的内涵，即不是将各红线空间和数量总和简单叠加，而是在基础理论的支持下，通过系统方法划定的维护国土生态安全的特定位置和一定面积比例的国土生态空间，旨在维护和改善重要生态系统服务功能。[2] 法学学者王

---

〔1〕 参见蒋大林等：《生态保护红线及其划定关键问题浅析》，载《资源科学》2015 年第 9 期。

〔2〕 参见邹长新、王丽霞、刘军会：《论生态保护红线的类型划分与管控》，载《生物多样性》2015 年第 6 期。

社坤等运用历史解释、文义解释、目的解释和体系解释的方法分析了生态保护红线的广义说和狭义说，认为狭义说更符合法条本意，并将生态保护红线界定为："为了维护生态环境、保障国家生态安全、建立国家生态安全保障体系，由国家综合考量生态重要性后在重点生态功能区、生态环境敏感区和脆弱区等区域划定的针对生态环境保护的物理空间上的闭合的警戒线。"[1]

除广义说和狭义说以外，亦有折中说，即在认同广义说理论合理性的基础上，建议从《环境保护法》第29条规定的实际出发，在狭义的生态空间保护与生态功能保障领域使用"生态保护红线"，而将广义上的生态保护红线改为"生态红线"，用以在公共政策层面强调生态、环境、资源三大领域的红线约束。[2]

以上三种观点体现出，源于政策的生态保护红线是一个发展变化中的概念，具有政策灵活性和包容性。三种思路均具有特定语境下的合理性，但是，仍需在规范意义上界定作为一项新制度的生态保护红线的准确内涵，以便开展划定和严守生态保护红线的工作。从2014年《试行指南》对广义说的支持，到2017年《两办意见》和替代《试行指南》的《划定指南》采用狭义说的定义，体现了国家政策转向的清晰脉络，对于理解生态保护红线和未来开展相关工作均具有指导意义。[3] 笔者以下对生态保护红线的讨论均以狭义说为基础，即将生态保护红线视作生态空间范围内具有特殊重要生态功能、必须强制性严格保护的区域。

（三）生态保护红线法律制度及其问题

从2011年首次写入国务院政策文件到2014年、2015年写入《环境保护法》第29条和《国家安全法》第30条而具有明确的法律依据，生态保护红线旨在实现对国家重点生态功能区、生态环境敏感区和脆弱区的

---

〔1〕 王社坤、于子豪：《生态保护红线概念辨析》，载《江苏大学学报（社会科学版）》2016年第3期。

〔2〕 参见陈海嵩：《"生态保护红线"的法定解释及其法律实现》，载《哈尔滨工业大学学报（社会科学版）》2017年第4期。

〔3〕 有关国家政策对生态保护红线从广义说到狭义说的历史，参见王社坤、于子豪：《生态保护红线概念辨析》，载《江苏大学学报（社会科学版）》2016年第3期。

严格保护。中央层面的一系列政策文件，则通过提出生态保护红线的指导原则、划定原则和具体时间表，努力实现生态保护红线在地方的"落地"，旨在实现到2020年基本建立生态保护红线、红线面积占比达25%、以一条红线管控重要生态空间的政策目标。[1]

不过，我们如果详细考察生态保护红线的法律制度及其刚性"落地"的过程，可以看到这一制度仍然存在多方面的问题。首先，从立法角度来看，列入《划定指南》的一共有18类生态保护红线区，其中相当数量的类型不存在专门或相关立法（如高原冻土、雪山冰川），或者立法体系不健全（如国家公园、饮用水源保护地、国家一级公益林、自然岸线、国家级水土流失重点预防区）。[2] 地方的生态保护红线立法则存在立法效力层级低、立法空白、规定比较原则和零散、划定规则不完善、没有针对生态保护红线作出特别管理规定等问题。[3] 其次，从行政角度来看，生态保护红线缺乏独立的主管部门，且管理制度上也缺乏区别化管理的标准与要求，评价考核措施也缺乏可操作性。[4] 最后，从法律责任角度来看，《环境保护法》虽然规定了生态保护红线制度，却没有对应的法律责任条文，仍需建立相应的责任体系，与之相关的政治责任则存在辐射程度有限、工作缺乏弹性和创新激励缺失等固有的缺陷和不足。[5]

---

[1] 参见中共中央、国务院：《关于加快推进生态文明建设的意见》（2015年）；中共中央、国务院：《生态文明体制改革总体方案》（2015年）；原环境保护部：《国家生态保护红线－生态功能红线划定技术指南（试行）》（2014年）；中办、国办：《关于划定并严守生态保护红线的若干意见》（2017年）；原环境保护部、国家发展改革委：《生态保护红线划定指南》（2017年）；中共中央、国务院：《关于全面加强生态环境保护 坚决打好污染防治攻坚战的意见》（2018年）。

[2] 参见王社坤、王彬：《生态保护红线的立法保障：问题与路径》，载《吉首大学学报（社会科学版）》2019年第5期。

[3] 参见王社坤、王彬：《生态保护红线的立法保障：问题与路径》，载《吉首大学学报（社会科学版）》2019年第5期。

[4] 参见黄红霞、阎晓磊：《我国生态保护红线法律制度的实施困境与策略》，载《齐齐哈尔大学学报（哲学社会科学版）》2017年第11期；石雪等：《生态保护红线的划定》，载《农村经济与科技》2017年第15期。

[5] 参见曹明德：《生态红线责任制度探析——以政治责任和法律责任为视角》，载《新疆师范大学学报（哲学社会科学版）》2014年第6期；李慧玲、王飞午：《我国生态保护红线制度立法研究》，载《河南财经政法大学学报》2015年第6期。

如果从政策实践来看，现实中红线制度刚性“落地”存在两难局面。一方面，机械执行刚性指导原则可能违背生态环境安全法的人类宜居的基本原则。《两办意见》确立了“生态功能不降低、面积不减少、性质不改变”的指导原则。虽然这一原则客观上有利于推动红线的划定和管理工作，敦促政府“守法”，但“生态功能不降低”极难确定判断标准，实际上“面积不减少、性质不改变”才是主要的指导原则。而“不减少”“不改变”的政策用语本身缺乏灵活性，可能导致地方政府在开展相关工作时机械、僵化地执行上级命令，只体现行政机关的工具性而不体现科学性和创造性，疏于考量相关利益主体的合法权益，也不能根据实际情况的变化对政策做出适时的、科学的调整，反而可能导致因未能遵循科学原则、未能提供合理补偿、未能及时回应群众诉求等造成侵犯私人财产权、激化官民矛盾、增加负面舆情等非预期后果。如果生态保护红线政策不能够实现以人民为中心、维护人民利益的价值目标，则此项制度将不符合生态环境安全法人类宜居原则的要求。

另一方面，生态保护红线制度又因缺乏法定的具体红线区管理要求，而难以实现“严守生态保护红线”的目标。这一问题在海洋生态红线领域体现得尤为明显。我国长期实行陆海管理分离制度，虽然现有的生态保护红线制度设计中已经为海洋生态保护红线预留了位置，但目前红线划定工作还是以陆地为主，有关海洋生态保护红线的法律法规只有《海洋环境保护法》中的原则性规定，相关行政立法尚未颁布。近期，屡屡出现穿越海洋生态红线，可能给海洋生态系统带来巨大影响的工程，如2020年3月被报道的环评报告涉嫌抄袭的深圳湾航道疏浚工程，以及穿越多个自然保护区和海洋生态红线区的深圳至茂名、江门的铁路项目。[1] 如此，难以实现风险预防原则所要求的对生态风险的有效预防，而责任不清、罚则不明则是海洋生态红线管控障碍的根源。

总体而言，以生态保护红线为代表的生态安全法律制度，由于缺乏明确具体的法律规范而不能给负责执行的地方行政机关以必要的指引，

---

〔1〕 参见王春晖：《深圳湾环评造假凸显生态红线的尴尬》，载澎湃新闻网2020年5月9日，https://www.thepaper.cn/newsDetail_forward_7292904。

从而造成管控目标难以实现。而制度设计中未能较好地兼顾科学性和民主性的考虑,则容易使生态保护红线制度偏离其制度设计初衷,引发负面的非预期后果。

第三节 生态保护红线的域外经验

一、对应概念考察与研究对象选择

生态保护红线是我国的制度创新,域外并无与之直接对应的概念。因此,要考察生态保护红线的域外经验,必须首先明确域外是否存在与我国"生态保护红线"可类比、内涵接近的概念。

对此,有学者指出,国外与生态保护红线制度相似的工作主要有保护区的建立、绿道建设、生态网络的建设等。[1] 生态保护红线是在我国已有的各种保护区制度上划定保护底线、加强保护力度、进行统一管理的重要举措。与我国保护区制度相对应的主要是域外的自然保护地制度。由于各国的保护地制度有不同的发展历程并形成了独特的基本概念、类别体系和法律制度,世界自然保护联盟(International Union for Conservation of Nature, IUCN)对保护地进行分类和定义,便于对各国的保护地进行比较和理解。IUCN 的保护地管理类型得到了联合国和《生物多样性公约》的认可,同时我国也为该公约缔约方,因而了解该分类有助于我们理解域外保护地制度。

根据 IUCN 的定义,保护地是指"通过法律或者其他有效途径得到承认的、专门的并得到管理的清晰定义的地理区域,以实现对自然以及相关生态系统服务和文化价值的长期保护"[2]。IUCN 将保护地划分为六个类别,将符合定义的保护地按照其主要管理目标确定为某一类别,避免各国国内法复杂的保护地概念造成理解和辨析上的困难。IUCN

---

[1] 参见蒋大林等:《生态保护红线及其划定关键问题浅析》,载《资源科学》2015 年第 9 期。

[2] Nigel Dudley ed., *Guidelines for Applying Protected Area Management Categories*, IUCN, 2008, p. 8.

保护地管理分类和各类型的定义如表3所示。[1]

表3　IUCN保护地管理类型和定义

类型	名称	定义
Ⅰa	严格自然保护区(strict nature reserve)	为保护生物多样性和可能的地质/地貌特征而设立的严格保护区,在此类区域内严格控制和限制人类探访、使用和影响,以便保护被保护价值
Ⅰb	荒野区(wilderness area)	保持其自然特征和影响、无永久或显著的人类居所的大型未经改变或仅轻微改变的区域,对此类区域进行保护和管理以保护其自然状态
Ⅱ	国家公园(national park)	为保护大型生态过程以及作为其补充的该地区具有代表性的物种和生态系统而设立的大型自然或近自然区域,可在此类区域进行与环境和文化相容的精神、科学、教育、娱乐和访问活动
Ⅲ	自然纪念地或特征(natural monument or feature)	为保护特定的自然纪念地而设立的区域,包括地形、海底山、海底洞穴以及洞穴甚至古树林等生命特征或地质特征
Ⅳ	栖息地/物种管理区(habitat/species management area)	此类区域是为了保护特定物种或栖息地,其管理应反映此种优先
Ⅴ	被保护陆地景观/海洋景观(protected landscape/seascape)	人与自然的持续互动造就了具有显著生态、生物、文化和景观价值的独特区域,且保护此种互动对保护和维持此类区域及其相关自然保护和其他价值至关重要
Ⅵ	可对自然资源进行可持续使用的保护区(protected area with sustainable use of natural resources)	此类区域保护生态系统和栖息地,以及相关文化价值和传统自然资源管理系统;此类区域一般而言较大,其中大部分区域处于自然状态,而一部分则进行可持续的自然资源管理,与自然保护相符合的、对自然资源低程度的非工业使用被认为是此类区域的主要目标之一

---

[1] See Graeme L. Worboys et al. eds., *Protected Area Governance and Management*, ANU Press, 2015, p. 16-20.

由表3定义可知,从类型Ⅰa到Ⅵ,对人类活动的限制由严到松、管理程度由强到弱;其中,类型Ⅰa到Ⅳ着眼于维持区域的自然状态,而类型Ⅴ和Ⅵ则将人类活动视为要素之一,允许适当的开发活动。[1] 对按照禁止开发区域进行管控的我国生态保护红线而言,更有借鉴意义的概念应为IUCN类型Ⅰa到Ⅳ的保护地。联合国和IUCN根据各国政府、非政府组织和个人提供的信息制作和维护的“保护星球”(Protected Planet)数据库包含全球最新最全的保护地信息。以美国和加拿大为例,依据2021年4月“保护星球”数据库提供的美国数据和加拿大政府的公开信息,美国和加拿大已分类的保护地中属于IUCN类型Ⅰa到Ⅳ的保护地主要如表4所示。[2]

表4 美国和加拿大属于IUCN类型Ⅰa到Ⅳ的主要保护地

类型	名称	美国认定	加拿大认定
Ⅰa	严格自然保护区	研究自然区(research natural area)、国家野生动物避难所(national wildlife refuge)、联邦和州的各类海洋保护区	联邦候鸟禁猎区(federal migratory bird sanctuary)、省公园(provincial park),受威胁或脆弱物种栖息地(habitat of a threatened or vulnerable species),国家野生动物区(national wildlife area)
Ⅰb	荒野区	荒野(wilderness)、荒野研究区(wilderness study area)、国家公园	联邦候鸟禁猎区、省公园
Ⅱ	国家公园	国家公园、国家保护区(national preserve)	国家公园和国家保护区(conservation area)、省公园和省保护区

[1] See Graeme L. Worboys et al. eds., *Protected Area Governance and Management*, ANU Press, 2015, p. 16 – 20.

[2] See Protected Planet, *Protected Planet Database*, Protected Planet(date not specified), www.protectedplanet.net; Minister of Environment and Climate Change of Canada, *Canadian Protected Areas Status Report* 2012 – 2015, Minister of Environment and Climate Change of Canada, 2016.

续表

类型	名称	美国认定	加拿大认定
Ⅲ	自然纪念地或特征	森林、沙滩、城市/郡/地方/州公园(city/county/local/state park)、地质区(geological area)	森林、国家公园、省公园、野生动物管理区(wildlife management area)、省所有的自然区、私人所有的自然区
Ⅳ	栖息地/物种管理区	各类水、海岸和海洋保护区、各类缓冲区(mitigation area)、国家河口研究区(national estuarine research reserve),国家野生动物避难所、州公园	国家野生动物区,省公园,私人土地,私人所有的自然区

美国和加拿大所在的北美地区是世界上最早建立自然保护地的区域,其各自的自然保护体系极具特色和影响力,特别是与国家公园有关的制度。欧盟则建立了世界上最大的保护地网络——自然 2000(Natura 2000)。以下对美国、加拿大和欧盟的自然保护体系进行研究和分析,以期为我国生态安全法治建设提供借鉴。

二、美国的自然保护体系及其启示

(一)美国自然保护体系概况

美国的自然保护体系主要体现为对联邦公共土地(public lands)的保护。据统计,全美国有 3.1 亿英亩(约合 125.5 万平方公里)的联邦公共土地依据国会立法、总统令、行政规则或认定等而受到保护,约占所有联邦公共土地的一半。[1] 美国通过立法建立了四套并行不悖的联邦土地保护体系,分别是国家公园体系(national park system)、国家荒野保护体系(national wilderness preservation system)、国家野生生物保护区体系(national wildlife refuge system)和国家景观保护体系(national landscape conservation systems)。

---

〔1〕 See Robert B. Keiter, *Toward a National Conservation Network Act: Transforming Landscape Conservation on the Public Lands into Law*, Harvard Environmental Law Review, Vol. 42, p. 62 (2018).

在四大体系以外，联邦、州和印第安部落也有其他的自然保护项目和措施。而随着土地信托运动(land trust movement)的兴起，美国的私有土地上也掀起了自然保护的热潮。随着生态科学和保护生物学的发展，科学家引入了生态系统管理(ecosystem management)和景观保护(landscape conservation)等概念，景观尺度的自然保护开始出现，保护区的扩大有助于保护野生生物。[1]

(二)美国国家公园体系

1872 年，美国通过了《黄石国家公园法》(Yellow Stone National Park Act)，建立了世界上第一个国家公园——黄石国家公园(Yellowstone National Park)。1894 年通过的《雷希法》(Lacey Act)明确了黄石国家公园作为保护对象。1906 年通过的《古迹法》(Antiquities Act)则使具有纪念价值的古迹成为保护对象，为国家公园体系的扩大提供了法律基础。[2] 1916 年，由优胜美地国家公园(Yosemite National Park)内水坝建设引发的争议促使国会下定决心，将各类公园统合进一个新的国家公园体系，并设立国家公园管理局(National Park Service)对其进行管理。[3] 美国国会于当年通过《国家公园管理局组织法》(National Park Service Organic Act)，要求国家公园管理局对国家公园进行管理，以便"保护景色以及公园内的自然与历史客体和野生生物，并规定享受这些资源……的方式，以便使其不受损地为未来世代所享受"[4]。虽然该法提出为未来世代保护自然，但是美国学者指出，此时国家公园管理局的主要任务仍然是吸引访客到偏远的自然景区参观，并保证其享受到美丽的景色。[5]

---

[1] See Robert B. Keiter, *Toward a National Conservation Network Act: Transforming Landscape Conservation on the Public Lands into Law*, Harvard Environmental Law Review, Vol. 42, p. 64 (2018).

[2] 参见王俊勇：《科学与美国国家公园发展》，载《人民论坛·学术前沿》2016 年第 24 期。

[3] See Robert W. Righter, *The Battle over Hetch Hetchy: America's Most Controversial Dam and the Birth of Modern Environmentalism*, Oxford University Press, 2005, p. 191 - 194.

[4] National Park Service Organic Act, 64 Pub. L. No. 235 (1916).

[5] See Robert B. Keiter, *Toward a National Conservation Network Act: Transforming Landscape Conservation on the Public Lands into Law*, Harvard Environmental Law Review, Vol. 42, p. 66 (2018).

美国1916年的《国家公园管理局组织法》并未提及科学。美国国家公园体系发展初期，生态学等也并未在其中扮演重要角色。此阶段，美国国会增加了一系列关于国家公园体系内区域的认定（designations），但这些认定都基于娱乐或者其他具体目的，不涉及对区域生态特征的考虑。科学的缺位在公园管理方面造成了更严重的后果：在未充分认识自然系统的剧烈变化和研究必要性的情况下，公园管理者引入外来物种、消灭被视为危害的本土物种、盲目控制自然火、砍伐森林、在喷泉和温泉上建设洗澡池和游泳池、在野生生物栖息地建设旅馆……[1]这些陈旧的保护理念给国家公园的生态造成了破坏性影响。

在1963年由加州大学生物学教授利奥波德（A. Starker Leopold）领衔起草的重要报告的影响下，美国国家公园管理局认识到了科学在国家公园保护中的重要性，美国国家公园开始了从"美学保护"向"原生态保护"的转向。[2] 在国家公园划定方面，以1980年的《阿拉斯加国家利益土地保护法》（Alaska National Interest Land Conservation Act）为代表，美国国会在划定新的国家公园体系保护区的边界时，将当地地形和自然特征纳入考量。[3] 在国家公园管理方面，美国国会于1998年通过《国家公园综合管理法》（National Park Omnibus Management Act），要求美国国家公园管理局在管理中运用科学，对公园和周边区域进行研究。[4] 美国国家公园管理局随后建立了全美范围的公园资产和监控计划，加强了与大学和研究机构的生态研究合作，还通过网络公布研究成果和监控信息并调动公众参与。[5]

科学把美国国家公园体系建设引入了新阶段。截至2018年12月31日，美国国家公园体系中包括国家公园、古迹和其他共19种419个单

---

〔1〕 参见王俊勇：《科学与美国国家公园发展》，载《人民论坛·学术前沿》2016年第24期。

〔2〕 参见王俊勇：《科学与美国国家公园发展》，载《人民论坛·学术前沿》2016年第24期。

〔3〕 See Robert B. Keiter, *Toward a National Conservation Network Act: Transforming Landscape Conservation on the Public Lands into Law*, Harvard Environmental Law Review, Vol. 42, p. 67 (2018).

〔4〕 See National Park Omnibus Management Act, 16 U. S. C. §§ 100702, 100703, 100706 (2012).

〔5〕 参见王俊勇：《科学与美国国家公园发展》，载《人民论坛·学术前沿》2016年第24期。

元(units),覆盖面积超过8500万英亩(约合34.0万平方公里)。[1] 国家公园体系中相对较大的自然公园单元为多个物种提供了重要栖息地,并保护了重要的生态系统。国家公园管理局也对于公园内的建设采取十分敏感谨慎的态度,并将一些国家公园土地认定为荒野,从法律上禁止在这些土地上进行任何建设活动。[2] 《国家公园管理局管理政策》(National Park Service Management Policies)明确规定,国家公园管理局管理公园土地和资源,以便"保护基本物理和生物过程、个体物种、特征和动植物群落",并确认公园单元必须"在更大的生态系统的背景下进行管理"[3]。而在公园管理实践中,也越来越多地出现出于生态系统考量而将公园与其附近的公共土地联合起来保护的行动。[4]

(三)美国荒野保护体系

虽然荒野作为一个行政概念早在20世纪20年代便已出现,但直到1964年美国通过《荒野法》(Wilderness Act)才建立了荒野保护体系。这部法律是全球第一个关于荒野保护的国家法律。[5] 《荒野法》将荒野定义为:"相对于人类和人工物占据着的景观,是土地及其生物群落不受人类控制(untrammeled)的区域,在那里人类是不做停留的访客。"[6]《荒野法》进一步将荒野区(an area of wilderness)定义为保存其原始特征和影响力、无永久性改良和人类居住、为保存其自然状态而受到保护和管理且具备下述四个要件的未开发联邦土地:(1)看上去主要受到自然力影响,大体看不到人工痕迹;(2)具有突出的机会独处或者开展原始且不受阻止的娱乐;(3)面积至少为5000英亩(约合20.2平方公里),或者

[1] See Land and Water Conservation Fund, *National Park Service Acerage Reports*, National Park Service (date not specified), https://www.nps.gov/subjects/lwcf/acreagereports.htm.

[2] See John C. Miles, *Wilderness in National Parks: Playground or Preserve?*, University of Washington Press, 2009, p.48、270-271、277.

[3] National Park Service, *National Park Service Management Policies*, National Park Service, p.36.

[4] See Robert B. Keiter, *To Conserve Unimpaired: The Evolution of the national Park Idea*, Island Press, 2013, p.203-230.

[5] 参见曹越、杨锐:《美国国家荒野保护体系的建立与发展》,载《风景园林》2017年第7期。

[6] Wilderness Act, 16 U.S.C § 1131(c) (2012).

足够大以便允许对其进行保护和在无损条件下(in an unimpaired condition)使用;(4)可能也具有包含科学、教育、风景或历史价值的生态特征、地质特征或其他特征。[1]

应当明确的是,《荒野法》对荒野的认定是叠加性法律规定,将改变土地的管理标准,但不改变承担管理职责的机构。在管理标准方面,认定荒野区(designated wilderness area)一般不允许开展伐木、采矿、修建水利设施、修路等开发活动,也一般没有建筑物、机动交通工具和商业活动。[2] 不允许有建筑物、机动交通工具和商业设施,是荒野区别于国家公园的特点。依据《荒野法》,国会有权认定新的荒野区,而美国林业局(U. S. Forest Service)、国家公园管理局、美国鱼类与野生生物管理局(U. S. Fish & Wildlife Service)则有权评估和管理认定荒野区。[3]美国1976年《联邦土地政策与管理法》(Federal Land Policy and Management Act)对土地管理办公室(Bureau of Land Management)进行了授权,使得上述四个联邦土地管理机构均具有了荒野评估管理权。[4] 依据上述两部法律的规定,四个机构负责评估哪些土地可以被认定为荒野,并提出相关建议。截至2019年4月1日,美国荒野保护体系共包括超过800个荒野区,覆盖约1.1亿英亩(约合44.5万平方公里)的公共土地。[5] 荒野保护的目的也从游憩、美学等过渡到野生生物保护和生态系统保护,反映了当代科学对荒野区域在保护濒危物种和生态过程方面的价值的认识。[6]

(四)美国野生生物保护区体系

美国野生生物保护区体系最早可以追溯到1903年通过总统行政令

---

[1] See Wilderness Act, 16 U. S. C § 1131(c) (2012).

[2] 参见曹越、杨锐:《美国国家荒野保护体系的建立与发展》,载《风景园林》2017年第7期。

[3] See Wilderness Act, 16 U. S. C. § 1132(b) (2012).

[4] See Federal Land Policy and Management Act, 43 U. S. C. § 1782 (2012).

[5] See The Wilderness Society, *The Wilderness Act*, Wilderness (date not specified), www. wilderness. org/articles/article/wilderness - act; Wilderness Connect, *About Wilderness: Fast Facts*, Wilderness Connect (date not specified), www. wilderness. net/NWPS/fastfacts.

[6] See Robert B. Keiter, *Keeping Faith with Nature: Ecosystems, Democracy, and America's Public Lands*, Yale University Press, 2003, p. 186 - 192.

设立的佩里根岛(Pelican Island)本地鸟类保护和哺育地。[1] 其后，通过总统认定和立法认定等方式，美国建立了类别混杂的野生生物保护区、候鸟保护区、水禽产卵区、狩猎区、野生生物管理区及其他单元。[2] 1966 年的《国家野生生物保护区体系管理法》(National Wildlife Refuge System Administration Act)将这些不同的单元合并为一个统一的致力于野生生物保护的野生生物保护区体系。[3] 1940 年，总统通过行政令设立美国鱼类与野生生物管理局，对正在发展中的动物保护区进行管理。[4] 从早期的 1918 年《候鸟条约法》(Migratory Bird Treaty Act)和 1934 年《候鸟猎取邮票法》(Migratory Bird Hunting Stamp Act，即通常所说的《鸭票法》，Duck Stamp Act)到 1980 年《阿拉斯加国家利益土地保护法》，美国的野生生物保护区体系不断完善：对狩猎活动的限制不断增加；保护区面积也有所增加，且新增单元按照生态系统进行定义。[5]

早期，由于相关法规和管理规定并未确定保护区的管理优先事项，保护区的野生生物保护和狩猎及其他娱乐用途之间发生了冲突。为解决这种情况，1962 年通过的《保护区娱乐法》(Refuge Recreation Act)确立了“不相违背”(compatibility)标准，用以确定保护区允许的用途，即“只有在具备可行性及与每一特定区域建立的首要目标相一致的限度内”才能允许保护区的公共娱乐用途。[6] 其后，鉴于内部娱乐用途和外部发展威胁所造成的环境损害会对保护区内的野生生物造成威胁，国会 1997 年通过了《国家野生生物保护区系统改善法》(National Wildlife

[1] See Executive Order No. 1014 (1903).

[2] See Robert L. Fischman, *National Wildlife Refuges: Coordinating a Conservation System Through Law*, Island Press, 2003, p. 23 – 31.

[3] See National Wildlife Refuge System Administration Act, Public Law No. 89 – 669, 80 Stat. 926 (1966) [codified at 16 U. S. C. § § 668dd – 668ee (2012)]; 16 U. S. C. § 668dd(a)(1) (2012).

[4] See The Reorganization Plan No. 3, 54 Stat. 1232 (1940); The Reorganization Act, Public Law No. 76 – 19, ch. 36, 53 stat. 561 (1939).

[5] See 16 U. S. C. § § 703 – 712 (2012); 16 U. S. C. § § 718 – 718(h) (2012); Public Law No. 96 – 487, § 303(2), 94 Stat. 2371, 2390 (1980).

[6] See Public Law No. 87 – 714, 76 Stat. 653 [codified at 16 U. S. C. § 406k(2012)]; 16 U. S. C. § § 668dd(d)(1), 668ee(1) – (2) (2012).

Refuge System Improvement Act),引入了当代的生态学概念和相关的管理方式,将野生生物保护确立为美国鱼类与野生生物管理局的首要职责,开展科学导向的保护区管理项目,规定了全面的保护规划,建立了渐进的"生态完整性、多样性和环境健康"(biological integrity, diversity and environmental health)管理标准。[1] 2009 年以后建立的四个海洋国家纪念地(marine national monuments)中的土地以及被浸没的土地和水域(submerged lands and waters)也被纳入此体系,大大增加了野生生物保护区的面积。[2]

截至 2018 年 9 月 30 日,美国国家野生生物保护区体系已拥有 800 余个单元,覆盖面积达 8.4 亿英亩(约合 338.6 万平方公里)。[3] 其中既有主要南北候鸟飞行路线上的战略性鸟类保护区,又有 2000 万英亩(约合 8.1 万平方公里)的区域被认定为荒野而不得进行任何建设,都体现了基于生态系统的保护理念。[4]

(五)美国国家景观保护体系

美国土地管理办公室成立于 1946 年,最初并无明确职权,主要在矿产和其他商品资源管理方面开展工作。[5] 1970 年,美国国会要求土地

---

〔1〕 See Public Law No. 105 – 57, 111 Stat. 1252 [codified at 16 U. S. C. § § 668dd, 668ee (2012)]; Robert L. Fischman, *The National Wildlife Refuge System and the Hallmarks of Modern Organic Legislation*, Ecology Law Quarterly, Vol. 29, p. 514 – 592 (2002).

〔2〕 See U. S. Fish & Wildlife Service, *Statistical Data Tables for Fish & Wildlife Service Lands (as of 9/30/2018)*, U. S. Fish & Wildlife Service (Sep. 30, 2018), https://www.fws.gov/sites/default/files/documents/2018 – annual – report – of – lands – with – data – tables.pdf; Robert B. Keiter, *Toward a National Conservation Network Act: Transforming Landscape Conservation on the Public Lands into Law*, Harvard Environmental Law Review, Vol. 42, footnote 46 (2018).

〔3〕 See U. S. Fish & Wildlife Service, *Statistical Data Tables for Fish & Wildlife Service Lands (as of 9/30/2018)*, U. S. Fish & Wildlife Service (Sep. 30, 2018), https://www.fws.gov/sites/default/files/documents/2018 – annual – report – of – lands – with – data – tables.pdf.

〔4〕 See Robert B. Keiter, *Toward a National Conservation Network Act: Transforming Landscape Conservation on the Public Lands into Law*, Harvard Environmental Law Review, Vol. 42, p. 70 (2018).

〔5〕 See James R. Skillen, *The Nation's Largest Landlord*, University Press of Kansas, 2009, p. 14 – 15.

管理办公室对新成立的国王山脉国家保护区(King Range National Conservation Area)的土地进行以保护价值为主的管理。[1] 美国1976年的《联邦土地政策与管理法》是土地管理办公室的授权法,规定了该机构广泛的多重用途职权(multiple-use mandate)以及对荒野的评估和管理权。[2] 这一授权让土地管理办公室在商品生产之外,也可以开展补充性保护工作。依据《联邦土地政策与管理法》,土地管理办公室结束对某一州内荒野库存的评估后,被选为荒野研究区(wilderness study areas)的区域即受到强化的法律保护,其保护状态接近于被认定为荒野的区域,直至国会对该州的荒野问题给出定论。[3] 1996年,总统行使其在1906年《古迹法》下的权力,第一次要求土地管理办公室对国家纪念地(national monuments)进行管理。2009年《国家景观保护体系法》(National Landscape Conservation System Act)正式将所有由土地管理办公室负责的被保护土地纳入一个独立的新体系中。[4] 该法要求土地管理办公室"为当代人或者未来世代的利益,保持、保护和修复具有国家重要性和现存的具有文化、生态、科学价值的景观"[5]。

截至2019年4月,美国国家景观保护体系内的土地面积达到3400万英亩(约合13.8万平方公里),并包含多种认定。[6] 虽然保护是该等区域最主要的管理目标,但由于设定其中很多区域的法规文件包含允许已经存在的用途的不回溯条款(grandfather clauses),一些违背保护目标

[1] See Public Law No. 91 - 476, 84 Stat. 1067 (1970) [codified as amended at 16 U. S. C. § § 460y - 3 - 460y - 9 (2012)].

[2] 多重用途包括可再生能源开发、传统能源开发、畜牧、采矿、伐木和户外休闲。See Federal Land Policy and Management Act, 43 U. S. C. § § 1701 - 1784 (2012).

[3] See Federal Land Policy and Management Act, 43 U. S. C. § 1782(c) (2012).

[4] See National Landscape Conservation System Act, 16 U. S. C. § § 7201 - 7203 (2012).

[5] National Landscape Conservation System Act, 16 U. S. C. § 7202(a) (2012).

[6] See Bureau of Land Management, *About the National Conservation Lands: National Conservation Lands Summary Table*, Bureau of Land Management (date not specified), www. blm. gov/programs/national - conservation - lands/about/maps - data - and - resources.

的活动也可能在国家景观保护体系的土地上进行。[1]

(六)美国土地信托运动

私人土地是许多濒危物种的重要栖息地。有研究指出,被列为濒危的物种中约有一半的物种以私人土地为主要栖息地。[2] 土地信托运动的兴起受到多种因素的影响,如联邦和州税收政策对于私人土地保护性出售的激励、土地所有者保护观念的提升以及便于创设保护地役权(conservation easement)的法律变动等。[3] 大部分信托组织以保护野生生物栖息地和生态价值为其主要目的。信托组织购买土地取得所有权,或者在土地上创设保护地役权;对于已取得所有权的土地,信托组织可以选择保留所有权并管理土地,或者作为中介在立法拨款到位时将土地出售给政府。[4] 截至 2018 年,全美有超过 1300 个土地信托组织,主要活跃在州和地方层面。[5] 截至 2015 年年底,美国土地信托保护了 5600 万英亩(约合 22.7 万平方公里)的土地。[6]

(七)美国经验小结及启示

美国的自然保护体系对我国生态安全法律制度建设主要有以下三方面的启示。

首先,在生态保护红线法治建设中要强调科学的重要性。虽然美国

---

〔1〕 See Robert B. Keiter, *Toward a National Conservation Network Act: Transforming Landscape Conservation on the Public Lands into Law*, Harvard Environmental Law Review, Vol. 42, p. 76 (2018).

〔2〕 See Jason F. Shogren, *Benefits and Costs*, in J. Michael Scott et al. eds., The Endangered Species Act at Thirty: Conserving Biodiversity in Human – Dominated Landscapes, Island Press, 2008, p. 182.

〔3〕 See Nancy A. McLaughlin, *Conservation Easements—A Troubled Adolescence*, Journal of Land, Resources, & Environmental Law, Vol. 26: 1, p. 51 – 52 (2005).

〔4〕 See John R. Nolon, *Open Ground: Effective Local Strategies for Protecting Natural Resources*, Environmental Law Institute, 2000, p. 523 – 524;吴卫星、于乐平:《美国环境保护地役权制度探析》,载《河海大学学报(哲学社会科学版)》2015 年第 3 期。

〔5〕 See Robert B. Keiter, *Toward a National Conservation Network Act: Transforming Landscape Conservation on the Public Lands into Law*, Harvard Environmental Law Review, Vol. 42, p. 86 (2018).

〔6〕 See Land Trust Alliance, 2015 *National Land Trust Census Report*, Land Trust Alliance, 2016, p. 5.

从20世纪初便开展了自然资源管理方面的努力,并在其中考虑了相关科学研究的结论,但20世纪下半叶生态学和保护生物学的兴起,才让美国真正认同自然保护的理念,并建立起自然保护体系。科学家们认识到,人类活动引发的气候变化等压力和相应的栖息地损失,让物种加速灭绝;必须保留处于自然状态的巨大区域,才能实现对本地物种的保护,并使重要的生态过程在最少的人类干预下进行。[1] 正是基于这种科学认识,科学家们批判了传统的自然保护飞地理论(enclave theory)的不足,而将代表性、适应性和重复性(representation, resiliency, redundancy)的"3R战略"引入自然保护体系的认定和管理中,强调在生态系统和景观层面建立自然保护体系。[2] 此外,科学家也运用计算机建模和绘图技术,以图形方式展示出现有保护地体系中的生态空白和漏洞,提示在哪些地方应当实现保护并连接现有的保护地从而实现生态功能。[3] 美国在自然保护立法、执法和司法的过程中均体现了对相关科学的重视。美国能够实现对国土的有效自然保护,与其对最新科学研究结论的重视与强调分不开。在科学的指导下开展自然保护工作,有助于建立起符合生态系统管理原则、能够更好地应对气候变化等生态环境风险和挑战、保护当代人和未来世代福祉的自然保护体系。

其次,在自然保护体系管理中要强调保护地之间的联系和协调。由上文可知,美国现有的各个自然保护体系和项目源于不同的时代,具有不同的保护初衷、管理原则、保护力度和法律保障等。这种差异性造成了各个体系和项目之间的沟通存在难度,也凸显了现有自然保护地认定未能充分反映生态系统和景观划分实际的问题,进而引发了物种栖息地不足、物种恢复困难等生态环境问题。为此,有美国学者提出了通过新

---

〔1〕 See Reed F. Noss et al., *Core Areas, Where Nature Reigns*, in Michael E. Soulé, John Terborgh eds., Continental Conservation: Scientific Foundations of Regional Reserve Networks, Island Press, 1999, p.99.

〔2〕 See Jocelyn L. Aycrigg et al., *Completing the System: Opportunities and Challenges for a Natural Habitat Conservation System*, BioScience, Vol.66:9, p.776 (2016).

〔3〕 See Jocelyn L. Aycrigg et al., *Representation of Ecological Systems within the Protected Areas Network of the Continental United States*, PLOS ONE, 8:1 (2013) e54689.

的立法将现有的自然保护地纳入一个统一体系,并加强处于同一生态系统中的多个保护地的联系和合作的设想。[1] 这表明,在自然保护领域,需要重视体系化和各个保护单元之间的联系,通过整体性和联系性的制度建设实现更为有效的生态系统保护和物种栖息地保护功能。

最后,在建设自然保护体系的同时,也要通过加强相关研究、话语建设、法律政策引导、多元治理等手段处理好相关的经济和社会问题。对大量土地原始状态的保护,可能会影响周边居民的生计,也可能会影响觊觎其中自然资源的商业界和资本家的利益,从而引发相关群体对自然保护工作的反对。事实上,在美国自然保护体系的建设过程中,木材、能源等利益相关的团体一直通过提起法律诉讼、促使国家决策调整等方式试图阻止美国环境法的强化。上文中提及的许多法律法规也是在大量此类诉讼中胜诉才得以继续存在的。而美国环保力量的回应,一方面是科学界主导的理论回应和话语建设,另一方面是以土地信托运动为代表的对私主体环保力量的解放。生态环境所提供的生态系统服务的社会和经济收益,包括水资源净化、洪水控制、营养循环等。[2] 通过建立认可环境保护的经济价值的语境,科学界为商业界和公众接受自然保护的理念与政府开展自然保护工作奠定了理论和思想基础。而土地信托运动等由具有环保主义倾向的私主体发起的自然保护运动,一方面有助于实现自然保护体系的扩大,另一方面也有助于在人民群众内部建立起支持自然保护的力量,形成政府和社会共同治理的合力。特别值得注意的是,美国各级政府均为土地信托运动的发展提供了法律政策土壤,如税收方面的激励措施、保护地役权等法律工具,促进了土地信托运动的兴起。因此从政府的角度而言,运用好法律政策工具,为私主体参与生态安全体系的建设提供途径,也是值得借鉴的做法。

---

〔1〕 See Robert B. Keiter, *Toward a National Conservation Network Act: Transforming Landscape Conservation on the Public Lands into Law*, Harvard Environmental Law Review, Vol. 42, p. 127 – 137 (2018).

〔2〕 See James Saltzman, Barton H. Thompson & Gretchen C. Daily, *Protecting Ecosystem Services: Science, Economics, and Law*, Stanford Environmental Law Journal, Vol. 20, p. 309 – 332 (2001).

三、加拿大的自然保护体系及启示

(一)加拿大自然保护体系概况

加拿大规划和建立保护区的历史很长,早在1885年便建立了班芙国家公园(Banff National Park)。[1] 截至2019年6月,加拿大已建立起8161个陆地和海洋保护区,陆地保护区面积达103.12万平方公里,海洋保护区面积达16.53万平方公里,分别占其陆地面积的10.36%和海洋面积的2.9%。[2]

加拿大保护区治理的政府主体分为联邦和省两个层级。在联邦层面,负责保护区相关工作的行政机关主要有三个:一是加拿大环境与气候变化部(Environment and Climate Change Canada,以下简称加拿大环境部),二是隶属于加拿大环境部的加拿大公园局(Parks Canada),三是加拿大渔业与海洋部(Fisheries and Oceans Canada)。[3] 各主体及其所对应的保护区,见图4。

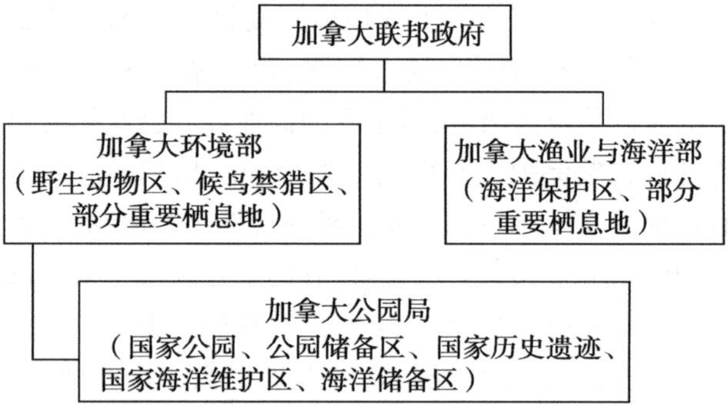

图4 加拿大联邦保护地治理主体

---

[1] See Minister of Environment and Climate Change of Canada, *Canadian Protected Areas Status Report* 2012–2015, Minister of Environment and Climate Change of Canada, 2016, p. 22.

[2] See Protected Planet, *Protected Planet Database*, Protected Planet (date not specified), www.protectedplanet.net.

[3] 三个机构分别依据1985年《环境部法》(Department of the Environment Act)、1998年《加拿大公园管理局法》(Parks Canada Agency Act)和1985年《渔业与海洋部法》(Department of Fisheries and Oceans Act)成立。

加拿大环境部主要负责以下保护区:(1)加拿大《野生动物法》(Wildlife Act)下的野生动物区(wildlife area);[1](2)加拿大《候鸟公约法》(Migratory Bird Convention Act)下的候鸟禁猎区(migratory bird sanctuary);[2](3)加拿大《濒危物种法》(Species at Risk Act)定义的重要栖息地(critical habitat)中位于候鸟禁猎区或国家野生动物区内的栖息地。[3] 加拿大国家公园局主要负责以下保护区:(1)2000 年加拿大《国家公园法》(National Parks Act)附录一中的国家公园和附录二中的公园储备区(park reserve);(2)由总督(governor-in-council,大致相当于联邦内阁)确定的加拿大国家历史遗迹(national historic site of Canada),适用于国家公园的大部分规定也适用于历史遗迹;[4](3)加拿大《濒危物种法》定义的重要栖息地中位于加拿大《国家公园法》附录一的国家公园及红河国家城市公园(Rouge National Urban Park)内的栖息地;[5](4)加拿大《国家海洋维护区法》(Canada National Marine Conservation Areas Act)附录一中的国家海洋维护区(national marine conservation are-a)和附录二中的储备区(reserve)。加拿大渔业与海洋部主要负责以下保护区:(1)加拿大《海洋法》(Oceans Act)下的海洋保护区(marine protected area);[6](2)加拿大《濒危物种法》定义的重要栖息地中位于海洋保护区内的栖息地。[7]

除联邦政府外,加拿大各省和领地也拥有立法权,通过法律创设了省和领地层面的多种保护区,如省公园、海洋公园(marine park)、自然区(natural area)、野生动物管理区等。截至 2015 年年底,联邦政府、省和领地的保护区设立相关立法达 55 部,保护区类别达 77 种。[8] 政府在加

---

〔1〕 由《野生动物区规定》(Wildlife Area Regulations)具体列出。

〔2〕 由《候鸟禁猎区规定》(Migratory Bird Sanctuary Regulations)具体列出。

〔3〕 See Species At Risk Act 2002, s.58(2).

〔4〕 See Canada National Parks Act 2000, s.42.

〔5〕 See Species At Risk Act 2002, s.58(2).

〔6〕 由《加拿大海洋法》相关行政法规设立。

〔7〕 See Species At Risk Act 2002, s.58(2).

〔8〕 See Minister of Environment and Climate Change of Canada, *Canadian Protected Areas Status Report* 2012 – 2015, Minister of Environment and Climate Change of Canada, 2016, p.27.

拿大保护地治理中占据核心地位:由联邦、省和领地政府负责治理的保护地占加拿大所有保护地的95%。其余的保护地则由私人土地所有人、非营利组织、营利组织等私主体治理,或者由原住民和地方社区治理,又或者由不同级别的政府或由政府和私主体共同治理。[1]

(二)加拿大保护地的一般目标

加拿大陆地保护地体制的保护目标,由法律和政策文件共同规定:加拿大《野生动物法》规定,为保护和研究利益而划定土地,用以保护野生动物及其栖息地;加拿大《候鸟公约法》规定,对候鸟及其栖息地进行保护;而《联邦湿地保护政策》(Federal Policy on Wetland Conservation)则规定了保护更为广泛的湿地网络。[2] 上述规定主要由加拿大环境部负责落实,而对国家公园和历史遗迹的管理责任则归属于加拿大环境部下设的加拿大公园局。

加拿大《国家公园法》规定,"维护和使用加拿大国家公园,使之无损地供未来世代享受"[3]。该法又规定,通过保护自然资源和自然过程维护或恢复生态完整性,是环境部部长在公园管理中应当最优先考虑的问题。[4] 相关的管理权限包括:对公园的维护、控制和管理,对植物、土壤、水、矿物、自然特征、空气质量的保护,动物保护,获取用于科学或繁殖的动物标本,消灭或去除危险或过多的动物,预防和扑灭公园土地上或危及公园土地的火灾等。[5]

加拿大公园局强调,公园管理应当更加关注对生态系统的保护,而不仅仅是对物种的保护。[6] 同时,加拿大《国家公园法》所定义的生态完整性(ecological integrity)概念明确包括"本地物种和生物群落的构成和丰富"[7]。加拿大《国家公园法》禁止捕猎和运输其附录三中的两个

---

〔1〕 See Minister of Environment and Climate Change of Canada, *Canadian Protected Areas Status Report* 2012 – 2015, Minister of Environment and Climate Change of Canada, 2016, p. 10.

〔2〕 See Jamie Benidickson, *Legal Framework for Protected Areas: Canada*, IUCN, 2009, p. 7.

〔3〕 Canada National Parks Act 2000, s. 4(1).

〔4〕 See Canada National Parks Act 2000, s. 8(2).

〔5〕 See Canada National Parks Act 2000, s. 16.

〔6〕 See Jamie Benidickson, *Legal Framework for Protected Areas: Canada*, IUCN, 2009, p. 7.

〔7〕 Canada National Parks Act 2000, s. 2(1), 8(2).

被保护物种清单上的物种。[1] 加拿大学者认为，上述清单的主要目的是保护被狩猎的美洲野牛、黑熊、北美驯鹿等大型迁徙动物。[2]

联邦物种保护立法也与加拿大国家公园边界的划定和公园内部重要栖息地的存在有关。加拿大《濒危物种法》规定，任何行动规划或恢复战略所确定的濒危物种的所有重要栖息地，如果位于加拿大联邦土地、专属经济区或大陆架内，或者当土地被用作所列举的水生生物物种或加拿大《候鸟公约法》所列举的鸟类的栖息地时，均应当予以保护。[3] 如果濒危物种的重要栖息地位于国家公园内，应当在加拿大官方公报中发布通知。除候鸟禁猎区外，加拿大《野生动物法》所建立和管理的国家野生动物区，也应当在加拿大官方公报中发布通知。管理候鸟禁猎区和野生动物区的职责均归属于加拿大环境部，而非加拿大公园局。

除了上述法律和政策外，1995 年的加拿大《生物多样性战略》(Biodiversity Strategy)和 2008 年的加拿大《联邦可持续发展法》(Federal Sustainable Development Act)也与加拿大国家公园的目标和运行相关。加拿大国家公园局对大到公园的建立和管理、小到能源供给来源和燃料效率的提高这类可持续发展的行动进行申报。[4]

(三)加拿大国家公园体系

加拿大的陆地保护区中有 95% 的区域属于致力于维持自然状态的 IUCN 类型 Ⅰa 到Ⅳ，其中类型Ⅱ的保护区最多，占 62%。[5] 作为类型Ⅱ的典型代表，国家公园是加拿大最重要的保护区之一。

建立国家公园体系而非一系列独立存在的国家公园，源于加拿大公园管理者在 20 世纪 60 年代提出的体系规划工作。[6] 20 世纪 70 年代，《国家公园体系规划》(National Parks System Plan)成为国家公园政策的

[1] See Canada National Parks Act 2000, s. 26.

[2] See Jamie Benidickson, *Legal Framework for Protected Areas: Canada*, IUCN, 2009, p. 7 - 8.

[3] See Species at Risk Act 2002, s. 58.

[4] See Jamie Benidickson, *Legal Framework for Protected Areas: Canada*, IUCN, 2009, p. 9.

[5] See Jamie Benidickson, *Legal Framework for Protected Areas: Canada*, IUCN, 2009, p. 18.

[6] See Jamie Benidickson, *Legal Framework for Protected Areas: Canada*, IUCN, 2009, p. 15.

支柱之一,要求基于生态代表性(ecological representativeness)概念,在39个陆地区域和29个海洋区域内建立国家公园。[1] 运用自然或地文学标准引导国家公园体系的发展,有助于增加选址过程的理性和客观性。

加拿大《国家公园法》附录一列举了国家公园清单,附录二则列举了临时被指定、最终目的在于建立国家公园的公园储备区清单。建立或扩大国家公园的职权由总督行使,其前提则是联邦政府拥有相关土地,且相关省已同意将土地用作国家公园。[2] 在公园建立和扩大的过程中,首先提案应提交众参两院,并附上加拿大《国家公园法》和其他相关协议所要求的协商报告;如果相关常务委员会未能在30日的会期内表示不赞成并寻求众议院批准,则总督可以作出建立或扩大国家公园的决定。[3]

国家公园的建立涉及政府和使用者群体通过谈判和博弈达成一致,因此程序往往耗时较长。为了消除使用者群体的顾虑,加拿大公园局展现出较强的灵活性和创造力,如对相关土地上的生产经营活动规定较长的逐步退出时间,为受影响人群置换土地提供政府协助,保障原住民社区传统活动不受影响等。[4] 区域规划(zoning)也在国家公园体系的特定土地使用要求中发挥了作用。加拿大国家公园包括5种类型的区域:特别保护区(special preservation zones)、荒野区(wilderness zones)、自然环境区(natural environment zones)、户外游憩区(outdoor recreation zones)和公园服务区(park services)。[5] 1988年加拿大《国家公园法》修改后,规定可以在国家公园中指定荒野区,即处于自然状态或可以恢复到自然状态的区域。[6]

---

[1] See Paul Kopas, *Taking the Air:Ideas and Change in Canada's Protected Areas*, University of British Columbia Press, 2007, p. 53.

[2] See Canada National Parks Act 2000, s. 5.

[3] See Canada National Parks Act 2000, s. 7 and 12.

[4] See Gary Mason, *A Home Where Snakes and Bats Can Roam*, Globe and Mail, 20 September 2008.

[5] See Jamie Benidickson, *Legal Framework for Protected Areas:Canada*, IUCN, 2009, p. 18.

[6] See Canada National Parks Act 2000, s. 14.

近年来,加拿大采取更为广泛的制度安排,以加强公园体系的代表性,并发挥生态廊道和缓冲区的保护效果。诚如加拿大《公园局指导原则和运行政策》(Parks Canada Guiding Principles and Operational Policies)中"国家公园政策"(National Park Policies)一章所言:"为保持生态完整性、推进可持续发展,应当与地方、省、领地和联邦各级政府和非政府机构开展合作性安排,对国家公园临近的土地进行补充使用和管理。"[1]根据加拿大国家调查,为实现保护地之间的栖息地连接,各地采取了多种措施,包括基于法规的缓冲区或生态廊道、对网络化保护地需求的政策指导、非法规性指定(如世界遗产区、森林模型等)、考虑保护地影响的环境评价流程、保护地周围土地用途的政府和行业政策指导等。

(四)加拿大经验小结及启示

在联邦层面,加拿大国家保护地最重要的法律框架是加拿大《国家公园法》。该法为公园体系和每一类保护地的管理提出了绩效标准和预期,促进了保护地体系在运行和组织上与时俱进。同时,创新的实践中也淬炼出更为清晰的政策,并从政策最终上升到法律要求。加拿大《国家公园法》中"生态完整性"这一概念法律解释的发展就是一个很好的例子。

根据加拿大《国家公园法》的规定,"国家公园专用于加拿大人民的利益、教育和享受",并且"应维护和使用国家公园,使之无损地供未来世代享受"[2]。这一语句自 1930 年《国家公园法》后便大致没有变动。[3] 历史上,"享受"、"维护"和"无损未来世代"等概念都曾引发过争议,其含义也在几十年间发生了变化,如更加承认原住民的土地使用

---

[1] Parks Canada, *Parks Canada Guiding Principles and Operational Policies: Part II – Activity Policies: National Parks Policy*, 1. 0 *The National Parks System*, Parks Canada, (Jun. 12, 2017), https://parks.canada.ca/docs/pc/poli/princip/sec2/part2a/part2a3.

[2] Canada National Parks Act 2000, s. 4.

[3] 1930 年《国家公园法》(National Parks Act of 1930)现已废止,被 2000 年《加拿大国家公园法》(Canada National Parks Act)取代。

活动,又如生态完整性作为管理标准的兴起。[1]

20 世纪 80 年代到 2000 年,生态完整性仅仅在非正式文件和政策文件中被提及;2000 年通过修法,生态完整性正式成为法律概念,尽管对其内涵以及解释方法仍有争议。[2] 加拿大《国家公园法》规定,“通过保护自然资源和自然过程维护或恢复生态完整性”是环境部部长在公园管理中应最优先考虑的问题(first priority)。该法将生态完整性定义为,“对公园而言,被认为对其自然区域具有代表性并可能持续的状态,包括非生物组成部分,本地物种和生物群落的构成和丰富,变动率和辅助过程”[3]。为了实现公园管理中的生态保护目标,加拿大《国家公园法》规定了一系列法律制度。例如:环境部长应自公园建立之日起 5 年内准备公园管理规划,规划中应包括“对公园的长期生态构想,一系列生态完整性目标和指标,以及有关资源保护和恢复、分区制、访客使用、公众意识及表现评价的规定”[4];以获得监管许可为前提,每一公园的主管人(superintendent)有权为保护自然资源的目的而改变或调整监管要求。[5]

评价生态完整性的指标往往是比较容易量化的概念,如天气数据中极端事件出现的频率、植物年龄组分布等。[6] 在保护地管理中正式引入生态完整性标准,有助于加强科学研究在决策中的作用。而这一概念也不仅仅局限于加拿大联邦立法。目前,有 93% 的联邦和省级保护地管理机构将生态完整性作为其保护目标之一。[7] 实践、政策与法律的交互作用,是加拿大保护地法律制度的重要特色。

---

〔1〕 See Jamie Benidickson, *Legal Framework for Protected Areas*:*Canada*, IUCN, 2009, p. 20.

〔2〕 See Jamie Benidickson, *Legal Framework for Protected Areas*:*Canada*, IUCN, 2009, p. 20 – 21.

〔3〕 Canada National Parks Act 2000, s. 2(1), 8(2).

〔4〕 Canada National Parks Act 2000, s. 11(1).

〔5〕 See Canada National Parks Act 2000, s. 16(3)(a).

〔6〕 See Jamie Benidickson, *Legal Framework for Protected Areas*:*Canada*, IUCN, 2009, p. 21.

〔7〕 See Minister of Environment and Climate Change of Canada, *Canadian Protected Areas Status Report* 2012 – 2015, Minister of Environment and Climate Change of Canada, 2016, p. 37.

四、欧盟的自然保护体系及启示

(一)欧盟自然保护体系概况

欧盟是一个区域一体化组织,其自然保护体系也因欧盟本身的特殊性而具有相应特点。[1] 1987 年生效的《单一欧洲法》(Single European Act)首次在欧盟条约中增设环境专章,为欧盟环境政策提供了明确的法律依据。[2] 此后,欧盟的自然保护体系才逐步发展完善,因而该体系相对晚近,反映了自然保护领域比较新的科学认知。此外,由于欧盟法作为区域性国际组织立法具有特殊性,欧盟的自然保护立法一方面受到《保护欧洲野生动物与自然栖息地公约》(Convention on the Conservation of European Wildlife and Natural Habitats,以下简称《伯尔尼公约》)等国际法的影响,另一方面也要依靠成员国的转化和实施才能发挥实际效果。

时至今日,欧盟与自然保护相关的立法包括:栖息地与物种保护方面的《欧盟野鸟保护指令》(EU Directive on the Conservation of Wild Birds,以下简称《鸟类指令》)、《欧盟保护野生动植物及其栖息地指令》(EU Directive on the Conservation of Natural Habitats and of Wild Fauna and Flora,以下简称《栖息地指令》)和《欧盟动物园指令》(EU Zoos Directive),物种国际贸易方面的《欧盟野生生物贸易条例》(EU Wildlife Trade Regulations)和《欧盟木材条例》(EU Timber Regulation),入侵性物种方面的《欧盟入侵性外来物种条例》(EU Invasive Alien Species Regulation)等。[3] 此外,欧盟有关环境影响评价、战略影响评价、环境责任、环境刑法等的立法也可能与自然保护相关。《鸟类指令》和《栖息地指令》构成了欧盟生物多样性和自然保护立法的主干,也是欧盟的自然保

---

〔1〕 本书提及"欧盟",既指欧洲联盟(European Union),也包括其前身欧洲共同体(European Community)等。

〔2〕 参见商务部国际贸易经济合作研究院、中国驻欧盟使团经济商务参赞处、商务部对外投资和经济合作司:《对外投资合作国别(地区)指南:欧盟(2018 年版)》,商务部,2018 年,第 87 页;刘如慧:《欧盟环境法制与司法实践》,载洪德钦、陈淳文编:《欧盟法指基础原则与实务发展(下)》,台北,台大出版中心 2015 年版。

〔3〕 See European Commission, *Nature and Biodiversity Law*, European Commission (date not specified), ec. europa. eu/environment/nature/index_en. htm.

护网络——Natura 2000 网络——的法律基础，有助于实现《欧盟 2030 生物多样性战略》(EU Biodiversity Strategy for 2030)所提出的物种与栖息地保护以及生态系统保持和修复的目标。[1]

(二)欧洲最初的自然保护尝试和 1979 年的《鸟类指令》

欧洲范围内，欧洲委员会(Council of Europe)于 1973 年提出欧洲生物基因保护区网络(European Network of Biogenetic Reserves)的概念，以保护自然的或接近自然的栖息地。该项目于 1976 年正式开展，目前已有 22 个国家的 344 个生物基因保护区被纳入其中。[2] 相比之下，1979 年通过、1982 年生效的《伯尔尼公约》虽然在附录中列出了受到保护的动植物物种，但并未明确提及保护区网络。

在欧盟以内，1973 年的首个环境行动计划将候鸟作为欧盟的关注点之一。[3] 其后，公众和非政府组织游说欧洲议会(European Parliament)议员施加压力，要求欧盟对鸟类采取保护措施。为此，欧盟委员会(European Commission)于 1976 年提出了相关提议，并于 1979 年通过了《鸟类指令》。[4] 尽管 1987 年以前，欧盟还没有正式的环境事项立法权，但当时的 9 个成员国一致同意鸟类保护属于需要协同行动的跨境义务进而属于欧盟事务。[5] 《鸟类指令》于 2009 年修订，以加强其实施效果。[6]

当时，欧盟成员国领土内常见的鸟类约有 400 种，其中大约 60 种有

---

[1] See European Commission, *EU Biodiversity Strategy for* 2030, European Commission, 2020.

[2] See Douglas Evans, *Building the European Union's Natura* 2000 *Network*, Nature Conservation, Vol. 1, p. 12 (2012).

[3] See European Commission & European Council, *Programme of Action of the European Communities on the Environment*, Official Journal of the European Communities, No. C 112/1, 1973, p. 3 – 53.

[4] See Council Directive 79/409/EEC of 2 April 1979 on the Conservation of Wild Birds ("Birds Directive"), Official Journal L 103, 1979, p. 1 – 18.

[5] See Douglas Evans, *Building the European Union's Natura* 2000 *Network*, Nature Conservation, Vol. 1, p. 12 (2012).

[6] 参见蒋培、陈真亮:《〈欧盟野鸟保护指令〉介评》，载《世界林业研究》2011 年第 5 期。

灭绝的危险。[1]《鸟类指令》设置了野生鸟类的保护、管理和控制规则，要求欧盟各成员国在考虑经济和娱乐需要的同时，维持或修复濒危物种种群，使之符合生态、科学和文化要求。[2] 各成员国应采取措施，以保护所有的鸟类物种多样性，维持或重建足够的栖息地区域，这些措施包括建立保护区、在保护区内外保持和管理栖息地、修复受损的生境(biotope)、创建新的生境等。[3] 由于栖息地丧失和受损是野生鸟类受到的最严重威胁，《鸟类指令》特别强调对受威胁物种和迁徙物种栖息地的保护。《鸟类指令》中的保护措施包括两类：一是适用于所有野生鸟类物种的一般保护措施，二是适用于指令附录一中物种(数量稀少和受到威胁的物种)和迁徙物种的特别措施。[4]《鸟类指令》要求成员国为濒危物种创设特别保护区(special protection areas,SPAs)，这些区域应当位于鸟类的自然分布区内，并具备有利于有关物种生存的条件，[5]但《鸟类指令》并未给出场地选择的标准。从 1994 年开始，此类特别保护区被纳入 Natura 2000 网络。

(三)《栖息地指令》和 Natura 2000

欧盟于 1982 年批准了《伯尔尼公约》，在非政府组织和一些成员国的压力下，欧盟委员会于 1988 年发布了该条约的实施指令草案。1987 年以后，欧盟在环境事项的管理上拥有了明确的法律依据。经过激烈讨论，《栖息地指令》于 1992 年 5 月 21 日通过。[6]《栖息地指令》旨在维持生物多样性，并对超过 1000 个动植物物种和超过 200 个栖息地进行保护。在物种保护方面，《栖息地指令》要求成员国建立指令附录四的

---

[1] See Commission of the European Communities, *Proposal for a Council Directive on Bird Conservation*, COM1976/676 Final, 1976, p. 1.

[2] See Birds Directive, Art. 2; European Union, *Conservation of Wild Birds*, European Union Official Website (May 28, 2020), eur - lex. europa. eu/legal - content/EN/TXT/? uri = legissum:ev 0024.

[3] See Birds Directive, Art. 3.

[4] See Birds Directive, Arts. 3 and 4.

[5] See Birds Directive, Art. 4.

[6] See Council Directive 92/43/EEC of 21 May 1992 on the Conservation of Natural Habitats and of Wild Fauna and Flora ("Habitats Directive"), Official Journal L 206, 1992, p. 7 - 50.

特别受威胁动植物物种的严格保护体系，禁止对指令附录五的动植物物种进行非选择性获取、捕获或猎杀，建立对指令附录四(a)的动物物种的偶然性捕获和猎杀的监测系统，并每6年向欧盟报告采取的措施。[1]在栖息地保护方面，《栖息地指令》规定建立由指令附录一列举的不同种类的自然栖息地和指令附录二列举的物种栖息地所在的场地(sites)组成的Natura 2000网络。[2] 该网络的组成单元既包括依据《鸟类指令》建立的特别保护区，也包括《栖息地指令》新增的特别保持区(Special Areas of Conservation, SACs)。[3]

《栖息地指令》将特别保持区定义为，"具有欧盟重要性，由欧盟成员国通过立法、行政和/或合同认定的场地，其维护措施应确保维持或恢复场地中认定物种的自然栖息地和/或种群的良好保持状态(favorable conservation status)"[4]。特别保持区应按照《栖息地指令》附录三中提到的科学标准进行筛选和认定，以确保维持或恢复附录一中不同种类的栖息地和附录二中的物种的栖息地。《栖息地指令》规定的认定程序如下：第一阶段，成员国应在其领土内对附录中的每一个栖息地类别和物种进行全面评估，并据此向欧盟提出具有欧盟重要性的场地(Sites of Community Importance, SCIs)的拟议清单。向欧盟提交的场地特定信息必须包括场地的地图、大小、位置以及场地上能够入选的物种或栖息地的类别。第二阶段，欧盟根据成员国提议通过具有欧盟重要性的场地清单。第三阶段，成员国须在场地被认定为具有欧盟重要性的6年内，将其认定为特别保持区。[5] 实践中，欧盟每年都会更新具有欧盟重要性的场地清单，以确保成员国提议的新场地获得相应的法律地位。具体认定流程，参见图5。

[1] See Habitats Directive, Arts. 12 – 17.
[2] See Habitats Directive, Art. 3.
[3] See Habitats Directive, Art. 3.
[4] See Habitats Directive, Art. 1(1).
[5] See Habitats Directive, Art. 4.

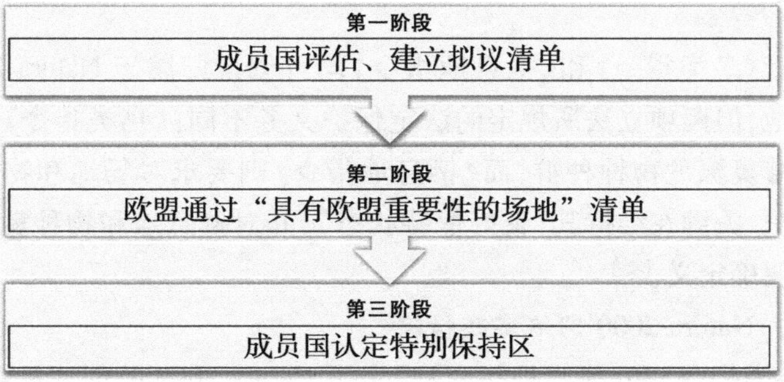

图5　欧盟《栖息地指令》特别保持区认定流程

《栖息地指令》还规定了一些有灭失风险的优先（priority）栖息地和优先物种，并通过特别规则对其进行更高程度的保护。当欧盟认为具有优先性质的栖息地和物种未被列入国别清单时，可以和成员国进行磋商（consultation）；如果对结果不满，欧盟可提议将该场地筛选为具有欧盟重要性的场地。[1]《栖息地指令》要求各成员国对特别保持区拟定适当的维护目标并采取措施对区域内的栖息地进行保护，避免栖息地损毁和物种的重大干扰。欧盟成员国还应鼓励适当管理那些对于野生物种的迁徙、分布和基因交换具有重要性的景观特征，并监测栖息地和物种。[2]

对于可能对 Natura 2000 网络场地造成重大影响的规划或项目，《栖息地指令》要求对其进行环境影响评估。只有在确认规划或项目不会对被保护场地的完整性造成重大影响的前提下，成员国才能批准规划或项目。[3] 在没有替代方案的情况下，部分可能造成重大负面影响的项目可以依据社会、经济等符合“决定性公共利益”（overriding public interest）的强制性原因而被允许开工，但成员国必须采取足够的补偿措施（compensatory measures）以确保 Natura 2000 网络的整体一致性得到

[1] See Habitats Directive, Art. 5.

[2] See Habitats Directive, Arts. 10 and 11.

[3] See Habitats Directive, Art. 6.

保护。[1]

尽管《鸟类指令》和《栖息地指令》均可创设归属于 Natura 2000 网络的场地,但两项立法所规定的法定保护义务不同:《鸟类指令》仅要求维持或修复濒危物种种群,而《栖息地指令》则要求对场地和物种进行全面保护,关键在维持其"良好保持状态",并对栖息地和物种良好状态给出了明确定义。[2]

(四)Natura 2000 网络实践情况

《鸟类指令》和《栖息地指令》拟定了 Natura 2000 的创建规则,而在该网络的实际建设过程中产生了一些新规则,并出现了需要解决的新问题。《鸟类指令》下设的特别保护区并无明确的选址标准,仅规定需要保证认定的是所有的最适当领土(most suitable territories)。[3] 实践中,大部分成员国使用的科学标准是《国际重要湿地特别是水禽栖息地拉姆萨公约》(Ramsar Convention on Wetlands of International Importance Especially as Waterfowl Habit)所采用的"通常支持 1% 的物种或亚种的种群个体"选址标准。[4] 特别保护区的认定最初比较缓慢,许多成员国也因为认定缓慢而被认为未能实施《鸟类指令》而涉诉。[5] 《栖息地指令》附录三提出了选址标准,并规定了如前文所述的认定流程。实践中,《栖息地指令》规定的时间表并未被完全遵守,多个欧盟成员国也因未能及时提出选址建议而涉诉。[6]

---

[1] See Habitats Directive, Art. 6.

[2] See Birds Directive, Art. 2; Habitats Directive, Arts. 1(e), 1(i) and 2.

[3] See Birds Directive, Art. 4(1).

[4] See Douglas Evans, *Building the European Union's Natura* 2000 *Network*, Nature Conservation, Vol. 1, p. 13 (2012); Ramsar Convention Secretariat, *An Introduction to the Ramsar Convention on Wetlands*, 5th *edition*, Ramsar Convention Secretariat, 2016, p. 45; Ramsar Convention Secretariat, *The Ramsar Sites Criteria: The Nine Criteria for Identifying Wetlands of International Importance*, Ramsar Convention Secretariat (date not specified), https://www.ramsar.org/sites/default/files/documents/library/ramsarsites_criteria_eng.pdf.

[5] See European Communities, *Nature and Biodiversity Cases – Ruling of the European Court of Justice*, Office for Official Publications of the European Communities, 2006, p. 13 – 16.

[6] See Jouni Paavola, *Protected Areas Governance and Justice: Theory and the European Unions Habitats Directive*, Environmental Sciences, Vol. 1: 1, p. 59 (2004).

实践中的争议主要集中在《栖息地指令》认定流程的前两个阶段。在第一阶段，即成员国国内选址阶段，各成员国都在国内法的保护地以外新增了专门的 Natura 2000 场地，各国 Natura 2000 场地面积在全国领土总面积中的占比从英国的 7% 到斯洛文尼亚的 36% 不等。[1] 差异可能源于各国的生态差别，如工业化和畜牧化程度较高的区域内具有自然保护利益的区域相对较少。此外，各国生态保护的政策也有差异，例如，尽管英国特别保护区和特别保持区的认定比例较低，但其有发达的规划控制，因而在重点利益区域附近划定大量的缓冲区域就显得不那么必要了。[2]

在第二阶段，即欧盟选址阶段，欧盟在履行《栖息地指令》第 4 条规定的通过具有欧盟重要性的场地清单的义务时，运用生物地理区域研讨会（biogeographical seminars）来考察各国的提议，并发现拟议网络中的缺漏。《栖息地指令》运用自然植被地图并按照政治和行政边界进行调整，将欧盟划分为几个生物地理区域（biogeographical regions）。[3] 成员国代表、欧盟、非政府组织以及少量专家参与此类会议，会议中的关键问题是，确定符合指令义务、物种或栖息地需要达到的覆盖程度。例如，一些栖息地类型表现出与气候、土壤类型或高度等环境因素相关的变异，而会议则需要决定，是否让这些不同的表现形式都在网络中得到体现。[4] 欧盟最终经过实践通过了“1997 标准”（1997 criteria），即在认可个案处理原则的同时，在讨论中考虑以下因素：对某一具体栖息地类型或物种而言，成员国提议的场地的地理分布与该栖息地或物种已知分布态势的比较、提议的具有欧盟重要性场地系列整体的栖息地或物种变异

---

〔1〕 See Douglas Evans, *Building the European Union's Natura* 2000 *Network*, Nature Conservation, Vol. 1, p. 20 (2012).

〔2〕 See Douglas Evans, *Building the European Union's Natura* 2000 *Network*, Nature Conservation, Vol. 1, p. 20 (2012).

〔3〕 See European Topic Centre on Biological Diversity, *The Indicative Map of European Biogeographical Regions: Methodology and Development*, European Topic Centre on Biological Diversity, 2006, p. 1 – 13.

〔4〕 See Dobromil Galvánek & Milan Janák, *Management of Natura* 2000 *Habitats* 6230 * *Species – rich Nardus Grasslands*, European Communities, 2008, p. 3 – 8.

(variation)幅度、与被描述的栖息地或物种生态和基因变异的比较、与自然和人为因素相关的栖息地和物种分布和丰度(abundance)趋势评价等。[1] 此外,成员国和欧盟也举行双边会议,对 Natura 2000 的选址工作进一步讨论。

2013 年 4 月,欧盟发布《欧盟栖息地解释手册:适用于欧盟 28 国》(Interpretation Manual of European Union Habitats - EU28),试图给所有栖息地类型提供通常定义,以便澄清在解释附录一的栖息地时存在的问题。[2] 运用"1997 标准"等工具,欧盟从 2001 年开始陆续通过了具有欧盟重要性的场地清单。与成员国提议相比,仅有极少数不存在附录一栖息地和附录二物种的拟议场地被剔除。[3]

截至 2018 年年底,《鸟类指令》囊括了 691 个鸟类物种,《栖息地指令》则列举了 233 种栖息地类型。[4] 以这两项立法为基础的 Natura 2000 网络已初步建立。当然,这一网络还有可能继续扩大:一是欧盟的扩大。新的候选成员国可以向《鸟类指令》和《栖息地指令》的附录中增加新的栖息地和物种,或者要求对《栖息地指令》的物种进行例外规定。二是海洋栖息地和物种加入 Natura 2000 网络。尽管最初一些成员国认为《鸟类指令》和《栖息地指令》仅仅适用于领海(基线以外 12 海里),但欧盟经过讨论确认,应当让有关指令适用于专属经济区(基线以外 200 海里),以便实现对海洋生态系统的保护。[5] 这一观点得到了欧盟最高

---

[1] See European Environment Information and Observation Network, *Criteria for Assessing National Lists of pSCI at Biogeographical Level*, European Environment Information and Observation Network, 1997. p. 1 - 7.

[2] See European Commission, *Interpretation Manual of European Union Habitats - EU28*, European Commission, 2013, p. 3 - 6.

[3] See Douglas Evans, *Building the European Union's Natura* 2000 *Network*, Nature Conservation, Vol. 1, p. 17 (2012).

[4] See Martin Friedrichs et al., *Evaluation of Habitat Protection under the European Natura* 2000 *Conservation Network - the Example for Germany*, PLOS ONE 13:12 (2018) e0208264.

[5] See European Commission, *Guidelines for the Establishment of the Natura* 2000 *Network in the Marine Environment*, *Application of the Habitats and Birds Directive*, European Commission, 2007, p. 18.

法院欧洲法院(European Court of Justice)判例的支持。[1] 因此,《鸟类指令》和《栖息地指令》应当适用于成员国行使主权或管辖权的所有水域,而不局限在成员国的领水以内。

(五)欧盟经验小结及启示

《栖息地指令》与《鸟类指令》相比,有更为明确的选址标准、更为细致的认定流程和更为完善的制度保障,因而比《鸟类指令》具有更大的适用性和灵活性。在实践中,按照《栖息地指令》进行认定的场地也的确是《鸟类指令》的几倍。对这一现象的一个可能的解释便是,《鸟类指令》的规定过于原则化,未能为认定实践提供足够的指引。这提示我们,在建设自然保护体系的过程中,应当注意相关立法不要过于原则化,应尽量提供较为明确的法律判断标准,为实践工作提供必要的指引。同时,欧盟经验表明,由于环境等因素会对栖息地的表现形式产生影响,又因为欧盟只能在各成员国提议的基础上进行决策,具体的栖息地认定往往需要具体情况具体分析。《栖息地指令》中保护地选址的许多制度也是在实践中建立起来的,而非规定于法规中。这对于我国的借鉴意义在于,对于生态保护红线区的保护,可能并非要穷尽所有保护类别清单或者具体清单,或者规定每一个相关问题,而是要聚焦决策过程中的重点和难点,即流程管理和制度建设。

对我国的生态保护红线制度而言,欧盟经验中有五个方面值得特别关注,即信息获取、科学决策、决策监督、民主参与和陆海统筹。信息是决策的基础和出发点。《鸟类指令》要求在场地认定后,场地信息细节应以预先获得同意的标准数据形式(Standard Data Form, SDF)提交给欧盟,包括场地的名称、高度、长度、认定日期等一般信息和其上的物种信息。《栖息地指令》在第一阶段成员国选址后也有类似的要求。此外,《栖息地指令》要求成员国对受保护的自然栖息地和物种的保护状态进行监测,而监测的结果所发现的自然变化可能构成欧盟后续定期对Natura 2000 网络目标实现情况进行评价和决定取消分类的理由。信息收集和报告程序覆盖保护区域前期认定和后期管理的全过程,有助于让

---

[1] See Commission v. United Kingdom, C-6/04 of 20 October 2005.

管理机关随时掌握每一保护单元的动态和变化,从而在此基础上作出适当的认定或调整决策。此外,此过程中收集到的信息也可以用于后续分析,便于评价法规政策的实施情况和有效性。最后,收集到的信息也可用作信息公开的材料,实现生态信息进入公共领域和相应的社会监督。

科学决定了保护目标是否可以实现。自然保护本身便是基于科学研究发展而提出的理念。由于欧盟立法相对晚近,故欧盟比美国的保护地相关立法更为明确地体现出以科学为中心和指导的理念。《鸟类指令》和《栖息地指令》的前言均提及了当时最新的生态学、保护生物学等学科的研究成果。在具体的保护过程中,欧盟在 Natura 2000 的建设中也注重让科学家参与地区研讨会,并且对科学家的中立性进行要求,优先考虑让独立于国家机关和非政府组织的专家参与决策。[1] 对于科学在决策过程中中心地位的认可和坚持,是欧盟 Natura 2000 网络成功的关键。在我国实践中,也应当坚持以科学为立法指导和决策原则。

而欧盟层面对 Natura 2000 场地的监督,则是该网络持续有效运行的保障。《栖息地指令》第 9 条规定了欧盟对于后续撤销附录中的栖息地和物种的权限,第 5 条规定了欧盟增加未被纳入各国的选址清单中的场地的权限。欧盟对于增减清单的权限,有助于形成对主要由各成员国开展的基础工作的监督,实现网络的有效运转。这对于我国的启示是,在生态保护红线的法治建设过程中,也应当重视构建中央政府对地方政府工作的监督机制,形成对地方工作中的失误和不足的有效纠正。

此外,民主参与的方式为欧盟的 Natura 2000 网络提供了正当性基础。非政府组织在 Natura 2000 网络的立法和运行过程中起到了重要的作用。《鸟类指令》和《栖息地指令》的制定都离不开环境保护类的非政府组织的游说和支持。而在栖息地和物种认定的过程中,非政府组织也积极参与相关的研讨会,实际对认定工作发声。

最后,在我国生态安全法治建设中,应当注重陆海统筹。欧盟 Natura 2000 网络的扩大,有赖于欧盟通过政策指南和判例引导成员国

---

〔1〕 See Douglas Evans, *Building the European Union's Natura* 2000 *Network*, Nature Conservation, Vol. 1, p. 15 (2012).

将《鸟类指令》和《栖息地指令》的适用范围从领海扩展到行使主权或管辖权的所有海域，从而将涉及海洋的栖息地和物种也纳入保护范围。对于我国而言，将陆地和海洋生态安全法律制度统筹推进，既有利于维护生态安全，也有利于维护我国的海洋主权，具有重要意义。

上述域外经验，特别是其中的科学概念、科学决策、公众参与、多元监督、陆海统筹等理论和原则，对于我国以生态保护红线为代表的生态安全法治建设提供了借鉴。

第四节　生态安全法治发展

目前，我国的生态安全法律制度体系的建设"道阻且长"。生态保护红线制度刚性"落地"过程中遇到了立法、行政、法律责任等多方面问题。在生态保护红线以外，生态安全体系建设还应包括哪些内容以实现"生态系统良性循环""生态环境风险有效防控"的重点，也不明确。这些问题错综复杂，固然有我国环境法律制度仍然处在建设阶段的原因，也是由生态安全问题本身的综合性、基础性和复杂性决定的。

生态安全法律体系的建设是一个世界性难题。例如，美国作为自然保护地制度的发源地，也遇到了各类自然保护地体系无法衔接、法律规定相互冲突而引发生态问题的情况，因而有美国学者建议，通过立法建立全美统一的保护网络。[1] 从这个角度来说，我国所提出的生态保护红线已经走在了世界生态安全法治化的前沿。

而对于如何使生态安全法治化的举措落到实处，笔者认为，首先不妨把关注的重点从立法转向公共行政，明确生态安全法治化的机构情境。尽管目前我国生态安全法治建设的关注点主要在立法的顶层设计，学术界对于完善司法制度落实生态环境责任制也多有建议，但真正能够

---

〔1〕 See Robert B. Keiter, *Toward a National Conservation Network Act*:*Transforming Landscape Conservation on the Public Lands into Law*, Harvard Environmental Law Review, Vol. 42, p. 61 – 138 (2018).

及时预防和管控生态风险、保障生态系统良性循环、使生态安全体系落地生根的，并非立法或者司法，而是公共行政。我国生态安全公共行政在机构设置上，存在生态环境部是否是生态安全唯一主管机关的问题。尽管生态环境部是在生态保护红线等生态安全项目中发挥主要作用的国家行政机关，也具有保障国家生态安全的职责，但生态安全是国家安全的有机组成部分，依法负责国家安全工作决策和议事协调的中央国家安全委员会是否对生态安全具有管理职能、如何协调两个机构的关系，以及中央国家安全委员会作为党内机构而非国家机构的困境，[1]都值得进一步探讨。

而在行政模式上，如何在行政机关的工具作用和建构作用之间取得一种平衡，是风险行政规制所面临的课题。[2] 在生态保护红线这样立法仅有原则性规定的风险规制事项上，行政机关能否有所作为，很大程度上取决于其对自身的定位。目前行政机关遵循的“生态功能不降低、面积不减少、性质不改变”的刚性划线原则和《生态保护红线划定指南》对科学方法的强调，体现出行政机关对自身“工具理性”的认识和对行政裁量权的限缩理解。这与学者对生态保护红线“限制权力”的制度应然功能的认识是一致的。[3] 但是，守法政府或法治政府并不意味着“好政府”，建成法治政府也不意味着可以对包括生态环境问题在内的复杂问题的有效应对提供保证。[4] 由于风险涉及人类知识的限度，风险规制中的规制者必然遭遇无知。[5] 对人类知识经验以外的不确定事项，行政机关保有就特定问题行使实质性的、持续解决问题的裁量权，对其

〔1〕 参见肖巧平、李咸武：《从中央国家安全委员会的困境论国家安全委员会的宪法规制》，载《时代法学》2015 年第 4 期。

〔2〕 参见[英]伊丽莎白·费雪：《风险规制与行政宪政主义》，沈岿译，法律出版社 2012 年版，第 34 ~46 页。

〔3〕 参见肖峰、贾倩倩：《论我国生态保护红线制度的应然功能及其实现》，载《中国地质大学学报(社会科学版)》2016 年第 6 期。

〔4〕 参见沈岿：《走向应责胜任的法治政府》，载《中国法律评论》2015 年第 2 期。

〔5〕 参见金自宁：《风险中的行政法》，法律出版社 2014 年版，第 17 ~20 页。

保留灵活适应的能力而有效完成任务很有必要。[1]当前基于限权和工具论的红线行政模式，是否能够为主管生态安全的行政机关实现其建构功能提供足够空间？还是会限制其在保障生态安全、应对未知生态风险中的想象力和主动性，反而导致懒政和不作为？对于不属于法定生态保护红线制度范围[2]却又关涉生态安全的事项，行政机关是否有职权和职责处置？该等处置基于何种授权？行政模式的建构中，是否可以为利益相关方和一般公众的参与提供路径，以便强化治理、公众参与和民主监督？在生态保护红线制度的后续分区管控和评估优化等工作中，即可考虑上述问题对生态安全法治化的公共行政模式进行优化，构建应负其责而有效率的政府。

生态保护红线是生态文明制度的重要组成部分，旨在保障国家生态安全。这一点已经为相关规范性文件所确认，并得到了学术界的认可和阐释。但是，目前对于生态保护红线作为"防范化解生态环境风险的法治化路径"的制度功能认识仍然不足，相关研究也较为缺乏。笔者认为，有必要对生态保护红线的防控风险内涵进行准确的认识和评价。这不仅具有规范意义上的逻辑性，也具有制度意义上的实用性和合理性，为理论上的创新之处，并可用于指导实践。

从规范角度来看，《国家安全法》第 30 条在规定"划定生态保护红线"之后紧接着规定"强化生态风险的预警和防控，妥善处置突发环境事件"，且这三项为该条中仅有的涉及具体制度和机制的语言，表明划定生态保护红线与强化生态风险的预警和防控、妥善处置突发环境事件相互关联，共同指向同一立法目的。该条最重要的立法目的在于确认生态安全为国家安全的组成部分，把保障国家生态安全上升为法律要求。生态环境风险与生态安全具有本质联系。如果采用系统性、全局性和整体性的生态环境风险观和以生态安全为纽带的重大风险观，则《国家安全

---

〔1〕 参见[英]伊丽莎白·费雪：《风险规制与行政宪政主义》，沈岿译，法律出版社 2012 年版，第 39 页。

〔2〕 《环境保护法》第 29 条所规定的生态保护红线采用了狭义理解，仅指生态空间红线，而不包括环境质量红线和资源利用红线。参见王社坤、于子豪：《生态保护红线概念辨析》，载《江苏大学学报(社会科学版)》2016 年第 3 期。

法》第30条旨在实现生态安全保障和宏观意义上生态环境风险的预防，而划定生态保护红线则是作为实现这一立法目的的具体制度安排而存在的。此即从规范意义上论证了生态保护红线的风险防控功能。

此外，应当增强对生态保护红线制度功能的共识。生态保护红线制度承载着重要的生态文明法治建设使命，但仅凭与之相关的原则性和宣示性法律条文很难阐明该制度的法治化路径。在这种情况下，阐明生态保护红线所具有的风险预防的制度功能，有助于为该制度的进一步构建指明方向，实现该制度与其他生态环境相关制度的衔接。例如，具有生态环境风险防控功能的生态保护红线，可以与突发环境事件的风险防控制度产生联系，从而打通生态保护法律制度和应急法律制度之间的壁垒，形成对生态环境风险从预防到处理的全过程管理。2015年原环境保护部《突发环境事件应急管理办法》规定，突发环境事件，包括造成生态环境破坏而需要采取紧急措施予以应对的事件。该办法同时规定了企事业单位和地方环保主管部门的突发环境事件风险评估和风险防控能力建设的义务与职责。红线划定与红线区管控可以也应当与当地的突发环境事件风险评估和风险防控能力建设相联系：一方面，应当对区划内的红线区进行突发环境事件风险评估；另一方面，应当在红线区管控规则中引入突发环境事件风险防控能力建设的内容，同时满足生态环境保护和应急管理两方面的要求，也可以为落实红线区管控指明具体的工作方向。增强对生态保护红线风险预防功能的共识，可以使红线制度“长出牙齿”，充分发挥其制度设计功能。

未来，“摸着石头过河”的体制机制改革探索或将成为生态安全制度建设的常态。面对生态安全的未知之地，唯有积极调整自身行为，在生态文明的指引下走绿色发展和可持续发展的道路，才能实现生态安全法治化。为此，要坚持以人民为中心的价值追求和以构建良好行政为基石的实现进路，这是中国特色社会主义生态安全法治建设的重大课题，须大力研究推进。

第六章　生物安全法治创新

第一节　生物安全的要义

一、生物安全概念的提出及其定义

生物安全问题是典型的源自科技发展的法律问题。生物安全的提出，源于20世纪中叶科学家们对生物实验安全性的关注。[1] 1976年，美国国立卫生研究院（National Institute of Health，NIH）制定了世界上第一部专门针对生物安全的规范性文件，即《NIH实验室操作规则》，其中第一次提到生物安全（biosafety）的概念。[2]该文件中的生物安全是指"为了使病原微生物在实验室受到安全控制而采取的一系列措施"，主要针对的是转基因生物，是一种狭义的生物安全，也即把病原微生物控制在实验室内安全使用。[3]

其后，实验室语境下的生物安全概念逐渐得到各国的认可和国际社会的重视，并发展出了与之相关的生物安全保障（biosecurity）概念。[4]

---

〔1〕参见王明远：《"转基因生物安全"法律概念辨析》，载《法学杂志》2008年第1期。

〔2〕参见刘谦、朱鑫泉主编：《生物安全》，科学出版社2001年版，第23页。

〔3〕参见王明远：《"转基因生物安全"法律概念辨析》，载《法学杂志》2008年第1期。

〔4〕我国学者曾对biosafety和biosecurity的关系进行讨论，并习惯将二者统称为"生物安全"。参见王子灿：《论生物安全法的基本原则与基本制度》，载《法学评论》2006年第2期。但笔者认为，对二者分别进行翻译，更容易对两个概念进行区分，并明确具体的讨论语境。因此，依据世界卫生组织2004年《实验室生物安全手册》（第3版）中文版的译法并参照"核安全"（nuclear safety）和"核安保"（nuclear security）的标准译法，本书中统一将biosafety翻译为"生物安全"，将biosecurity翻译为"生物安全保障"。

目前,对这两个概念较为权威、常被引用的定义来自世界卫生组织2004年的《实验室生物安全手册》(第3版)。其中将“生物安全”界定为“用以防止发生病原体或毒素无意中暴露及意外释放的防护原则、技术以及实践”,将“生物安全保障”界定为“单位和个人为防止病原体或毒素丢失、被窃、滥用、转移或有意释放而采取的安全措施”[1]。据此,生物安全和生物安全保障的主要区别在于:生物安全是针对非故意行为导致的病原体或毒素的暴露或释放,生物安全保障则是针对故意行为导致的病原体或毒素丢失、被窃、滥用、转移或有意释放。这一组定义被《禁止生物武器公约》和包括经合组织(The Organisation for Economic Cooperation and Development,OECD)在内的国际组织认可和采用。[2]《实验室生物安全手册》(第3版)主要讨论生物安全问题,世界卫生组织又在2006年9月发布了《生物风险管理:实验室生物安全保障指南》,着力解决实验室生物安全保障问题。2020年2月12日,世界卫生组织还针对新冠病毒感染发布了《新型冠状病毒相关的实验室生物安全指南(暂行指南)》。

国际层面对生物安全关注的另一视角是生物多样性领域。《生物多样性公约》本身并未提及生物安全,但2000年的《生物多样性公约卡塔赫纳生物安全议定书》(以下简称《生物安全议定书》)旨在解决转基因生物的潜在风险,并在第1条明确了《生物安全议定书》的目标,即“协助确保在安全转移、处理和使用凭借现代生物技术获得的、可能对生物多样性的保护和可持续使用产生不利影响的改性活生物体领域内采取充分的保护措施,同时顾及对人类健康所构成的风险并特别侧重越境转移问题”。《生物安全议定书》的官方简介即命名为“生物安全与环境”,其中特别介绍了生物安全的概念,即“一系列减轻生物技术可能对环境

---

[1] 世界卫生组织:《实验室生物安全手册》(第3版),世界卫生组织,2004年,第47页。

[2] See Biological Weapons Convention Implementation Support Unit, *Biosafety and Biosecurity*, Biological Weapons Convention Implementation Support Unit, 2016; OECD, *OECD Best Practice Guidelines on Biosecurity for Biological Resource Centres*, OECD, 2007, p. 8.

和人类健康造成风险的措施、政策和程序”[1]。王明远教授指出,《生物安全议定书》将生物安全的内容和范围由实验室扩展到更广的范围,此处的转基因生物是一个系统的概念,即从实验室研究到产业化生产,从技术研发到经济活动,从个人安全到国家安全。[2]

20 世纪 90 年代,我国微生物研究领域最早使用“生物安全”的表述,并将其作为家禽生产领域的一个术语。2003 年非典疫情暴发以后,学术界对生物安全的讨论大量增加,该术语也逐渐从微生物对家禽的安全性影响拓展到病毒等微生物对人的生命和健康等产生的安全性影响。[3] 同时,从学科来看,研究生物安全的学术视角也由畜牧学、生物学逐渐向各个综合性学科渗透,成为自然科学和包括法学在内的社会科学共同关注的课题。

我国法学研究领域,较早关注生物安全问题的是王灿发教授和蔡守秋教授。两位教授均将生物安全理解为有关生物的安全保护问题。王灿发教授认为,“生物安全应当是指生物的正常生存和发展以及人类生命和健康不受人类生物技术活动和其他开发利用活动侵害和损害的状态”[4]。蔡守秋教授认为,“生物安全是指生物种群的生存发展处于不受人类不当活动干扰、侵害、损害、威胁的正常状态……所谓人类不当活动是指违背自然生态规律的人类活动,包括开发、利用生物资源的生产活动、交易活动和技术活动”[5]。一些学者采用了这种以生物为中心的定义方法,并进一步将定义中的主体拓展到生态系统。于文轩教授即对生物安全的定义做了广义和狭义的区分,并指出广义上的生物安全是指“生态系统的正常状态、生物的正常生存繁衍以及人类的生命健康不受致病有害生物、外来入侵生物以及现代生物技术及其应用侵害的状态”,

[1] 生物多样性公约秘书处、联合国环境规划署:《生物安全与环境〈卡塔赫纳生物安全议定书〉简介》,生物多样性公约秘书处与联合国环境规划署,2003 年,第 6 页。

[2] 参见王明远:《“转基因生物安全”法律概念辨析》,载《法学杂志》2008 年第 1 期。

[3] 参见莫纪宏:《关于加快构建国家生物安全法治体系的若干思考》,载《新疆师范大学学报(哲学社会科学版)》2020 年第 4 期。

[4] 王灿发:《创建框架性法规体系——生物安全管理立法初探》,载《国际贸易》2000 年第 7 期。

[5] 蔡守秋:《论生物安全法》,载《河南省政法管理干部学院学报》2002 年第 2 期。

狭义上的生物安全是指“人类的生命和健康、生物的正常生存以及生态系统的正常结构和功能不受现代生物技术研发应用活动侵害和损害的状态”[1]。

另一些学者则认为，生物安全定义中的调整对象并非生物，而是现代生物技术及其产物；生物安全中的“生物”也不是“需要保护的生态环境内的生物”，而是具有安全隐患的“生物”，生物安全的着眼点在于规范有生态环境风险的生物的研究、开发、使用，从而达到保障生态环境、保护公众健康的目的。王明远教授指出，“所谓生物安全，是指人们对于由动物、植物、微生物等生物体给人类健康和赖以生存的自然环境可能造成的不安全的防范”[2]。常纪文研究员指出，“生物安全是指与生物有关的因子对国家社会、经济、公共健康与生态环境所产生的危害或潜在风险”[3]。孙佑海教授则将“生物安全法”定义为“国家为防范现代生物技术的生态风险而制定的法律规范的总称”[4]。

2020 年通过、2021 年施行的《生物安全法》第 2 条明确，本法所称生物安全是指“国家有效防范和应对危险生物因子及相关因素威胁，生物技术能够稳定健康发展，人民生命健康和生态系统相对处于没有危险和不受威胁的状态，生物领域具备维护国家安全和持续发展的能力”。这一定义比较接近上述后一类以生物技术为核心的定义方式，强调对生物因子可能造成的风险的防范。本书也在这一定义的基础上展开对生物安全法的讨论。

二、生物安全法的特点和定位

当前，生物安全已成为我国面临的重大安全问题和重要挑战。党中央高度重视生物安全工作，立法机关也积极行动，生物安全立法工作进入快车道。2019 年 10 月，《生物安全法（草案）》首次提请十三届全国人

---

〔1〕 于文轩：《生物安全立法研究》，清华大学出版社 2009 年版，第 17 页。

〔2〕 王明远：《“转基因生物安全”法律概念辨析》，载《法学杂志》2008 年第 1 期。

〔3〕 常纪文：《加快构建国家生物安全法律法规体系》，载《学习时报》2020 年 2 月 17 日，A1 版。

〔4〕 孙佑海：《加快生物安全立法，全面提升生物安全治理能力》，载《光明日报》2020 年 2 月 22 日，第 7 版。

大常委会第十四次会议审议。习近平总书记在 2020 年 2 月 14 日主持召开中央全面深化改革委员会第十二次会议所发表的重要讲话中指出，“把生物安全纳入国家安全体系，系统规划国家生物安全风险防控和治理体系建设，全面提高国家生物安全治理能力”，“要尽快推动出台生物安全法，加快构建国家生物安全法律法规体系、制度保障体系”，提出生物安全立法和法学研究的新目标和新课题。2020 年 10 月，十三届全国人大常委会第二十二次会议通过《生物安全法》，该法已于 2021 年 4 月 15 日施行。

生物安全法的特点包括以下几个方面。

首先，生物安全内涵丰富，生物安全法涉及范围较广。生物安全关注七个领域的活动：一是防控重大新发突发传染病、动植物疫情；二是研究、开发、应用生物技术；三是管理病原微生物实验室生物安全；四是管理人类遗传资源与生物资源安全；五是防范外来物种入侵与保护生物多样性；六是应对微生物耐药；七是防范生物恐怖袭击与防御生物武器威胁。[1] 这七个领域体现了我国生物安全理论和实践的关注重点，试图将其综合到一部法律中加以调整，一方面体现了国家对生物安全法治化工作的重视，另一方面也说明生物安全本身所具有的丰富内涵。

其次，生物安全法与环境法关系密切。从立法目的来看，生物安全法的立法目的既有国内面向的“保障人民生命健康，保护生物资源和生态环境，促进生物技术健康发展”，也有国际面向的“推动构建人类命运共同体”[2]。其中的保护生物资源和生态环境与现行的生态保护、自然资源保护、环境污染防治等环境法规范的立法目的有交叉重合之处。而从工作范围来看，生物安全法与包括环境立法在内的专门立法存在重合之处。例如，生物安全法中重大新发突发传染病、动植物疫情的防控与传染病防治、动植物检验检疫立法的关系，防范外来物种入侵的内容与野生动植物立法的关系，保护生物多样性与生物多样性立法的关系等。因此，在生物安全法的制定中，一个关键问题是处理好生物安全法与相

---

〔1〕《生物安全法》第 2 条。

〔2〕《生物安全法》第 1 条。

关专门立法,特别是环境法的协调衔接。对此有学者建议,可以采取不同的规范方法予以解决:对于现行专门法律中已有规定的,生物安全立法可以作出统筹、衔接和协调的规定;对于现行专门法律中缺乏规定的,可以在生物安全法中设定专门的章节予以具体规定,或授权国务院制定行政法规,也可以授权有关部门制定部门规章。[1] 笔者认为这一思路较为可行。同时,应当利用生物安全立法的契机,对于现有规定中的漏洞进行填补,对制度进行规范化、合理化的提升,并赋予其生物安全内涵。之后将以实验动物安全管理为例对此进行探讨。

再次,生物安全法具有风险预防的基因,应当以风险预防作为其最基本的原则。例如,在发展新型两用生物技术和进行生物实验的过程中,生物因子可能对生态环境、食品安全、公共卫生安全等构成严重或者不可逆的威胁。对此,不能以缺乏科学确定性为理由推迟采取或者不采取措施,放任损害的发生。这就要求生物安全立法在制度建设方面融入风险预防的思想。《生物安全法》第3条规定,"维护生物安全应当……坚持以人为本、风险预防、分类管理、协同配合的原则"。这里的"风险预防"应当理解为学理上的风险预防原则,即 precautionary principle。

最后,在生物安全法的定位问题上,《生物安全法》第3条已经明确,"生物安全是国家安全的重要组成部分。维护生物安全应当贯彻总体国家安全观,统筹发展和安全"。生物安全法因此也是国家安全法的组成部分,应当立足于我国的现实情况,解决我国的实际问题,防范和应对生物威胁,实现生物技术发展与人民生命健康、生物资源和生态环境保护的统一。

第二节　生物安全法特别问题:实验后动物处置

生物安全法调整的对象范围较广,本书聚焦其中受到特别关注的问

[1] 参见常纪文:《加快构建国家生物安全法律法规体系》,载《学习时报》2020年2月17日,A1版。

题,即实验室生物安全中的实验动物安全管理问题。《生物安全法》第五章专章规定病原微生物实验室生物安全,其中第47条第1款规定:"病原微生物实验室应当采取措施,加强对实验动物的管理,防止实验动物逃逸,对使用后的实验动物按照国家规定进行无害化处理,实现实验动物可追溯。禁止将使用后的实验动物流入市场。"这一内容是全国人大法工委在研究有关意见后对原草案进行修改而形成的,是对实验后动物处置法律漏洞的填补。

一、实验动物的生物安全风险

我国的实验动物,是指经人工饲育,对其携带的微生物实行控制,遗传背景明确或者来源清楚的,用于科学研究、教学、生产、检定以及其他科学实验的动物。[1] 动物实验有很长的历史,对于医学、生物学和心理学研究作出过重大贡献。英国皇家学会指出,20世纪的每一项医学成就都依赖某种形式的动物使用。[2] 由于人类与其他动物的生理共性、将人类用于实验存在更大的伦理障碍、缺乏有效的替代性方法、法律法规对毒理学动物实验的强制性要求等,可以预见动物实验在很长时间内仍然无法被其他方法替代。

从公共卫生法律制度实践来看,实验动物的风险系数比普通动物更高。实验动物不仅有更多机会接触和感染致病因子,也可能由于与转基因等生物工程技术相结合而形成新的技术化风险。而这些风险如果不能得到有效管理而流入人类社会和自然环境,将极大地威胁到人类生命健康安全、生物安全和总体生态安全。近年的一个案例即体现出实验动物的生物安全风险。

2020年1月和12月,法院对引发广泛关注的李宁贪污案分别作出一审和二审判决。[3] 该案中,原中国工程院院士、中国农业大学教授李

---

〔1〕 参见《实验动物管理条例》(2017年修订)第2条。

〔2〕 See The Royal Society, *The Use of Non – human Animals in Research: A Guide for Scientists*, The Royal Society, 2004, p. 1.

〔3〕 参见吉林省松原市人民法院刑事判决书,(2015)松刑初字第15号;孙航:《中国工程院院士李宁等贪污案二审宣判》,载《人民法院报》2020年12月9日,第3版。

宁的课题组利用科研经费购买了实验所需的猪和牛，在李宁的指使下，对出售课题研究过程中淘汰的实验受体猪、牛、牛奶等所得款项累计1000余万元全部账外保管，并未上交。[1] 上述涉案金额之巨，表明动物实验可能涉及巨大的经济利益。在监督管理不到位的情况下，相关主体可能因巨大的经济利益驱动铤而走险，实施经济犯罪行为的同时，也将实验动物的相关风险释放出来。

李宁贪污案中实验淘汰的猪、牛和牛奶流入市场并打着相关公司和猪场的招牌，蕴含着多重生物安全风险：首先，实验动物对消费者的生命安全和身体健康的风险。实验动物体内和乳制品内可能残留实验药剂，并可能感染和繁殖病原体等其他有毒有害物质，不符合食用标准，可能威胁消费者的生命和健康。其次，转基因生物风险。公开信息显示，涉案科研项目为转基因生物新品种培育项目，因此其间淘汰的猪和牛可能为转基因生物。转基因生物的有意释放和转基因食品可能蕴含对人体健康和生态环境的巨大风险，应当通过风险评估、加注标识等措施进行风险管理，而非任由其流入市场。[2] 再次，消费者的食品安全信息知情权有受损的风险。实验淘汰的猪、牛和牛奶以相关公司和猪场的名义流入市场，掩盖了其源于实验动物的事实，损害了消费者对相关信息的知情权。最后，公共安全和生态安全风险。李宁贪污案所涉及的大量实验动物流入市场后难以追踪其去向，有可能引起实验药剂、其他有毒有害物质乃至转基因生物在人群和自然环境中扩散，对社会公共安全和国家生态安全构成威胁。

李宁贪污案表明，实验后动物处置是一个极为复杂疑难的问题，除了科学和伦理的面向外，更重要的是涉及财产和风险考量。可以据此总结出实验动物的四个特性：第一，科学性。人类因科学的需要而使用实验动物，实验动物的必要性（可替代性）和动物实验的有效性也由科学来决定。第二，伦理性。动物实验的正当性和合理性，取决于人类与动

---

〔1〕 参见吉林省松原市人民法院刑事判决书，(2015)松刑初字第15号。

〔2〕 参见竺效：《论转基因食品之信息敏感风险的强制标识法理基础》，载《法学家》2015年第2期。

物关系问题上的伦理立场,对实验动物的伦理关怀也是需要在实验动物管理中加以考虑的因素。第三,财产性。随着实验动物数量的增加,其财产性日益凸显。财产利益分配规则缺失和监管机制缺位,将造成经济利益驱动的违法犯罪行为的猖獗。第四,综合生物风险性。实验动物蕴含的风险,正是风险社会理论中所谓"现代化的风险"〔1〕。这种风险源于现代特有的工业生产过剩并随着工业化的发展而系统增加,其威胁具有全局性影响。实验动物的生物安全问题已经引起国际社会的关注,例如,世界卫生组织2004年《实验室生物安全手册》(第3版)中专章规定了实验动物设施的分级安全管理原则。〔2〕在我国加快构建生物安全法律法规体系、制度保障体系的时代背景下,防范实验动物风险、对实验动物进行安全管理显得尤为必要。

安全管理,是指以安全为主要诉求和出发点的管理活动。实验动物安全管理,应当涉及动物实验的全部流程和实验动物的各种状态,包括:实验准备阶段的实验动物的生产,实验环境的控制,实验动物的饲养、检疫、运输等;实验过程中的实验动物使用;实验后动物活体、动物尸体和废弃物的处置等。其中,实验后动物的活体、尸体和废弃物的处置是实验动物安全管理的最后一环,也是关键一环,不当处置极易造成健康风险和生态环境风险进入人类社会和自然环境。但在法治实践中,这一环节却往往处于法律法规的"灰色地带",给实验后动物不当处置留下了空间。鉴于此,必须进一步完善有关法律制度,将实验后动物处置纳入法治轨道。

二、我国实验动物法的现状与问题

一直以来,实验动物管理都未在我国动物保护立法中占据中心地位,国家层面的规定较为简单,包括实验后动物处置在内的关键问题留

〔1〕参见[德]乌尔里希·贝克:《风险社会:新的现代性之路》,张文杰、何博闻译,译林出版社2018年版,第7页。

〔2〕参见世界卫生组织:《实验室生物安全手册》(第3版),世界卫生组织,2004年,第28～37页。

待地方调整。李宁贪污案凸显出了当前实验后动物处置监管中存在的漏洞,也提示我们应探索实验后动物处置的法治化路径。

我国的实验动物管理法,以2017年修订的行政法规《实验动物管理条例》为核心,以各省、自治区、直辖市实验动物行政规范性文件为主干。通过“北大法宝”法律法规数据库检索,截至2022年4月,已有北京、广东、云南、黑龙江、吉林、湖北6省(直辖市)制定了实验动物管理地方性法规,福建、山东、浙江、湖南、陕西、江苏、重庆、河北、天津、辽宁10省(直辖市)制定了有关地方政府规章,甘肃、上海、河南3省(直辖市)制定了有关行政规范性文件。此外,2006年科学技术部颁布的《关于善待实验动物的指导性意见》是第一个专门规范实验动物福利问题的部门规章。[1] 实验后动物处置也涉及动物检疫、实验用野生动物、动物流入市场的食品安全等问题,因而也可能涉及《动物防疫法》《野生动物保护法》《食品安全法》《生猪屠宰管理条例》《刑法》等法律法规。在管理体制方面,《实验动物管理条例》规定,实验动物实行科学技术部门主管、其他相关部门共同管理的体制。[2] 实践中,科学技术部门在执行实验动物质量管理制度、生产使用许可证和人员上岗证制度、后期监管制度等方面发挥了重要作用。同时,我国实验动物社会治理机制相对弱势,实验动物社团组织数量有限、发展不充分,实验动物生产和使用单位实验动物管理委员会也因机构设置不清、激励机制不明和外部监督缺乏等原因难以发挥作用。[3]

检视我国国家层面的规范性文件,可以看到,《生物安全法》颁布以前的法律法规没有对实验动物监管做到全过程、全状态覆盖,其中特别缺乏实验后动物处置的规定。《实验动物管理条例》虽然规定了符合世界卫生组织精神的实验动物分级分类管理制度,但有关规定仅涉及实验

---

〔1〕 参见王文娟:《我国实验动物福利的监管路径探究》,载《朝阳法律评论》2015年第1期。

〔2〕 参见《实验动物管理条例》(2017年修订)第5条。

〔3〕 参见王文娟:《我国实验动物福利的监管路径探究》,载《朝阳法律评论》2015年第1期;朱玉峰等:《我国实验动物伦理委员会建设的现状及问题分析》,载《医学与哲学》2012年第8期。

动物的饲育、检疫、应用、进出口等，不涉及实验后动物处置。[1]《关于善待实验动物的指导性意见》有两条涉及实验后动物处置，但仅原则性规定“妥善处置尸体”或者仅适用于“猿类灵长类动物”这一特定范围物种，不足以厘定实验后动物处置的基本规则。[2]《食品安全法》第34条规定了禁止生产经营非食品原料生产的食品、添加可能危害人体健康物质的食品和危害人体健康物质含量超标的食品，但未明确规定实验后动物处置的规范。《生物安全法》第47条是一个进步，规定了对使用后的实验动物进行无害化处理，实现实验动物可追溯，并禁止将使用后的实验动物流入消费市场。

在地方立法的立法目的方面，部分地方已经注意到实验动物问题的安全侧面。广东、黑龙江、湖北、浙江、湖南、重庆6地在各自规范性文件的立法目的条款中加入了“公共卫生安全”的表述。北京市2021年修改的管理条例则进一步使用了“维护生物安全和公共卫生安全”的表述。[3] 另外，重庆市在管理工作原则中加入了“有利于环境保护”的规定。[4]

综观19个省、市有关实验动物管理的行政规范性文件，可以看到实验后动物处置具有较强的地方差异，且大多数地方的规定强度不高。笔者比较了五方面的问题：(1)是否有对尸体和废弃物进行无害化处理的规定；(2)是否有禁止实验后动物进入消费市场的规定；(3)是否有具体法律责任条款；(4)如有法律责任条款，为何种性质的法律责任；(5)实验后动物处置的监管部门。比较结果见表5。结果显示，只有北京、广

---

〔1〕 参见《实验动物管理条例》(2017年修订)第12条、第14条。

〔2〕 《关于善待实验动物的指导性意见》第17条：“处死实验动物时，须按照人道主义原则实施安死术。处死现场，不宜有其他动物在场。确认动物死亡后，方可妥善处置尸体。”《关于善待实验动物的指导性意见》第19条：“灵长类实验动物的使用仅限于非用灵长类动物不可的实验。除非因伤病不能治愈而备受煎熬者，猿类灵长类动物原则上不予处死，实验结束后单独饲养，直至自然死亡。”

〔3〕 参见《广东省实验动物管理条例》第1条；《黑龙江省实验动物管理条例》第1条；《湖北省实验动物管理条例》第1条；《浙江省实验动物管理办法》第1条；《湖南省实施〈实验动物管理条例〉办法》第1条；《重庆市实验动物管理办法》第1条；《北京市实验动物管理条例》第1条。

〔4〕 参见《重庆市实验动物管理办法》第4条。

东、黑龙江、湖北、浙江和重庆6个地方同时对无害化处理和禁入消费市场进行了规定，并同时规定了具体的法律责任，其余地方或缺乏责任条款而只有原则性规定，或未对实验后动物活体如何处置作出规定。在《生物安全法》颁布前，相关责任条款所涉及的责任大多仅为行政责任，只有云南一地规定构成犯罪的应追究刑事责任。[1]《生物安全法》颁布后，北京和重庆于2021年修改了地方立法规定，为追究刑事责任预留了空间。[2] 各地负责监督追责的部门也不统一，除科学技术主管部门以外，也包括生态环境行政部门、上级主管部门、动物防疫监督机构和市场监管部门等。

表5 省、市实验动物行政规范性文件比较

时间	省、市	法规名称	(1)无害化处理	(2)禁入市场	(3)责任条款	(4)责任性质	(5)监管部门
2022年	湖北	湖北省实验动物管理条例	有	有	有	行政	科学技术主管部门
2022年	湖南	湖南省实施《实验动物管理条例》办法	有	有	无	—	—
2021年	重庆	重庆市实验动物管理办法	有	有	有	行政；刑事	科学技术主管部门
2021年	北京	北京市实验动物管理条例	有	有	有	行政；刑事	科学技术主管部门
2019年	广东	广东省实验动物管理条例	有	有	有	行政	科学技术主管部门

〔1〕 参见《云南省实验动物管理条例》第37条。
〔2〕 参见《北京市实验动物管理条例》(2021年修正)第38条,《重庆市实验动物管理办法》(2021年修改)第19条。

续表

时间	省、市	法规名称	(1)无害化处理	(2)禁入市场	(3)责任条款	(4)责任性质	(5)监管部门
2018 年	福建	福建省实施《实验动物管理条例》的办法	无	无	无	—	—
2018 年	山东	山东省实施《实验动物管理条例》办法	有	无	无	—	—
2018 年	云南	云南省实验动物管理条例	有	无	有	行政；刑事	生态环境行政部门；科学技术主管部门
2018 年	河北	河北省实验动物管理办法	有,仅适用于传染病实验的动物	无	无	—	—
2018 年	天津	天津市实施《实验动物管理条例》的办法	有,仅适用于传染病实验的动物	无	有	行政	科委
2018 年	甘肃	甘肃省实验动物管理办法(试行)	有	无	无	—	—
2017 年	浙江	浙江省实验动物管理办法	有	有	有	行政	所在单位或上级主管部门
2017 年	辽宁	辽宁省实验动物管理办法	有	无	有	行政	科技行政部门

续表

时间	省、市	法规名称	(1)无害化处理	(2)禁入市场	(3)责任条款	(4)责任性质	(5)监管部门
2017年	吉林	吉林省实验动物管理条例	有	无	有	行政	科学技术主管部门
2016年	黑龙江	黑龙江省实验动物管理条例	有	有	有	行政	生态环境行政部门；科学技术主管部门
2011年	陕西	陕西省实验动物管理办法	有	无	有	行政	科学技术主管部门
2008年	江苏	江苏省实验动物管理办法	有	无	有	行政	科学技术主管部门
1992年	河南	河南省实验动物管理办法	无	无	无	—	—
1987年	上海	上海市实验动物管理办法	无	无	无	—	—

从具体内容来看，少数地方已经开始注意到实验后动物处置中涉及的多重风险，如北京、重庆和浙江规定提及“生物安全”，浙江、云南和黑龙江规定提及“公共卫生安全”，辽宁和浙江规定提及“人体健康”，浙江规定提及“生态安全”，黑龙江、重庆、浙江和北京规定分别提及“环境保护”“防止环境污染”“防止污染环境”“防止环境污染”。以浙江规定为例：“从事实验动物生产、使用的单位和个人应当按照国家有关生物安全管理的规定，建立健全安全管理制度，采取有效措施，预防和控制实验室

感染,防止可能危及人体健康、公共卫生安全和生态安全的实验动物流失及病原体泄漏。病原体感染、化学染毒和放射性动物实验,应当在符合安全标准的实验设施和设备内进行,并按照生物安全等级和其他有关规定进行分类管理。实验动物尸体及废弃物等应当经无害化处理,防止污染环境。不得将使用后的实验动物流入消费市场。"[1]在法律责任方面,对于未进行无害化处理或者将实验动物流入消费市场的,各地规定的法律责任承担方式和强度并不统一。责任承担方式包括:警告;责令限期改正;没收违法所得;罚款;暂扣、吊销实验动物生产使用许可证;责令关闭;有关工作人员行政处分;主要负责人和直接责任人员撤职或开除;向社会公布等。责任强度的差异体现在:不同地方的罚款金额不一致;有的地方设置了适用法律责任条款的条件(如"造成严重后果""影响公共卫生安全"),有的则未设置。上述法律规定差异,反映了各地对于实验后动物处置的科学、伦理、利益和风险等问题的认识并不一致。

在实验后动物处置法律制度存在强度不足或者规定不一致的情况下,是否可以通过行业自律、机构自治等社会治理方式以国家标准、行业标准、单位内部规范等软法性文件规范实验后的动物处置呢?过往研究指出,与行政管理相比,我国实验动物社会治理机制相对弱势:一方面,我国实验动物社团组织数量有限、发展不充分,存在行业管理标准与国家管理标准重合、社团功能集中在交流宣传而未能承担起资格和资质认证职能等问题;[2]另一方面,虽然《关于善待实验动物的指导性意见》要求实验动物生产和使用单位设置实验动物管理委员会或伦理委员会,对本单位的动物实验进行全过程指导、审查和监督,但在实际中,由于委员会基本由本单位的主管领导和专业人员组建,设在本单位内部,难免会影响到委员会进行公正客观的伦理审查。此外,激励机制缺失和外部监督缺失等因素,也导致实验动物管理委员会形同虚设。

近年来,我国实验动物社会治理取得了一些进步,主要体现为相关标准化工作的推进。通过在"国家标准全文公开系统"(openstd. samr.

---

〔1〕《浙江省实验动物管理办法》第26条。

〔2〕参见王文娟:《我国实验动物福利的监管路径探究》,载《朝阳法律评论》2015年第1期。

gov. cn)进行检索显示,截至 2022 年 4 月,我国现行包含“实验动物”这一关键词的国家标准包括 5 个强制性标准和 84 个推荐性标准。另外,中国实验动物学会在近年推动制定了一批实验动物团体标准,积极推动《实验动物 安乐死指南》《实验动物 动物实验生物安全通用要求》等团体标准上升为推荐性国家标准,并参与修订相关强制性国家标准。[1]

上述各类标准中,与实验后动物处置相关的标准及部分相关内容见表 6。

表 6　与实验后动物处置有关的标准及内容

名称	类型	实施日期	部分相关内容
实验动物 安乐死指南 GB/T 39760 - 2021	推荐性国家标准	2021 年 10 月 1 日	4　基本原则 4.3　守法合规:符合《关于善待实验动物的指导性意见》、GB/T 35892 等相关要求,并通过所在机构实验动物管理和使用/福利伦理委员会(IACUC)的审查 5　实施条件 在达到以下条件时,可实施安乐死:a) 得到实验结果或动物实验结束;b) 经实验动物医师结合动物的体重、食欲、感染、肿瘤、濒死症状等,评估判定,动物痛苦程度达到或超过预设的仁慈终点;c) 其他原因不适合继续饲养
实验动物 动物实验通用要求 GB/T 35823 - 2018	推荐性国家标准	2018 年 9 月 1 日	8.8.1　开展动物实验的机构应遵守相关法规或指南,根据动物品种、年龄、研究目的、安全性等因素制定安死术实施与评估的标准操作规程 8.8.4　非人灵长类动物原则上不予处死 8.9　废弃物处理 开展动物实验所产生的污水、废弃物、动物尸体等应按照 GB 14925 的要求进行处理

---

〔1〕 参见《全国实验动物标准化技术委员会 2019 年度工作会议暨标准审查会议在京召开》,载中国实验动物学会网 2019 年 5 月 24 日,http://www. calas. org. cn/index. php? m = content&c = index&a = show&catid = 19&id = 3050。

续表

名称	类型	实施日期	部分相关内容
实验动物 福利伦理审查指南 GB/T 35892－2018	推荐性国家标准	2018 年 9 月 1 日	6.7.5 处死动物应实施适合的安死术。处死现场,不宜有其他动物在场。确认动物死亡后,方可妥善处置尸体 6.7.7 对于实验后没有受到影响的野生动物,如空白对照组动物,当不再使用时,经科学的检查和评估,在安全的前提下,可依法放归栖息地
实验动物 质量控制要求 GB/T 34791－2017	推荐性国家标准	2018 年 5 月 1 日	9.2.2.4 传出设施的实验动物应按等级和用途要求进行包装。淘汰实验动物应做无害化处理 13.1.6 生产淘汰实验动物及实验后实验动物应行安死术 13.1.7 废弃物处理按照 GB 14925－2010 执行 14.2 使用安死术处死实验动物,根据具体情况选择适宜的仁慈终点
实验动物 安乐死指南 T/CALAS 31－2017	团体标准	2018 年 1 月 1 日	4 基本原则 4.4 福利审查:动物实验方案中应包含安乐死或善后方法。应符合《关于善待实验动物的指导性意见》有关要求,且通过所在机构实验动物管理和使用委员会(IACUC)的审查
实验动物 动物实验生物安全通用要求 T/CALAS 7－2017	团体标准	2017 年 5 月 18 日	6.3.6 动物处死应符合安乐死原则。所有动物组织、尸体以及相关材料严格进行消毒灭菌处理,并符合无害化环保要求处置 7.3.4.2 风险评估应和动物福利伦理审查相结合,实验动物使用管理委员会审查重点如下……e)动物实验方案审查的内容应该包括:动物处置是否符合伦理规范;动物处死是否符合安乐死原则;动物尸体处理是否符合无害化环保要求,等等。这些方面,都要有生物安全作为保障

续表

名称	类型	实施日期	部分相关内容
实验动物机构 质量和能力的通用要求 GB/T 27416－2014	推荐性国家标准	2014 年 10 月 1 日	5.1.18　应评估动物、生物材料、样本、药品、化学品和机密资料等被误用、被偷盗和被不正当使用的风险,并采取相应的物理防范措施 7.4.5.1　处死动物是对动物福利的最终剥夺,对必须处死的动物应实施安死术 7.4.5.2　应有明确的政策规定对动物实施安死术的时机、方案和方式,应经过 IACUC 的审核
实验动物　环境及设施 GB 14925－2010	强制性国家标准	2011 年 10 月 1 日	7.4　动物尸体及组织应装入专用尸体袋中存放于尸体冷藏柜(间)或冰柜内,集中作无害化处理。感染动物实验的动物尸体及组织须经高压灭菌器灭菌后传出实验室再作相应的处理
实验室　生物安全通用要求 GB 19489－2008	强制性国家标准	2009 年 7 月 1 日	5.15　动物实验室的生物安全防护设施还应考虑对……动物尸体及排泄物的处置等过程产生的潜在生物危险的防护

研究有关标准内容可知,近些年来我国在实验后动物处置的规范化、标准化方面取得了一些进步,尤其是对于处死动物时应适用安死术、安死术具体实施方法、实施安死术后尸体和其他废物的生物危险防范和无害化处置等问题作了比较详细的规定。但是,对于实验后动物的所有可能处置方式及其适用情形,并未作出统一的明确规定,不同标准之间衔接不足,甚至存在用语上的矛盾。例如,推荐性国家标准《实验动物质量控制要求》(GB/T 34791－2017)规定"生产淘汰实验动物及实验后实验动物应行安死术""淘汰实验动物应做无害化处理",规定中"应"和"无害化处理"的用语表明,此标准将处死动物作为实验后动物处置的原则规定。而同为推荐性国家标准的《实验动物机构 质量和能力的通用要求》(GB/T 27416－2014)则将处死动物视为"对动物福利的最终剥夺",其规定"对必须处死的动物应实施安死术",并规定"应有明确的政

策规定对动物实施安死术的时机、方案和方式,应经过IACUC的审核”,仅将处死动物视为实验后动物处置的可能方式之一,而处置方案适宜与否由所在机构的实验动物管理和使用委员会(Institutional Animal Care and Use Committee,IACUC)决定。与此类似的还有2021年从团体标准上升为国家推荐标准的《实验动物 安乐死指南》(GB/T 39760－2021)。原团体标准中规定的基本原则“负责审查”原则要求“动物实验方案中应包含安乐死或善后方法”,列出了与安死术并列的“善后方法”,也规定该方案应通过实验动物管理和使用委员会的审查;现在的国家推荐标准提出了“守法合规”的基本原则,并明确了实施安乐死的前提条件。另两个推荐性国家标准《实验动物 动物实验通用要求》(GB/T 35823－2018)、《实验动物 福利伦理审查指南》(GB/T 35892－2018)则分别规定了实验后动物处置中对于非人灵长类动物和野生动物的特别处置方法。但对于应当如何认识实验后动物处置的选择、分别在何种条件下适用、是遵循统一规范还是由实验动物管理和使用委员会具体审查决定、有哪些特殊情况及其适用限制等问题,各类标准缺乏统一规定。考虑到社会组织的治理能力局限和实验动物生产和使用单位内部机构的可能利益相关性,即使存在有关上述问题的统一软法性规定,实际中通过社会治理实现实验后动物处置的有效管理仍然可能打折扣。

一个相关联的问题是实验动物的信息透明度问题。目前,我国法律法规基本未对实验动物相关单位课以实验动物信息记录、提交或披露义务,国家标准和团体标准对建立实验动物个体档案的标准也加上了“需要时”的非强制性、非义务性限定,且未规定档案内容提交的要求。[1]而相关单位更是缺少主动公开和披露有关信息的动力和途径。在这种情况下,对于实验后需要处置的动物的数量、物种、实验后状况、最终处置时间、处置方式等情况,一方面政府很难进行有效统计和行政监管,另一方面社会组织和公众也难以进行有效的组织、民主和舆论监督,给相

---

〔1〕《实验动物机构 质量和能力的通用要求》(GB/T 27416－2014)规定:“6.4.6需要时,应针对每个动物建立个体档案,包括动物种类、动物识别、父母系资料、性别、出生或获得日期、来源、转运日期及最后处理日期等。”

关责任人员对实验后动物的不当使用留下了空间。在法律法规缺位或不足、软法性文件衔接不足、行业自律和机构自治欠缺土壤、实验动物信息不透明的情况下,不难理解包括高校和科研机构在内的实验动物生产和使用单位为何在实验动物内部管理上存在漏洞,进而引发相关人员利用实验后动物实施经济犯罪,并产生严重的社会后果。而李宁贪污案折射出的实验后动物流入市场所涉金额之巨、风险之大,凸显出在国家层面加强实验后动物处置法治化的必要性和紧迫性。制定《生物安全法》为加强我国实验动物法治化建设提供了契机。

第三节　实验动物法治的域外经验

实验动物的生物安全风险及其法治化管理是一个世界性难题。因此,相关的域外经验值得我国借鉴。在实验动物管理基本原则和精神方面,学界存在比较广泛的共识,如以替代(replacement)、减少(reduction)和优化(refinement)组成的"3R 原则"已成为讨论实验动物问题的前提。但是,在具体管理体制上各国则存在不小的差异。

目前,世界范围内的实验动物管理主要有两种模式:一是美国模式,在实验动物管理问题上广泛采用社会治理手段,强调机构自治和自我监管的重要性。采用此种模式的代表国家有美国和加拿大。二是欧洲模式,在实验动物管理问题上主要由政府发挥规制作用,以相关立法厘定动物实验活动的基本规则。采用此种模式的国家包括欧盟各国、澳大利亚、新西兰等。本书分别选取美国和欧盟作为上述两种模式的代表,比较和评价两者的实验动物法律规范体系、行政管理体制、治理机制、信息透明度等一般性问题,并特别关注其在实验后动物处置问题上的经验。

一、美国的实验动物法经验

美国是实验动物使用大国,2018 年仅研究机构对美国《动物福利法》范围内的实验动物的使用量就超过 78 万只,其中未包括鼠类、鸟类等常见的实验动物。[1] 美国的科研发展得益于实验动物,但在20世纪60年代以前,美国并未从联邦层面关注实验动物问题。1965年,一只名为佩珀(Pepper)的宠物狗被盗卖到实验室后死亡,引起美国社会舆论对实验动物的关注,最终推动了1966年美国首部实验动物联邦立法——《实验动物福利法》(Laboratory Animal Welfare Act)的出台。[2] 目前,美国的实验动物相关法律法规主要有两部,但均有其适用限制:一是上述《实验动物福利法》,后更名为《动物福利法》(Animal Welfare Act)。[3] 该法是最主要的适用于实验动物的立法,1966年之后数度修订,2002年经修订后明确规定不适用于冷血动物、鸟类、老鼠等。[4] 相关执法工作由美国农业部(U.S. Department of Agriculture)下属的动植物卫生检查处(Animal and Plant Health Inspection Service)动物管理分处(Animal Care)负责。[5] 美国农业部也颁布了实施《动物福利法》的一系列《动物福利条例》(Animal Welfare Regulations)。二是根据《卫生研究推广法》(Health Research Extension Act)的相关规定而适用的《实验动物人道管理与使用的公共健康服务政策》(Public Health Service Policy on Humane Care and Use of Laboratory Animals)。[6] 这一规定虽然保护的动物范围是包括老鼠和鸟类在内的所有脊椎动物,但只适用于直接接受联邦资助的实验者或机构。[7] 与之相关的执法工作由美国卫生与人

---

〔1〕 美国《动物福利法》范围内的实验动物只是全部实验动物中的一部分。2018年的使用量统计,参见U.S. Department of Agriculture, *Annual Report Animal Usage by Fiscal Year*, U.S. Department of Agriculture, 2018。

〔2〕 See Jessica Eisen, *Beyond Rights and Welfare: Democracy, Dialogue and the Animal Welfare Act*, University of Michigan Journal of Law Reform, Vol. 51:3, p. 508 (2018).

〔3〕 See Benjamin Adams & Jean Larson, *Legislative History of the Animal Welfare Act: Introduction*, Animal Welfare Information Center (date not specified), http://www.nal.usda.gov/awic/legislative-history-animal-welfare-act-introduction.

〔4〕 See 7 U.S.C. § 2132(g).

〔5〕 See U.S. Department of Agriculture, *About Animal Care*, U.S. Department of Agriculture (Jun. 2, 2020), https://www.aphis.usda.gov/aphis/ourfocus/animalwelfare/usda-animal-care-overview.

〔6〕 See 42 U.S.C. §§283e, 289d.

〔7〕 See Public Law 99-158, §495(b)(1), (c).

力服务部(U. S. Department of Health and Human Services)下属的国立卫生研究院(National Institutes of Health, NIH)的实验动物福利办公室(Office of Laboratory Animal Welfare)负责。[1] 在法律法规以外,美国对实验动物也通过一些软法进行规范,如不具有法律强制力的标准以及有关行政机关的内部协议。标准的代表是美国国家科学院国家研究委员会(National Research Council of the National Academies)下设的实验动物研究院(Institute for Laboratory Animal Research)颁布并不断更新的《实验动物管理使用手册》(*Guide for the Care and Use of Laboratory Animals*)。[2] 该手册整合了绩效标准(performance standards)、实践标准(practice standards)和技术标准(engineering standards),为动物实验方案设计和决策提供参考。[3] 此外,2016 年美国农业部动植物卫生检查处、美国食品和药品监管局(Food and Drug Administration)以及国立卫生研究院共同签署了有关实验动物管理和福利的备忘录,为实验动物行政监管过程中的部门合作确立了框架,建立了信息共享、协同评估、政策制定和解释中的咨询协调、教育培训资源共享、信息保密等机制。[4]

美国的实验动物法治模式可概括为"受到执法监督的自行监管"(enforced self-regulation)。[5] 该模式的核心是机构内部的 IACUC:依据《动物福利法》《卫生研究推广法》等法律法规的要求,研究机构需设立

---

[1] See National Institutes of Health Office of Laboratory Animal Welfare, *Tutorial: PHS Policy on Humane Care and Use of Laboratory Animals*, National Institutes of Health Office of Laboratory Animal Welfare (date not specified), http://olaw. nih. gov/resources/tutorial.

[2] 该指南的最新版本为 2011 年颁布的第 8 版。National Research Council of the National Academies, *Guide for the Care and Use of Laboratory Animals*, 8th edition, The National Academies Press, 2011.

[3] See National Institutes of Health Office of Laboratory Animal Welfare, *Tutorial: PHS Policy on Humane Care and Use of Laboratory Animals*, National Institutes of Health Office of Laboratory Animal Welfare (date not specified), http://olaw. nih. gov/resources/tutorial.

[4] See Memorandum of Understanding among the Animal and Plant Health Inspection Service, U. S. Department of Agriculture and the Food and Drug Administration, U. S. Department of Health and Human Services and the National Institutes of Health, U. S. Department of Health and Human Services Concerning Laboratory Animal Welfare, April 29, 2016.

[5] See House of Lords Select Committee on Animals in Scientific Procedures, *Volume I – Report, Animals in Scientific Procedures*, The Stationery Office Limited, 2002, p. 13.

IACUC,负责评估机构的动物照料、待遇、住宿和使用情况,并验证机构的合规情况。[1] IACUC需有三名以上的成员,其中至少一人为兽医师,至少一人为该机构的非关联人士(not be affiliated in any way with such facility),代表社区利益。[2]《实验动物人道管理与使用的公共健康服务政策》对接受联邦资助的实验动物机构的IACUC人员组成提出了进一步的要求,除了兽医师与非关联人士以外,还要求一名具有动物研究经验的科学家以及一名非科学背景的人士(伦理学家、律师、神职人员等)作为成员,并要求IACUC至少由五人组成。[3] IACUC的职责包括:至少每年两次检查研究机构的动物研究区域和动物设施,确保其合规;对检查进行记录并保存相关记录,向主管行政机关报告检查情况和检查发现的违规情况;将检查发现的违规情况通知机构负责人并要求其改正;审查新研究项目或者对现有研究项目的重大修改是否符合动物管理和福利规定,并决定批准、修改或拒绝该项目等。[4]

行政机关的主要职责是事前登记、许可或者批准保证,并在事中进行执法检查。在《动物福利法》下,实验动物的经销商需要取得农业部的许可,研究机构则需要在农业部进行登记。[5] 而依据《实验动物人道管理与使用的公共健康服务政策》的要求,机构应向实验动物福利办公室提供书面保证(written assurance),描述该机构在《实验动物管理使用手册》的基础上建立和执行的动物管理和使用项目详情、机构性质(是否获得认证)、IACUC设立情况等,由实验动物福利办公室决定是否批准该保证;只有保证被批准的机构才可开展动物实验活动。[6] 就事中执法检查而言,实验动物福利办公室的检查只在有依据事由(for cause)的情况下,即有具体理由相信动物福利受损的情况下进行,如果发现有

〔1〕 See 7 U.S.C. § 2143 (b); 42 U.S.C. §289d (b).

〔2〕 See 7 U.S.C. § 2143 (b)(1); 42 U.S.C. §289d (b)(2).

〔3〕 See Public Health Service Policy on Humane Care and Use of Laboratory Animals, Ⅳ.A.3.

〔4〕 See 7 U.S.C. § 2143 (b)(3)-(4); 42 U.S.C. §289d (b)(3); Public Health Service Policy on Humane Care and Use of Laboratory Animals, Ⅳ.C.

〔5〕 See 7 U.S.C. §§ 2133, 2136.

〔6〕 See Public Health Service Policy on Humane Care and Use of Laboratory Animals, Ⅳ.A.

不合规的情况则有权暂停联邦资助。[1] 美国农业部则会对研究机构进行年度检查,并有权对不合规机构进行罚款、出具禁止令(cease and desist order)或者扣押动物。[2] 2010 财年,美国登记或许可的实验动物有关机构达到 8656 个,但负责执行检查任务的兽医官(veterinary medical officers, VMOs)和动物管理检查员(Animal Care inspectors, AC inspectors)仅有 125 人。[3] 美国农业部人手不足、资源有限,导致其在实验动物管理方面一直存在执法不力的问题,这也引起了美国农业部督察长办公室的重视。[4]

除了机构自行监管、行政机关执法监督以外,行业认证也在美国实验动物法治中发挥了重要作用,有助于在法规厘定的最低标准之上提出对实验动物管理和使用的更高标准。实验动物管理评估与认证协会(Association for Assessment and Accreditation of Laboratory Animal Care, AAALAC)是一个非政府、非营利性组织,是唯一得到《实验动物人道管理与使用的公共健康服务政策》认可的认证机构,其实施的认证在全美乃至全球范围内获得广泛认可。[5] 认证由研究机构自愿申请,认证程序主要经由自我评价和同行评价完成,而 AAALAC 的认证标准被认为

---

〔1〕 See House of Lords Select Committee on Animals in Scientific Procedures, *Volume I – Report, Animals in Scientific Procedures*, The Stationery Office Limited, 2002, p. 13.

〔2〕 See House of Lords Select Committee on Animals in Scientific Procedures, *Volume I – Report, Animals in Scientific Procedures*, The Stationery Office Limited, 2002, p. 12; Memorandum of Understanding among the Animal and Plant Health Inspection Service, U. S. Department of Agriculture and the Food and Drug Administration, U. S. Department of Health and Human Services and the National Institutes of Health, U. S. Department of Health and Human Services Concerning Laboratory Animal Welfare, April 29, 2016.

〔3〕 See U. S. Department of Agriculture Office of Inspector General, *Animal and Plant Health Inspection Service Oversight of Research Facilities*, U. S. Department of Agriculture Office of Inspector General, 2014, p. 5.

〔4〕 See U. S. Department of Agriculture Office of Inspector General, *Animal and Plant Health Inspection Service Oversight of Research Facilities*, U. S. Department of Agriculture Office of Inspector General, 2014, p. 3.

〔5〕 See Public Health Service Policy on Humane Care and Use of Laboratory Animals, Ⅳ. A. 2.

比《动物福利法》的要求更高。[1] AAALAC 每三年进行一次检查,检查会提前通知;检查不合格的主要处罚方式是取消认证。[2]

在信息透明度方面,美国《动物福利法》要求研究机构每年提交年度报告,对用于研究、测试、教学、实验和/或手术的动物使用情况进行申报。申报表要求机构按照动物类别披露数量,并按照是否造成疼痛和是否使用药物进一步细化。每年的动物使用总数统计表都会在美国农业部网站上予以公布。[3] 美国农业部还通过一个公开检索工具(public search tool)网站公开包括合规检查报告、警告信、和解协议、行政诉状、机构年报在内的《动物福利法》实施记录。[4] 但是,从 2017 年 2 月开始,美国农业部以保护隐私权的名义将大量此类记录移除,拟对记录审查后再重新公布,希望获得此类记录的人士和组织则需要通过《信息自由法》(Freedom of Information Act)申请取得,往往需要花费数月甚至数年的时间。[5] 后迫于舆论和诉讼压力,美国农业部又重新公开了一部

[1] See Pamela D. Frasch, *Gaps in US Animal Welfare Law for Laboratory Animals: Perspectives from an Animal Law Attorney*, Institue for Laboratory Animal Research Journal, Vol. 57: 3, p. 288 (2016).

[2] See House of Lords Select Committee on Animals in Scientific Procedures, *Volume I – Report, Animals in Scientific Procedures*, The Stationery Office Limited, 2002, p. 13.

[3] See U. S. Department of Agriculture, *Research Facility Annual Summary & Archive Reports*, U. S. Department of Agriculture (date not specified), https://www. aphis. usda. gov/aphis/ourfocus/animalwelfare/sa_obtain_research_facility_annual_report/ct_research_facility_annual_summary_reports.

[4] See U. S. Department of Agriculture APHIS – Animal Care, *USDA Animal Care Public Search Tool*, U. S. Department of Agriculture APHIS – Animal Care (Sept. 22, 2020), https://aphis-efile. force. com/PublicSearchTool/s/.

[5] See Jessica Eisen, *Beyond Rights and Welfare: Democracy, Dialogue and the Animal Welfare Act*, University of Michigan Journal of Law Reform, Vol. 51: 3, p. 483 – 485 (2018).

分记录，但仍有大量记录未能公开。[1]

二、欧盟的实验动物法经验

欧盟2017年的实验动物数量超过了1200万。[2] 欧盟模式以立法和行政监管为核心。欧盟最早的实验动物法是1986年颁布的86/609/EEC号指令，旨在增强成员国在实验动物保护法律、法规和行政规则方面的一致性。其后，各成员国在此问题上出现了更大的不一致，并可能造成涉及动物实验的产品和物质的贸易壁垒。为此，欧盟于2010年颁布了《保护实验动物2010/63/EU号指令》（以下简称《欧盟2010指令》），旨在通过更具体的规则减少各成员国实验动物法规的不一致，确保欧盟内部市场的正常运行。[3] 该指令于2013年1月1日开始实施，是欧盟当前最主要的实验动物法规。《欧盟2010指令》对实验动物的膳食、居住、杀死方式等拟定了具体标准。[4]

欧盟所保护的实验动物范围比美国更广，包括所有的活的、非人类脊椎动物和一些可能感知痛苦的无脊椎的头足类动物。[5] 保护动物范围的扩大，是欧盟在2010年修法时基于当时动物感知的科学研究发展

---

〔1〕 See U. S. Department of Agriculture, *AWA Inspection and Annual Reports*, U. S. Department of Agriculture (Feb. 5, 2021), https://www.aphis.usda.gov/aphis/ourfocus/animalwelfare/sa_awa/awa – inspection – and – annual – reports; Animal Legal Defense Fund v. United States Department of Agriculture, 17 – CV – 00949 – WHO (N. D. Cal., May 31, 2017); Animal Legal Defense Fund v. United States Department of Agriculture, 17 – CV – 00949 – WHO (N. D. Cal., August 14, 2017); Jessica Eisen, *Beyond Rights and Welfare: Democracy, Dialogue and the Animal Welfare Act*, University of Michigan Journal of Law Reform, Vol. 51:3, p. 484 (2018).

〔2〕 See European Commission, *Report from the Commission to the European Parliament and the Council on the Implementation of Directive* 2010/63/*EU on the Protection of Animals Used for Scientific Purposes in the Member States of the European Union*, European Commission, 2020, p. 7.

〔3〕 See Directive 2010/63/EU of the European Parliament and of the Council of 22 September 2010 on the Protection of Animals Used for Scientific Purposes ("Laboratory Animals Directive"), Art. 1.

〔4〕 See Laboratory Animals Directive, Art. 26.

〔5〕 See Laboratory Animals Directive, Arts. 1, 3.

而做出的决定。[1] 在法治模式选择上,欧盟虽然也规定了机构内部设立动物福利团体(animal-welfare body)的要求,但更多地赋予了主管机关以监管职权。[2] 与美国相比,欧盟的主管机关除了对有关机构进行许可和登记,还会对具体项目进行项目许可(project authorisation)。[3]项目必须由主管机关评估其目的、价值、与"3R 原则"的相符性、基于动物所受到的痛苦与实验预期结果的本益分析等内容后,才可做出许可决定;此外,主管机关还可以要求对某些重要项目进行事后回顾性评估(retrospective assessment),对项目目标达成、动物受到的痛苦、"3R 原则"的进一步执行等情况进行评估。[4] 除了机构和项目许可以外,《欧盟 2010 指令》也要求成员国主管机关对所有饲养者、供应商和使用者及其机构进行定期检查,检查频率按照每一机构的具体风险确定,但须满足每年检查三分之一的机构、其中一部分为无事前通知的突击检查的要求。[5]

就动物福利组织而言,在组成上,《欧盟 2010 指令》只要求与动物福利和管理相关的人员以及科学成员(对动物使用机构而言)的参与,但并未要求机构以外的社区利益代表的参与。[6] 在职能上,机构内的动物福利团体主要扮演意见咨询的角色,就动物获取、动物食宿、动物管理和使用中的福利、"3R 原则"的要求和应用、动物放归等问题提供咨询意见,建立和回顾动物福利监测、申报和追踪的内部操作流程,并跟进项目的发展和结果。[7] 除了主管机关和机构内动物福利团体,《欧盟 2010 指令》还要求各成员国成立实验动物保护国家委员会,为主管机关和动物福利团体就实验动物获取、喂养、膳食、管理和使用提供咨询,确保最

---

〔1〕 See Jonathan Birch, *Animal Sentience and the Precautionary Principle*, Animal Sentience, Vol. 2 (16), p. 1, 9 (2017).

〔2〕 See Laboratory Animals Directive, Arts. 20, 26, 34, 36 – 41.

〔3〕 See Laboratory Animals Directive, Arts. 20, 36.

〔4〕 See Laboratory Animals Directive, Arts. 38, 39.

〔5〕 See Laboratory Animals Directive, Art. 34.

〔6〕 See Laboratory Animals Directive, Art. 26.

〔7〕 See Laboratory Animals Directive, Art. 27.

佳实践的共享以及有关信息在欧盟范围内的交换。[1]

在信息透明度方面,《欧盟 2010 指令》要求成员国收集实验动物使用信息并定期上报给欧盟,欧盟会对相关信息予以公开,这些信息包括实验的严重程度、非人灵长目动物的来源和物种等,也可以包括不违反使用者匿名要求的被许可项目的非技术小结;同时,成员国也要对包括动物来源和实验目的在内的信息进行记录,将记录保存 5 年,并向公众公开。[2] 欧盟在 2012 年通过决定统一了成员国提交信息的格式。[3] 2020 年 2 月,欧盟公布了《欧盟 2010 指令》在 2013 年至 2017 年的执行情况,首次以欧盟为单位公布实验动物数量和执法基础数据。[4]

三、美国和欧盟对实验后动物处置的经验

在安全管理领域中的实验后动物处置问题上,美国并未通过法律法规作出明确规定,让这一问题进入各机构设立的 IACUC 自行监管的范畴。笔者通过公开网络检索,获得了印第安纳大学、得克萨斯技术大学、俄勒冈州立大学三所美国研究机构公布的实验后动物处置的内部规定,对有关规定的比较见表 7。[5] 三家机构在实验后动物处置方面所关注的问题不尽相同,如印第安纳大学的规定中所涉及的处罚问题并未在另外两个机构的规定中得到关注;而各机构所列举出的可接受的实验后动

---

〔1〕 See Laboratory Animals Directive, Art. 49.

〔2〕 See Laboratory Animals Directive, Art. 54.

〔3〕 See European Commission, Commission Implementing Decision of 14 November 2012 Establishing a Common Format for the Submission of the Information Pursuant to Directive 2010/63/EU of the European Parliament and of the Council on the protection of animals used for scientific purposes, European Commission, 2012.

〔4〕 See European Commission, *Report from the Commission to the European Parliament and the Council on the Implementation of Directive* 2010/63/*EU on the Protection of Animals Used for Scientific Purposes in the Member States of the European Union*, European Commission, 2020, p. 1 – 13.

〔5〕 See Indiana University Office of Research Administration, *Disposition of Animals Policy*, October 26, 2015; Oregon State University, *Animal Acquisition and Disposition – Guideline*, September 2014; Texas Tech University, *IACUC Policy* 28: *Animal Acquisition and Disposition*, November 16, 2018.

物处置方式和应用条件也不一致,其所引用的法规和标准等侧重点有所不同。

表 7 美国三家机构实验后动物处置内部规定之比较

机构	涉及问题	处置方式	引用的标准
印第安纳大学	1. 协议规定; 2. 处置方式; 3. 处罚规定	每一使用协议应规定处置方式。可接受的处置方式按动物类别包括: 驯化和农场动物:安乐死、归还、转移到另一合同或适当机构、个人收养等; 非农场和非驯化脊椎动物:上述方式、放归野外、收养等; 转基因动物、大型手术后的动物、因实验而造成疾病或身体状况不佳的动物:不得收养	《实验动物管理使用手册》、《AVMA 安乐死指南》、联邦野生动物条例等
俄勒冈州立大学	1. 处置方式; 2. 安乐死、收养、出售的特别说明	在适当情况下:安乐死、收养、放归自然栖息地、回归农业生产、作为食品出售或转移到另一合同或机构	《动物药品使用净化法》
得克萨斯技术大学	1. 协议规定; 2. 处置方式; 3. 对接触病害动物和猫狗的特别规定	安乐死、归还、转移到另一合同、出售或转移给个人、拍卖、用于屠宰和人类食品用途、收养、放归野外等	《AVMA 安乐死指南》

与美国因机构自行监管而引起的规定不一致相比,欧盟以法规形式对实验后动物处置问题作出了统一的明确规定。《欧盟 2010 指令》于条款中规定,“实验程序结束时,应考虑动物福利和对环境的潜在风险,就动物的未来作出最为适当的决定。福利是受到损害的动物应被杀死”[1]。此处体现了在考虑实验后动物处置时,该法规是将伦理和环境风险放到一起进行综合考虑的。在实验程序终结时,《欧盟 2010 指令》规定由兽医或者其他有能力的人决定是否让动物继续存活,并且“当动

[1] Laboratory Animals Directive, Whereas (26).

物可能处于中度或重度疼痛、痛苦、抑郁或持续伤害时，应当杀死动物”[1]。此外，《欧盟2010指令》允许将实验动物放生，但要求须同时满足三个条件：首先，动物的健康状况允许其被放生；其次，放生不对公共健康、动物健康或环境构成危险；最后，已采取适当措施保障动物康乐。[2]

总体而言，美国和欧盟所代表的两种实验动物监管模式各有其优缺点。美国模式以受到执法监督的机构自行监管为核心，在《动物福利法》和《卫生研究推广法》两部立法的原则性规定之外，注意发挥行业规范和标准、行政机关内部协议等软法文件的功能，意在更大限度地调动社会资源和运用社会治理手段。但是，就规范角度而言，美国有关立法规定比较原则，并未明确提出实验动物福利方面最重要的“3R原则”以及伦理实质审查，也未涵盖实验后动物处置等安全管理的有关问题，容易造成规范缺失、机构内部规则不一致等问题，让IACUC的审查停留在形式上。就行政执法而言，由于行政机关的职权有限、资源不足，而软法规定又缺乏强制力而有赖于相关主体的自觉履行，实践中美国实验动物法治往往被诟病执法不严、对实验动物的安全管理和福利保障力度不足。欧盟模式以立法和行政监管为核心，对于“3R原则”及其具体运用和包括实验后动物处置在内的实验动物涉及的各环节都有比较具体的规定，但可能会产生比较高的行政成本和执行成本。而由于相关立法仍在实施初期，其效果还需要进一步评估。在信息透明度方面，美国和欧盟都对信息的范围和披露形式作出了比较明确和细致的规定，并且通过信息公开提供了社会监督和公众参与的可能性。当然，在这一问题上美国和欧盟都仍有进步的空间。例如，美国农业部在信息公开上的反复就受到广泛批评，而美国的动物法专家也一直在呼吁应像环境法规一样在《动物保护法》中加入公民诉讼条款，以扩大司法诉讼范围的方式促进

[1] Laboratory Animals Directive, Art. 17.

[2] See Laboratory Animals Directive, Art. 19.

《动物保护法》的目的实现。[1] 在动物福利和安全管理成为实验动物法的关注重点的情况下，笔者认为宜优选欧盟模式，通过高位阶的法律文件提出实验动物安全管理的基本原则并进行明确规范，以实现对实验动物多重价值的有效关照。

第四节　生物安全法治发展

依据前述分析，笔者以实验动物法为例，提出生物安全法律制度发展的四方面建议。

第一，坚持风险预防原则的立场，谨慎看待生物风险，及时采取预防措施。风险预防原则是环境法的重要原则，在本章第一节也已经论述了其作为生物安全法基本原则的地位。风险预防原则的基本思想是：对于可能损害人类健康或环境的活动，不能以科学不确定性为理由延迟采取预防措施。实验后动物处置属于可能损害人类健康或环境的活动，至少体现在三个方面：一是实验动物本身是环境的组成要素，对实验后动物不当处置即构成对环境的破坏；二是实验动物也包括一些源于野外的动物，此类动物可能天然地带有致病因素，后续流入市场可能影响人体健康；三是实验过程可能涉及对动物使用各类药剂和运用包括生物工程技术在内的各种技术手段，从而使实验动物体内残留药剂和各种有毒有害物质，还可能使其成为转基因生物，实验动物后续流入市场或进入环境可能影响人类生命健康和生态安全，存在生物安全风险。在风险预防原则的指导下，对于实验动物应当持谨慎态度，即使目前对转基因等技术的安全性尚无科学结论，也应当及时采取预防措施，将实验动物尽可能隔绝在消费市场和自然环境之外，防控实验后动物处置带来的生物安全风险。

---

[1] See Pamela D. Frasch, *Gaps in US Animal Welfare Law for Laboratory Animals: Perspectives from an Animal Law Attorney*, Institue for Laboratory Animal Research Journal, Vol. 57: 3, p. 290 – 291 (2016).

第二,国家层面对实验后动物处置的关键问题作统一规定,理顺行政管理体制。中央立法的长期空白和地方立法的种种缺憾,易造成实验后动物处置的风险隐患。值得欣慰的是,我国的立法机关已经注意到了实验后动物处置的法律漏洞,并积极探索完善相关法律制度的方案。[1]《生物安全法》第47条以国家法律的高度厘定了实验后动物处置的基本原则,即实验后动物活体严禁流入市场原则、实验后动物尸体和废弃物无害化处理原则。其后,则可通过修订《实验动物管理条例》或进行专门立法,对责任主体、监管机关、法律责任等进行规定。禁止流入市场和无害化处理的具体举措和标准,还可以通过其他规范性文件进一步细化。目前,北京市和重庆市已经根据《生物安全法》的规定修改了有关地方立法。

在管理体制方面,《实验动物管理条例》规定了实验动物实行科学技术部门(包括中央的科技部门和地方的省级科学技术委员会)主管、国务院各有关部门共同管理的体制。[2] 实践中,科学技术部门在执行实验动物质量管理制度、生产使用许可证和人员上岗证制度、后期监管制度等现行法律制度方面发挥了重要作用。但是,对于实验后动物处置这类处于国家立法空白和地方立法薄弱处的问题而言,行政机关缺乏立法授权(法律依据)和规制工具,很难有所作为。而且,实验后动物处置涉及包括生物安全风险在内的综合风险,可能涉及科学技术、生态环境、市场监管、动物检疫、卫生健康、农林牧渔等多个行政部门。仅仅依靠《实验动物管理条例》"国务院各有关部门负责管理本部门的实验动物工作"的原则性规定不足以指导各行政部门建立协调和合作机制,需要更为明确的指引。特别值得注意的是,由于实验动物涉及多领域、多层次的风险,对实验后动物处置的监管可能涉及多个行政部门,如科学技术、生态环境、市场监管、动物检疫、卫生健康、农林牧渔等部门,因此在

---

〔1〕 参见莫菲、周珂:《加强实验动物立法 完善动物保护法治》,载《法制日报》2020年3月11日,第5版。

〔2〕 参见《实验动物管理条例》(2017年修订)第5条:"国家科学技术委员会主管全国实验动物工作。省、自治区、直辖市科学技术委员会主管本地区的实验动物工作。国务院各有关部门负责管理本部门的实验动物工作。"

明确监管机关的同时,也应当明确该机关与其他有关行政机关的协调和合作机制,理顺行政管理体制。

第三,将实验后动物处置不当的法律责任上限提升为刑事责任,并完善责任体系。实验动物,特别是转基因实验动物和带有病原体等有毒有害物质的实验动物,如果处置不当、流入市场和环境,极可能造成转基因生物和病原体等有毒有害物质在人群和自然环境中扩散,进而引发疾病流行、生态环境危机等重大公共卫生和生态安全事件,严重威胁人类的身体健康和生物多样性等,威胁我国生物安全。《生物安全法》颁布前,各地立法中实验后动物处置不当的法律责任以行政责任为主,几乎不涉及且不便涉及刑事责任。《生物安全法》将实验后动物处置不当的法律责任上限提升为刑事责任,触犯刑律者追究其刑事责任,以刑法的强制力和威慑力来保障实验动物管理法的实施。《生物安全法》第九章“法律责任”部分在第 82 条规定,“违反本法规定,构成犯罪的,依法追究刑事责任”,第 77 条则特别规定了实验动物流入市场的行政责任:“违反本法规定,将使用后的实验动物流入市场的,由县级以上人民政府科学技术主管部门责令改正,没收违法所得,并处二十万元以上一百万元以下的罚款,违法所得在二十万元以上的,并处违法所得五倍以上十倍以下的罚款;情节严重的,由发证部门吊销相关许可证件。”《生物安全法》将刑事责任与行政责任相结合,同时其行政处罚部分与地方立法相比提高了罚款金额,体现了立法机关完善实验后动物处置法律责任体系的决心。

第四,通过加强实验动物管理立法来完善动物保护法体系,提升动物保护法治水平。本章第一节已述及生物安全法与环境法的密切联系,这一点同样体现在实验动物问题上,可以通过加强实验动物管理立法,来完善我国的动物保护法体系。我国已经有了包括《畜牧法》《野生动物保护法》《实验动物管理条例》等法律法规在内的动物保护法律制度,但相关制度仍需进一步完善形成体系。加强实验动物管理国家立法,对于推动完善我国动物保护法具有重要意义。尽管交易、食用野生动物可能带来极高的公共卫生风险,但现行的《野生动物保护法》并未完全禁止以野生动物及其制品为食物,而实验动物中就包括一些野生动物。在全国人大常委会于2020年2月24日作出专项决定确立全面禁止食用野生动物的制度之后，笔者建议立法机关就此决定的第2条关于全面禁止食用所列举的三大类陆生野生动物、第4条关于因科研需要对野生动物进行非食用性利用应严格管制的规定内容，结合此前工作经验教训作出立法解释，同时尽快修订《实验动物管理条例》，将实验动物管理纳入法律规制范围，明确禁止食用包括实验野生动物在内的实验动物，为全面修订《野生动物保护法》提供立法参考。通过实验动物管理立法促进动物保护法治的健全完善，增强人民健康和生命安全的法治保障力度。

笔者以实验动物安全管理，特别是实验后动物处置问题为例，探讨了生物安全立法法治创新的路径。对于生物安全法其他领域的问题，也宜采用同样的思路，在考察和识别当前法律制度的问题和空白的前提下，实现对生物安全风险的有效防范，提升我国生物安全水平。

第七章　水安全法治创新

第一节　水安全的要义

一、水安全概念的提出及其定义

水安全概念的提出，与人们对淡水资源短缺现实的认识密切相关。作为学者所描述的地球系统九大“行星限度”系统之一，[1]淡水利用在气候变化的背景下受到新的挑战：许多地区遭遇更为多变的降水趋势和持续减少的可用水资源。[2] 面对这样的严峻形势，从 20 世纪 90 年代开始，就有专家学者提出水安全的概念，并将其与军事安全、食品安全等具体的人类安全问题相联系。[3] 2000 年的第二届世界水论坛（Second World Water Forum）上，全球水伙伴（Global Water Partnership）提出了水安全的综合性定义，既考虑水的可获取性和可负担性，也考虑水满足人类需要和生态环境健康的能力。[4] 其后，专家学者和政策制定者开始大量使用“水安全”的表述，并赋予其丰富内涵。

当前，有关研究对水安全概念的理解并不统一，具有比较强的语境

---

〔1〕 See Johan Rockström et al., *A Safe Operating Space for Humanity*, Nature, Vol. 461: 24, p. 472 –475 (2009).

〔2〕 See World Bank, *The Potential of the Blue Economy*, World Bank, 2017, p. 20.

〔3〕 See Christina Cook & Karen Bakker, *Water Security: Debating an Emerging Paradigm*, Global Environmental Change, Vol. 22, p. 95 (2012).

〔4〕 See Global Water Partnership, *Towards Water Security: A Framework for Action*, Global Water Partnership, 2000, p. 12.

和学科特征。例如,从法学视角来看,水安全通常与分配规则相联系,以确保取得所需水量的权利。[1] 而从农业视角来看,防范洪水和干旱风险则是水安全的决定性因素。对2010年11月以前Web of Science中各学科水安全研究的回顾显示,水安全研究大体关注四方面主题,分别是水的可用性、人类面对危害的脆弱性、人类需求和可持续性。[2] 对于四类主题的定性分析显示:水的可用性主要关注水压力和水短缺这两个指标构成的水安全评估工具的使用;人类脆弱性旨在防范水旱灾害、污染、恐怖主义等对水基础设施和水系统的影响,往往有国家安全或国内安全内涵;人类需求以人类为中心,关注可用水的数量和质量、食品安全、水资源管理等问题;可持续性则同时关注人类和生态系统所需要的水的持续供应。[3] 除了这四方面的主题以外,军事安全也是水安全的研究主题之一,主要关注暴力冲突与水资源短缺之间的关系。

在英文文献中,常被学者引用的是上述全球水伙伴对水安全的广义定义,即"从家庭到全球任何层次的水安全,是指每一个人都可以以可负担的成本获得充足、安全的水,以便进行洁净、健康和有生产力的生活,并应同时确保自然环境得到保护和改善"[4]。这一定义涵盖了水安全的多方面内涵,如水质与水量、人类需求与生态环境需求、个体与国际等多个范围。另一个高频次被引定义来自发展研究领域,也对水安全作广义定义:"可获取可被接受的数量和质量,用于健康、生计、生态系统和生产的水,以及将人类、环境和经济相关的水风险控制在可接受的程度内。"[5]这一定义往往在国家层面使用。

---

[1] See Wouters Tarlock, *Reframing the Water Security Dialogue*, Journal of Water Law, Vol. 20, p. 54 (2009).

[2] See Christina Cook & Karen Bakker, *Water Security: Debating an Emerging Paradigm*, Global Environmental Change, Vol. 22, p. 95 (2012).

[3] See Christina Cook & Karen Bakker, *Water Security: Debating an Emerging Paradigm*, Global Environmental Change, Vol. 22, p. 97 (2012).

[4] Global Water Partnership, *Towards Water Security: A Framework for Action*, Global Water Partnership, 2000, p. 12.

[5] David Grey & Claudia W. Sadoff, *Sink or Swim? Water Security for Growth and Development*, Water Policy, Vol. 9, p. 545 (2007).

我国的水安全研究中，对水安全或者水环境安全的定义可以分为水污染论、水资源论、可持续论和综合论四类。从水污染角度出发的定义认为，水环境安全问题就是水污染问题，[1]应在《水污染防治法》的框架下分析水环境安全，[2]或者应当将水质恶化、水体污染作为水环境安全的衡量标准。[3] 从水资源角度出发的定义认为，水安全问题是指“相对人类社会生存环境和经济发展过程中发生的水的危害问题”[4]，或者将水资源与水质统一起来作为水环境的构成内容，如把水资源定义为“水体保持一定的水量、安全的水质条件，以维护其正常的生态系统和生态功能，保障水中生物的有效生存、周围环境处于良好状态，使水环境系统功能可持续正常发挥，同时能较大限度地满足人类生产和生活的需要，使人类自身和人类群际关系处于不受威胁的状态”[5]。可持续论强调水对周围环境和生态系统的功能，如将水环境安全阐述为“一定历史阶段和一定社会条件下，某一空间范围内的水体拥有充足水量和安全水质，以满足其内部和周围环境所组成的生态系统为维持正常运转而对水环境系统功能的需求，并能在相对较长的时段内实现该功能的可持续发挥”[6]。综合论则与上述全球水伙伴的定义一脉相承，强调水安全的多个侧面、层次、环节和要素，特别是同时关注水满足人类需要和生态环境需要的作用，如将水环境安全定义为“水体的水量、水质能够满足其内部及周围环境系统的正常并持续的运转，并能保证人类社会良性持续的发展”[7]，或者将水安全定义为“一个国家或地区乃至全球人类生存发展所需的有量与质保障的水资源、能够可持续维系流域中人与生态环境健

---

〔1〕 参见林靖华、杨大伟、孙亚男：《由盐城水污染论城市水环境安全管理》，载《城市建设理论研究（电子版）》2012 年第 5 期。

〔2〕 参见孙书侠：《新修〈水污染防治法〉与中国水环境安全》，载《沧桑》2008 年第 6 期。

〔3〕 参见熊正为：《水资源污染与水安全问题探讨》，载《中国安全科学学报》2000 年第 5 期。

〔4〕 夏军、朱一中：《水资源安全的度量：水资源承载力的研究与挑战》，载《自然资源学报》2002 年第 3 期。

〔5〕 曾畅云、李贵宝、傅桦：《水环境安全的研究进展》，载《水利发展研究》2004 年第 4 期。

〔6〕 刘宏：《镇江市水环境安全评价及风险控制研究》，江苏大学 2010 年博士学位论文，第 10 页。

〔7〕 张小斌、李新：《我国水环境安全研究进展》，载《安全与环境工程》2013 年第 1 期。

康、确保人民生命财产免受水旱灾害与水环境污染等损失的能力"[1],或者直接采用全球水伙伴的定义。[2]

我国环境法学者在有关《水法》《水污染防治法》和水资源生态红线的讨论中也会涉及水安全概念,但多数文献不将其作为论述重点,或者并不加以定义。[3] 现有对水安全的法学定义基本属于综合论的范畴。吕忠梅教授特别关注水安全中的饮水安全这一侧面,认为水安全"是指这样一种社会状态:人人都有获得安全用水的设施和经济条件,所获得的水满足清洁和健康的要求,满足生活和生产的需要,同时可使自然环境得到妥善保护"[4]。何艳梅从国家安全和国家利益的视角来认识水安全,认为其"是指水资源的自然循环过程不受破坏或严重威胁,其水质水量能够满足国民经济和社会可持续发展的需要,同时,国家利益不因洪涝灾害、干旱缺水、水质污染等造成严重损失的状态"[5]。

鉴于水安全概念的重要性和自然、社会、经济、人文等多重属性,笔者认为,对水安全进行法学定义应当采用综合定义模式,以便在立法和政策制定的过程中全面、综合地考虑水安全的各个侧面,使其作为立法和决策的前提。此外,考虑到当前我国水资源立法领域《水法》和《水污染防治法》的二分,水安全作为国家安全组成部分的理论规定,以及水安全作为环境安全子概念而具有的风险预防内涵,水安全这一综合定义应当整合并全面体现水资源管理和水污染防治的内容,体现概念的国家安全属性和风险预防功能。因此,本书将水安全定义为:以可负担的成本获得有量与质保障的满足生产、生活和生态环境需要的水资源,并将污

[1] 夏军、石卫:《变化环境下中国水安全问题研究与展望》,载《水利学报》2016 年第 3 期。

[2] See Shihao Zhao, Junfei Chen & Yuan Weng, *Research on Urban Water Security Evaluation Based on Unascertained Measure Model*, 2009 Fourth International Conference on Computer Sciences and Convergence Information Technology, 2009, p. 620 - 623.

[3] 参见姚金海:《水资源安全预警法律制度建设的主要内容》,载《学术论坛》2011 年第 6 期;陈真亮、李明华:《论水资源"生态红线"的国家环境义务及制度因应——以水质目标"反退化"为视角》,载《浙江社会科学》2015 年第 10 期。

[4] 吕忠梅:《保障饮水安全的法律思考——兼论〈水污染防治法〉的修改》,载《甘肃社会科学》2007 年第 6 期。

[5] 何艳梅:《水安全与依法治水》,载《福建江夏学院学报》2017 年第 5 期。

染、灾害等水风险控制在可接受限度内,以保障国家安全。

二、水安全法的特点和定位

虽然水安全概念已在法学界得到了一定程度的关注和使用,但"水安全法"仍然是一个初步发展、方兴未艾的领域。这一领域比较有代表性的观点是姚金海提出的制定《水资源安全预警法》的建议,即制定一部依据水法对水资源安全及其预警加以规范的专门法律,其立法根本目的是保证水资源供应安全,对水资源开发、利用、治理、管理与保护的各环节加以规范,对水资源安全预警机制体制加以规范,实现水资源有效供给与经济、社会、环境与人口协调可持续发展的目标。[1]

近年来,随着水资源在气候变化影响下遭遇新的挑战和我国经济、社会的发展及科技的进步,我国在国家高层政策规划中开始重视水安全问题,并提出了具体的计划和举措。我国"十三五"规划纲要第三十一章即为"强化水安全保障",提出"加快完善水利基础设施网络,推进水资源科学开发、合理调配、节约使用、高效利用,全面提升水安全保障能力"的目标,以及优化水资源配置格局、完善综合防洪减灾体系的具体举措。

国家水安全政策的落实离不开法治保障。在国家大力推进生态文明建设和绿色发展理念的时代背景下,我国应当推进水安全法治建设。与传统的水资源保护法和水污染防治法相比,水安全法具有以下三个特点:一是底线性。"安全"一词意在体现门槛或者限度,即低于限度则水资源为不安全状态。[2] 由于限度的存在,相关利益主体和监管机构必须确保水质和水量达到确定的最低标准,不得低于这一标准而造成不安全状态。二是立法目标的综合性。水安全内涵丰富,具有自然、战略、经济、社会和人文等多重属性。水安全法理应以实现生态、战略、社会、经济等多重目标为基准,实现全面协调发展。三是科学技术性。水安全概

---

〔1〕 参见姚金海:《水资源安全预警法律制度建设的主要内容》,载《学术论坛》2011 年第 6 期。

〔2〕 See Christina Cook & Karen Bakker, *Water Security: Debating an Emerging Paradigm*, Global Environmental Change, Vol. 22, p. 98 (2012).

念的提出源于科学认识的深入，水安全规划的制定有赖于科学模型的预测，水安全的实现则需要科学技术的支持。特别是在非传统水资源领域，科学技术具有决定性的作用。因此，在水安全法中，也应当体现科学原则，并为有关的科技活动设定规则。

第二节　水安全法新问题：海水淡化立法

一、以海水淡化保障国家水安全

水安全的内涵包括水质安全和水量安全两个方面。[1] 其中水量安全的实现可以采取“开源”和“节流”两种方式。开源方式的代表便是利用非传统水资源，海水资源是非传统水资源中十分重要的一项。为了应对淡水资源挑战、保障国家水安全，许多国家将目光转向了广袤的海洋，将淡化——把海水或苦咸地下水转化为淡水——作为满足当前水资源需求并缓解气候变化对水资源的负面影响的技术性、供给侧解决方案。目前，已有包括中国在内的150个国家采用了淡化技术，而全球范围内投入使用的淡化设施在2012年到2017年的5年内增长了57%。[2]

我国幅员辽阔，地表径流及地下水相对丰富，水资源总量约为2.75万亿立方米，位列世界第六。然而，由于人口总量庞大，我国人均水资源量仅为世界人均水平的1/4，被联合国列为13个贫水国之一。[3] 同时，我国淡水资源的空间分布不均、人口集中在东部沿海、部分地区由于水体污染导致水质性缺水等问题，使我国水资源形势越发严峻。为应对严峻的用水形势，我国积极发展包括海水淡化在内的海水利用产业。近年来，我国海水开发利用活动不仅在实践中得到长足发展，也获得了国家政策的支持：2021年3月，“十四五”规划和2035年远景目标纲要明确提出“推进海水淡化和海洋能规模化利用”；国家发改委和自然资源部

[1] 参见郭安军、屠梅曾：《水资源安全预警机制探讨》，载《生产力研究》2002年第1期。

[2] See World Bank, *The Potential of the Blue Economy*, World Bank, 2017, p. 20.

[3] 参见陈艳丽等：《我国海水利用业发展现状与问题分析》，载《海洋经济》2015年第4期。

于2021年5月联合发布《海水淡化利用发展行动计划(2021—2025年)》。

二、海水淡化的多重维度

海水淡化既具有经济属性也具有社会属性,影响生态环境和人体健康的同时也产生碳足迹。更为重要的是,由于海水淡化保障水安全的战略重要性,海水淡化还具有安全属性。

在对国家是否应当发展海水淡化产业的传统讨论中,最为常见的是经济和社会考量:经济考量是对海水淡化进行成本收益分析,社会考量则强调海水淡化提供必需公共物品的能力。作为"蓝色经济"的组成部分,[1]海水淡化首先是一种经济活动。经济考量构成了海水淡化产业发展的主要制约因素。一开始,由于技术限制所造成的高于传统来源淡水数十倍的价格,使淡化海水在很长时间内少人问津。随着技术进步引起海水淡化成本大幅下降和国家为海水淡化提供优惠政策,淡化海水的经济价值吸引跨国资本涌入海水淡化产业,客观上为全球大规模海水淡化工程的发展注入了动力。同时,海水淡化又是一种满足人民基本用水需求的社会活动。对于日常饮用水供应都难以完全满足的干旱、半干旱地区和国家而言,淡化海水是其重要的甚至是主要的淡水来源。海水淡化因而具有了公用事业的性质,海水也因此具有了社会价值。

而在生态环境和人体健康风险受到越来越多关注的今天,海水淡化对能源、环境和健康的影响逐渐成为相关的考量因素。该影响具体体现在以下三方面:首先,能源消耗和温室气体排放。研究显示,海水淡化是供水机制中能耗最高的机制之一。[2] 相应地,能源消耗所引起的温室气体排放也会增加。其次,海洋环境污染和对近岸区域生态环境的影响。海水淡化的副产品浓盐水排放入海,可能造成接收水域的盐度和温度显著上升,并造成金属、碳氢化合物以及有毒的去污化合物聚集,影响

---

〔1〕 See World Bank, *The Potential of the Blue Economy*, World Bank, 2017, p.20.

〔2〕 See The World Economic Forum Water Initiative, *Water Security:The Water – Food – Energy – Climate Nexus*, Island Press, 2011, p.52.

海洋环境。当浓盐水排放到冲洗不足的环境时,可能造成海草、珊瑚礁和软沉积物生态系统的群落结构的广泛改变,影响海岸生态系统。最后,淡化海水成分的健康影响。海水淡化过程中去除了钙、镁等离子。钙、镁等为植物生长所必要的元素,若淡化海水用于农业用途可能影响农作物生长,而当淡化海水作为家庭用水时,可能会因为缺乏某些元素而给人体健康造成影响。因此,可以说海水淡化虽然主要是保障水量安全的举措,但也需要将水质安全纳入考量。

淡化海水作为非传统水资源的一种,也具有保障国家水安全的战略意义。水资源的自给自足不仅是自然资源问题,更是一个政治问题。例如,新加坡自 1965 年建国以来的供水在很大程度上依赖马来西亚的淡水输入,但 1998 年到 2002 年,新加坡和马来西亚两国政府未能就购水协议续期和调整购水价等达成一致,新加坡政府感受到了依赖马来西亚供水所包含的政治风险和水安全隐患,开始调整其水政策。[1] 在最优情况下,淡化海水可以在气候变化造成降水量剧烈变化的情况下,作为稳定、持续的供水来源而增强国家应对气候变化的能力,并在未来满足因人口增长和经济发展而增加的用水需求,保障国家的安全利益。同时,由于海洋的战略重要性,对在近岸区域和海域中活动的海水淡化进行立法,也是我国宣示海洋主权、实施国家海洋战略的方式。依据《联合国海洋法公约》,海洋被划分为内水、领海、专属经济区等数类不同的海域,受沿岸国不同程度的管辖,划分的标准既包括位置关系、地理特性,也包括特定历史事实。现行的国际法秩序承认沿岸国依据其对海洋或其中的特定资源进行管辖、开发利用的事实,获得特定海域主权或针对

---

〔1〕 政治风险体现在,新加坡认为,与马来西亚达成的《柔佛水协议》(Johor Water Agreements)并非普通意义上的协议,而是新加坡 1965 年《独立协议》(Separation Agreement)的一部分;任何对水协议的违反都可能构成对《独立协议》的质疑,从而危及新加坡的存在本身。Singapore Government Press Release, *Speech by Prime Minister Goh Chok Tong during the Parliamentary Debate on the President's Address on Friday*, 5th *April* 2002, Singapore Government Press Release (Apr. 5, 2002), https://www.nas.gov.sg/archivesonline/data/pdfdoc/2002040501.htm. 关于马来西亚政府和新加坡政府 1998 年至 2003 年的谈判情况,见 Singapore Ministry of Information, Communications and the Arts, *Water Talks? If Only It Could*, Singapore Ministry of Information, Communications and the Arts, 2003, p. 1 – 66。

特定海洋资源的历史性权利。[1] 对海水淡化进行立法，明确我国对不同类型海域的海水利用权限，并在此基础上形成持续的利用事实和有效的管辖事实，对于我国在必要情况下主张自身海洋权利、抗辩不利于我国利益的他国主张，具有重要的政治和战略意义。

三、海水淡化法治化程度不足

目前，我国对海水淡化活动的法律规制力度严重不足，亟须加强有关的水安全法治建设。目前我国尚无针对包括海水淡化在内的海水开发利用的专项立法或行政立法，现有的水资源法律体系和海洋资源法律体系也未能有效规制海水开发利用活动。实际发挥作用的是以行政规划和各级标准为主体的管理措施，具有较强的政策灵活性，但缺乏规范属性，并不能满足生态文明法治建设的要求。现行相关法律法规，如《海洋环境保护法》《海域使用管理法》《矿产资源法》《深海海底区域资源勘探开发法》《水法》等法律及以其为核心构建的法律规范体系，均未有针对性地将海水开发利用活动及其产生的社会关系纳入自身的调整范围。专门调整海水开发利用活动的主要是一系列政策文件，如《海水淡化利用发展行动计划(2021—2025 年)》《海水利用标准发展计划》等。

《水法》第 2 条明确规定，该法适用于包括地表水和地下水在内的水资源的开发、利用、节约、保护、管理以及水害的防治；并在第 80 条明确指出，“海水的开发、利用、保护和管理，依照有关法律的规定执行”。可见，《水法》针对的是地表江河、湖泊水以及地下水的开发利用及保护，而将海水作为区别于前述陆源水资源的存在形式，排除在该法律调整范围之内。

《海域使用管理法》则着眼于对“域”的开发利用和管理。如同该概念的字面意思所示，该法调整的对象是海洋空间。也就是说，该法所管理的是由我国内水及领海上至海面下至底土所构成的空间资源，而非如

---

[1] See United Nations, *Juridical Régime of Historic Waters, Including Historic Bays, Study Prepared by the Secretariat*, in United Nations, United Nations Yearbook of the International Law Commission, Vol. Ⅱ, United Nations Publication, 1962, p. 6 – 7.

海水、海底矿藏之类的物质资源。对海水的开发利用及保护管理,并不是该法的调整重点。但需要认识到的是,海水的开发利用以所在特定海域使用权的取得为前提,二者存在密切的关联。

《矿产资源法》《深海海底区域资源勘探开发法》等法律以及《海洋石油勘探开发环境保护管理条例》等行政法规则规制海洋底土和海床中蕴藏的油气、矿物等海底矿产资源。海底矿产资源与海床、底土上覆海水截然不同,海底矿产资源开发利用及保护管理,围绕着蕴藏位置带有不确定性的矿产资源的勘查和开采而展开,与海水利用管理存在较大的差异。

《海洋环境保护法》的空间效力范围涉及我国管辖的全部海域,也调整在我国管辖海域之外实施的、污染我国管辖海域所产生的法律关系。该法确定了我国海洋环境监督管理、生态保护和污染防治的基本框架,凡涉海活动,都应遵守该法规定的基本要求。但需要认识到的是,该法的主要内容是海洋环境质量监测评估、污染排放行为约束、资源开发利用行为等方面的基础规范。该法作为综合性、基础性立法,无法专门应对海水开发利用活动的特点。此外,作为海洋环境要素的保护性法律,该法也不包含对海水开发利用事业发展的规划、促进等经济法内容。

对海水淡化进行立法既有必要性,也有可行性。海水淡化立法有助于我国宣示海洋主权、保障经济社会持续稳定发展、保护海洋生态环境,也是完善生态文明法律制度体系的必然要求。党的十九大报告明确了将国家自然资源资产管理职责制度化的要求,海水淡化立法正是国家强化对海水这一自然资源的管理职责的表现。海水淡化立法的可行性体现在:以《宪法》第 9 条和《水法》第 80 条为代表的立法规范依据充分;以专项规划、标准体系为代表的海水淡化管理技术逐渐成熟;以地方规范性文件《山东省人民政府关于加强海水利用工作的意见》为代表的国内地方探索。而海水淡化法作为水安全法的组成部分,应当体现水安全法的特点,即确保水质和水量的安全底线,实现环境、经济、社会等多重目标的协调,体现科学原则并厘定有关的科技规则。同时,根据实践中遇到的问题,也应当注意政策扶持、激励措施、水网衔接等问题。在这些问题上,域外的海水淡化法治经验对我国具有借鉴意义。

第三节　海水淡化法的域外经验

一、研究对象选择和考察的问题

本书选取了海水开发、利用和保护实践活动发展较早、规模较大、技术较先进、法律制度也相对完善的三个国家，其中既包括受限于自然条件而将淡化海水作为主要水源的阿尔及利亚和以色列，也包括天然水资源分布不均、局部缺水而需要以淡化海水作为重要水源补充的澳大利亚，从海水开发、利用和保护的地理背景、实践情况、相关法律法规、行政主体和其他参与方、主要法律制度等方面剖析法律制度在相关国家海水开发利用活动中发挥的作用，及其经验对我国海水利用立法工作的启示。

在对各国法律制度进行考察时，本书重点关注以下四个问题：其一，该国是否有海水利用的专门立法？如果没有，该国的海水利用管理法律制度如何架构，为何会进行此种选择？其二，该国包括海水资源开发在内的水资源政策为何？如何通过海水利用法律制度推行国家政策？其三，该国海水资源的权属如何，通过何种途径予以确定？其四，该国通过哪些有特色的法律制度对海水开发利用活动进行管理？如何运用法律制度针对海水淡化成本较高、环境和健康影响日益凸显的问题算好经济和环境健康两本账？

二、阿尔及利亚海水淡化立法经验及其启示

（一）阿尔及利亚海水淡化概况

阿尔及利亚地处非洲北部，是非洲最大的国家。[1] 同时，其又位于

---

〔1〕 See United States Central Intelligence Agency, *The World Factbook: Algeria*, United States Central Intelligence Agency (Apr. 19, 2022), https://www.cia.gov/the-world-factbook/countries/algeria/.

全球水资源最为匮乏的中东和北非地区。[1] 阿尔及利亚国土面积约为238.17万平方公里,2022年人口数量大约为4417.9万;超过80%的国土是沙漠,整体气候特征为干旱到半干旱。[2] 干旱少雨的气候和降水的地区、季节分布不均,造成阿尔及利亚饮用水供应不足。在全球独立环境研究机构世界资源研究所(World Resources Institute, WRI)2015年的全球水压力排名中,阿尔及利亚2010年的水压力在参与排名的167个国家中位列第48位,2040年的预期水压力排名则升至第30位。[3]

阿尔及利亚的供水情况不容乐观,是中东和北非地区唯一一个2015年饮用水供水率与1990年相比不升反降的国家。[4] 这主要是由于在用水需求快速持续上升的同时,长期持续干旱造成天然水源过分使用,并消耗了大量水资源储备。面对这种情况,阿尔及利亚通过颁布新的法律以及采用新的管理原则,旨在选择综合型、参与型、经济型和生态型的水资源管理道路。[5] 在此政策框架内,阿尔及利亚转向海水淡化这一替代性水源战略,以保障沿海城市的饮用水需要。

阿尔及利亚建设了许多大型海水淡化设施,一个大型海水淡化项目总成本可达数亿美元,如果完全由政府负担,会造成财政压力过大。为此,阿尔及利亚采用了国际上能源和资源基础设施建设领域常见的公私合营(Public - Private Partnership,PPP)模式来建设海水淡化项目。政府通过竞争性招标筛选出中标方,由国有公司代表政府与中标方签署协议,共享项目公司股权、共建设施。阿尔及利亚政府不直接向中标方支

---

[1] See World Bank, *Beyond Scarcity: Water Security in the Middle East and North Africa - MENA Development Report*, World Bank, 2018, p. xxiv、xxv.

[2] See United States Central Intelligence Agency, *The World Factbook: Algeria*, United States Central Intelligence Agency (Apr. 19, 2022), https://www.cia.gov/the - world - factbook/countries/algeria/.

[3] See Tianyi Luo, Samuel Young & Paul Reig, *Technical Note: Aqueduct Projected Water Stress Country Rankings*, World Resources Institute, 2015, p.6、11.

[4] See Helen Chapin Metz, *Algeria: A Country Study*, Library of Congress Federal Research Division, 1994, p.76; UNICEF & WHO, *Progress on Sanitation and Drinking Water: 2015 Update and MDG Assessment*, WHO Press, 2015, p.57.

[5] Algérienne des eaux, *Dessalement de l'eau de mer*, Algérienne des eaux (Dec. 29, 2017), www.ade.dz/index.php/projets/dessalement.

付建设费用，而是特许中标方在一定年限内将约定量的达标淡化水输入国家水网，并按照其股权比例获得终端用户支付的水费。按照法规要求，特许结束时，设施以及其底部的土地应当归还给国家，且特许权人不得要求获得补偿物。由此可知，阿尔及利亚通过竞争性招标建设的大型海水淡化项目均为比较典型的 BOT（Build-Operate-Transfer，即建设—运营—移交）或 BOOT（Build-Own-Operate-Transfer，即建设—所有—运营—移交）模式。阿尔及利亚也兴建了一批成本相对较低的小型海水淡化厂，由其水务局直接出资建设。截至 2011 年，阿尔及利亚已建成或建设中的大型海水淡化设施有 13 座，日产能达 261 万立方米。[1] 阿尔及利亚政府计划到 2020 年在 1300 千米的海岸线上建设 28 座大型海水淡化设施。[2]

（二）阿尔及利亚海水淡化法律框架

阿尔及利亚海水淡化法律框架如图 6 所示。

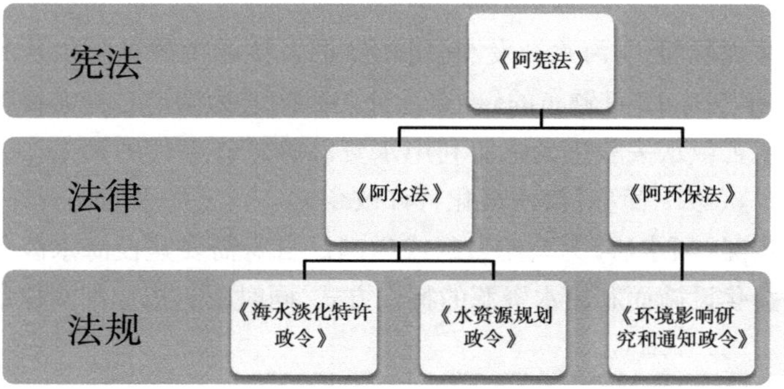

图 6　阿尔及利亚海水淡化法律框架

注：图中的法律法规名称均为简称，其原文及中文全称见后文。

---

〔1〕 See Mohamed Chohra & Cheng Hu, *Contractual Issues, Market Risks and Strategic Choices in Algerian PPP Seawater Desalination Projects*, International Journal of Advances in Management Science, Vol. 1, p. 13 – 19 (2012).

〔2〕 See Mohamed Chohra & Cheng Hu, *Contractual Issues, Market Risks and Strategic Choices in Algerian PPP Seawater Desalination Projects*, International Journal of Advances in Management Science, Vol. 1, p. 13 – 19 (2012).

阿尔及利亚海水淡化法律框架中,位阶最高的是《阿尔及利亚民主人民共和国宪法》(以下简称《阿宪法》)。[1] 《阿宪法》规定了海水资源的国家所有制度。《阿宪法》还规定,国会(Parlement)有权在"与环境相关的一般规则""有关水的一般制度"等领域制定法律。

在法律层面,对海水资源进行管理的基本法律是2005年8月4日颁布的《与水相关的第05-12号法律》(以下简称《阿水法》)。[2] 《阿水法》规定,包括海水在内的非传统水资源以及包括淡化海水在内的自然水利公共区域(domaine public hydraulique naturel)均受到该法的规制。[3] 该法规定了适用于海水资源的水资源利用特许制度等基本制度。除《阿水法》外,2003年7月19日颁布的《与可持续发展框架内的环境保护相关的第03-10号法律》(以下简称《阿环保法》)也与海水的开发、利用和保护相关。《阿环保法》定义的"环境"包括水等自然资源,而其规定的环境影响评价制度以及保护水和海洋的具体规定均适用于海水。[4]

在法规层面,与海水开发、利用和保护直接相关的是阿尔及利亚政府2011年6月12日颁布的《确定为公用目的或为满足自身需要建设海水淡化或苦咸水去盐化设施而利用水资源的特许条件的第11-220号行政政令》(以下简称《海水淡化特许政令》)。[5] 《海水淡化特许政令》规定了按照《阿水法》为公用目的或为满足自身需要建设海水淡化或苦咸水去盐化设施而利用水资源的特许方式,同时附有招标细则模版。此

---

[1] Constitution de la République Algérienne Démocratique et Populaire, Modifiée par Loi n° 16-01 du 6 Mars 2016.

[2] Loi n° 05-12 du 28 Joumada Ethania 1426 Correspondant au 4 août 2005 relative à l'eau (Loi relative à l'Eau).

[3] Loi relative à l'Eau, Arts. 4, 6.

[4] Loi n° 03-10 du 19 Joumada El Oula 1424 Correspondant au 19 Juillet 2003 relative à la Protection de l'Environnement dans le Cadre du Développement Durable (Loi relative à la Protection de l'Environnement), Art. 2, Titre Ⅱ-Ch. 4, Titre Ⅲ-Ch. 3.

[5] Décret exécutif n° 11-220 du 10 Rajab 1432 Correspondant au 12 Juin 2011 fixant les Modalités de la Concession d'Utilisation des Ressources en Eau pour l'Établissement d'Installations de Dessalement d'Eau de Mer ou de Déminéralisation d'Eaux Saumâtres pour Cause d'Utilité Publique ou pour la Satisfaction de Besoins Propres (Décret de Dessalement).

外，规定水资源与环境部职权和中央行政组织的政令、建立阿尔及利亚水公司的政令、建立国家净水办公室的政令、2010 年 1 月 4 日颁布的《关于水资源整治指导规划和国家水资源规划的政令》（以下简称《水资源规划政令》）、2007 年 5 月 19 日颁布的《确定环境影响研究和通知的适用范围、内容和批准方式的第 07 – 145 号行政政令》（以下简称《环境影响研究和通知政令》）等多项法规，也与阿尔及利亚海水资源的开发、利用和保护密切相关。[1]

（三）阿尔及利亚海水淡化相关主体

阿尔及利亚与海水淡化相关的主体既包括政府机关和国家公共机构，也包括国有和私人公司，见图 7。

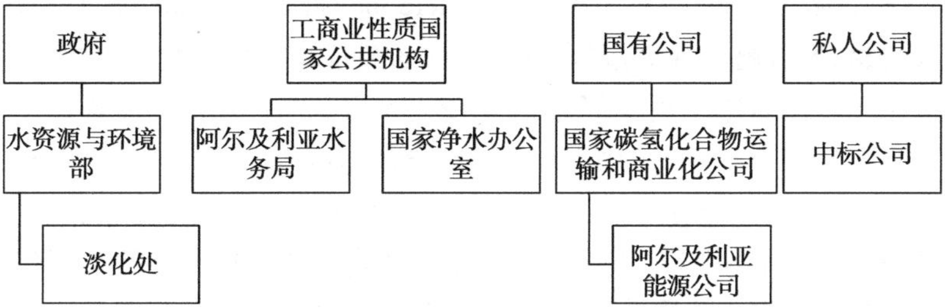

图 7　阿尔及利亚海水淡化相关主体

[1] Décret exécutif n° 16 – 88 du 21 Joumada El Oula 1437 Correspondant au 1er Mars 2016 fixant les Attributions du Ministre des Ressources en Eau et de l'Environnement; Décret exécutif n° 16 – 89 du 21 Joumada El Oula 1437 Correspondant au 1er Mars 2016 portant Organisation de l'Administration Centrale du Ministère des Ressources en Eau et de l'Environnement; Décret exécutif n° 01 – 101 du 27 Moharram 1422 Correspondant au 21 Avril 2001 portant Création de l'Algérienne des Eaux; Décret exécutif n° 01 – 102 du 27 Moharram 1422 Correspondant au 21 Avril 2001 portant Création de l'Office National de l'Assainissement; Décret exécutif n° 10 – 01 du 18 Moharram 1431 Correspondant au 4 Janvier 2010 relatif au Plan Directeur d'Aménagement des Ressources en Eau et au Plan National de l'Eau; Décret exécutif n° 07 – 145 du 2 Joumada El Oula 1428 Correspondant au 19 Mai 2007 déterminant le Champ d'Application, le Contenu et les Modalités d'Approbation des Études et des Notices d'Impact sur l'Environnement (Décret EIE).

水资源与环境部(Ministère des ressources en eau et de l'environnement)由阿尔及利亚政府于 2016 年合并设立。[1] 水资源与环境部部长负责提议和实施水资源和环境领域的国家政策,水资源与环境部的相关职权包括对非传统水资源的评价、生产和进行相关研究。[2] 鉴于海水淡化对阿尔及利亚水资源供应的重要性,水资源与环境部特别设立淡化处(la direction du dessalement),淡化处又下设海水淡化分处、苦咸水去盐化分处和特许跟踪分处三个分处。[3]

除政府机关外,阿尔及利亚还于 2001 年设立了两个国家公共机构:阿尔及利亚水务局(Algérienne des eaux,ADE)和国家净水办公室(Office national d'assainissement)。两个机构均为工商业性质的国家公共机构(établissement public national à caractère industriel et commercial),具有法人资格,享有财政独立地位;其与国家的关系受行政法调整,与第三方的关系则由民商法调整;两个机构均受到水资源与环境部的监督。[4]

阿尔及利亚水务局的职责包括授权按照需要发展非传统水资源,并作为授权管理机关按照公共服务授权协议管理向公私法人发放水资源公共服务特许事项。[5] 作为非传统水资源的一种,海水资源在阿尔及利亚水务局的管理权限范围内,并被其作为水资源生产的原料纳入国家饮用水和工业用水管理体系。实践中,阿尔及利亚水务局往往作为淡化水接收方将淡化海水接入国家水网,个别情况下,阿尔及利亚水务局也直接持有海水淡化项目公司股权。国家净水办公室在全国范围内保护

---

[1] Décret exécutif n° 16 – 88 du 21 Joumada El Oula 1437 Correspondant au 1er Mars 2016 fixant les Attributions du Ministre des Ressources en Eau et de l'Environnement, Art. 14.

[2] Décret exécutif n° 16 – 88 du 21 Joumada El Oula 1437 Correspondant au 1er Mars 2016 fixant les Attributions du Ministre des Ressources en Eau et de l'Environnement, Arts. 1 – 3.

[3] Décret exécutif n° 16 – 88 du 21 Joumada El Oula 1437 Correspondant au 1er Mars 2016 fixant les Attributions du Ministre des Ressources en Eau et de l'Environnement, Art. 5.

[4] Décret exécutif n° 01 – 101 du 27 Moharram 1422 Correspondant au 21 Avril 2001 portant Création de l'Algérienne des Eaux, Arts. 1 – 5; Décret exécutif n° 01 – 102 du 27 Moharram 1422 Correspondant au 21 Avril 2001 portant Création de l'Office National de l'Assainissement, Arts. 1 – 5.

[5] Décret exécutif n° 01 – 101 du 27 Moharram 1422 Correspondant au 21 Avril 2001 portant Création de l'Algérienne des Eaux, Art. 6.

水利环境，并与地方政府协商实施国家净水政策，如负责海上排水渠等净水基础设施建设的检查和经营。[1]

阿尔及利亚海水资源的开发、利用和保护也离不开国有公司的参与。国有公司为国家碳氢化合物运输和商业化公司（Société Nationale de Transport et de Commercialisation des Hydrocarbures，Sonatrach），成立于1963年，是非洲乃至地中海地区最大的碳氢化合物能源公司。[2] Sonatrach通过参与海水淡化等产业，使其投资组合多样化。[3] 在海水淡化项目中，Sonatrach既作为接收方直接将淡化水接入国家水网，也通过其子公司阿尔及利亚能源公司（Algerian Energy Company，AEC）间接进行海水淡化项目招标。AEC于2001年设立，自2018年开始由Sonatrach 100%控股。[4] AEC负责阿尔及利亚发电和海水淡化相关产业发展。在海水淡化领域，AEC常在大型海水淡化项目中作为招标方，中标方与AEC建立项目公司，共同开发海水淡化项目。

中标公司与阿尔及利亚水务局或者AEC组建项目公司，设计和建设海水淡化设施，并按其股权比例承担项目成本。大型海水淡化项目往往可以获得由阿尔及利亚国家和地方银行提供的低息贷款，用以支持项目初期的融资需求。海水淡化设施投产后，项目公司在特许期内将淡化水通过阿尔及利亚水务局或Sonatrach输入国家水网，并取得终端用户支付的水费。中标公司将按其股权比例获得水费的一部分，用以收回其项目成本，并取得一定的收益。中标公司往往也会负责对海水淡化设施进行维护和管理，并收取相应的管理费。

阿尔及利亚大型海水淡化项目的中标方几乎全部为私人公司，来自新加坡、马来西亚、西班牙、英国、南非、美国、加拿大等国，其中包括不少

---

〔1〕 Décret exécutif n° 01 – 102 du 27 Moharram 1422 Correspondant au 21 Avril 2001 portant Création de l'Office National de l'Assainissement, Art. 6.

〔2〕 Sonatrach, Sonatrach：Une Compagnie Pétrolière & Gazière Intégrée, Sonatrach, p. 3.

〔3〕 Sonatrach, Sonatrach：Une Compagnie Pétrolière & Gazière Intégrée, Sonatrach, p. 3, 14.

〔4〕 See AEC, *Algerian Energy Company*, AEC (2018), https://aec.dz/qui – sommes – nous/.

上市公司。[1] 此外,除个别项目外,阿尔及利亚国有资本的股权比例多低于50%。这可能主要是为了调动私人公司的积极性,让其对于项目公司的经营有更大的甚至是决定性的发言权,也便于获得出售淡化海水的报酬。

(四)阿尔及利亚海水淡化特色法治经验

阿尔及利亚的海水淡化法,以海水资源国家所有为基础,以特许制度为最大特色。总体而言,阿尔及利亚所建立起的与海水淡化相关的各项法律制度旨在将海水淡化活动纳入法治轨道,并为其提供明确的法律依据。阿尔及利亚海水淡化的主要法律制度,见表8。

表8 阿尔及利亚海水淡化的主要法律制度

制度	宪法	法律	法规
海水资源国家所有制度	《阿宪法》第18条、第19条	《阿水法》第2条、第4条	—
水资源利用特许制度	—	《阿水法》第71条、第77条、第86条、第89条	《海水淡化特许政令》
海水资源权利变动制度	—	《阿水法》第2条、第4条	《海水淡化特许政令》第10~14条
环境影响评估等环保制度	—	《阿环保法》第15条、第16条、第52条	《海水淡化特许政令》第7条 《环境影响研究和通知政令》

1. 基础制度:海水资源国家所有

根据《阿宪法》第18条,公共财产(la propriété publique)为国家的财产(bien de la collectivité nationale),而公共财产既包括"国家海域不同

[1] See Mohamed Chohra & Cheng Hu, *Contractual Issues*, *Market Risks and Strategic Choices in Algerian PPP Seawater Desalination Projects*, International Journal of Advances in Management Science, 2012, Vol. 1, p. 13 – 19 (2012).

区域内的矿物的、自然的和有生命的财富”，也包括“水”[1]。依据《阿宪法》第19条，国家确保为未来世代利益而理性利用自然资源，也保护水利公共区域(domaine public hydraulique)。[2] 而《阿水法》第2条规定，“利用、管理和可持续发展水资源的目标是为了保证……开发任何性质的非传统水资源，以增加水的潜力”[3]。海水即为非传统水资源的一种。《阿水法》第4条明确将淡化海水纳入该法所规制的自然水利公共区域(domaine public hydraulique naturel)：“本法所称的自然水利公共区域包括……为公用目的而淡化的海水……构成的非传统水资源。”[4]

《阿宪法》和《阿水法》的上述条文确立了阿尔及利亚海水资源国家所有制度，也明确了海水资源的法律性质，即受到《阿宪法》保护的公共财产和国家财产，具体而言是水利公共区域中的自然水利公共区域。海水资源也是国家为了未来世代的利益而理性利用的自然资源。

2. 核心制度：水资源利用特许

水资源利用特许是阿尔及利亚海水淡化法律制度中的核心制度。水资源利用特许，是按照《阿水法》和配套法规规定的方式“向提出特许申请的自然人、公法人或私法人发放公法文件”[5]。《阿水法》第71条规定：“自然人、公法人和私法人通过抽取水的施工工程和设施的方式或者为水产养殖的目的对水资源的任何利用，包括……非传统水资源，必须取得有权行政机关按照本法和本法实施细则的规定发放的许可或特许方可实施。”《阿水法》第77条规定：“如果操作涉及……为公用目的或为满足自身需要建立海水淡化或苦咸水去盐化设施，适用水资源利用特许制度。”由此，开发海水淡化工程应当取得水资源利用特许。《海水淡化特许政令》明确规定了特许申请的程序性问题，包括受理机关、申请

[1] Constitution de la République Algérienne Démocratique et Populaire, Modifiée par Loi n° 16-01 du 6 Mars 2016, Art. 18.

[2] Constitution de la République Algérienne Démocratique et Populaire, Modifiée par Loi n° 16-01 du 6 Mars 2016, Art. 19.

[3] Loi relative à l'Eau, Art. 2.

[4] Loi relative à l'Eau, Art. 4.

[5] Loi relative à l'Eau, Art. 76.

内容、审查程序、批准程序、招标细则的签署和批准等。[1] 特许发放前，出让机关和特许权受让人应签署特定招标细则，且应当在该细则的基础上建设海水淡化设施。[2] 批准特许的政令应当与正式获得同意的特定招标细则一起送达申请人。

取得水资源利用特许后，特许权所有人在享有特许收益的同时，也必须履行一定的义务。依据《阿水法》第 89 条，特许权所有人应当以理性和经济的方式利用水资源、遵守水利工程建设和开发的相关规定、尊重其他水资源使用者的权利、建设测量或计算水消费的设施并接受获得授权的公务人员的检查干预。[3]

3. 相关制度：海水资源权利变动

对于水资源利用特许的后续变动，要从希望变更特许的主体出发分别探讨。阿尔及利亚法律严禁特许权受让人流转海水资源相关权利：《海水淡化特许政令》第 11 条和第 14 条明确了海水淡化设施底部土地的公有性质，并要求特许权受让人为使用公共土地支付特许权使用费；第 10 条和第 13 条则规定，为公用目的建成的设施和底部土地的国家所有属性，在特许期间和特许结束后并不会发生改变；在特许权受让人不遵守招标细则的情况下，国家可在催告后撤销特许；在特许结束且特许未经续期的情况下，国家可收回为公用目的建成的设施和底部土地，并且无须提供补偿。海水淡化设施及其底部土地的所有权一直归属于国家，特许权受让人在特许下仅享有对水资源和相关设施的使用权或者用益权，并需要支付相应的公有土地特许权使用费。《海水淡化特许政令》第 12 条还进一步禁止特许权受让人的权利流转："建设海水淡化设施的特许不得转让，不得转租给第三人，违者将丧失权利。"这表明特许权受让人在特许下所享有的乃是一种对特定对象（水资源和相关设施）的有限的、不可流转的使用权或者用益权。

从出让机关的角度来看，如果存在不符合《阿水法》及相关法规或

---

〔1〕 Décret de Dessalement, Arts. 2 – 9, Annexe.

〔2〕 Loi relative à l'Eau, Art. 78.

〔3〕 Loi relative à l'Eau, Art. 89.

招标细则规定的情况，可撤销特许，且无需补偿。[1] 如果被认定存在浪费水的情况，可由水资源行政机关暂停特许。此外，按照《阿水法》第 86 条，也可为公共利益改变、减少或撤销特许；如果特许权所有人受到直接损害，应按照招标细则规定的条件向其提供补偿。上述规定一方面确保了水资源利用特许的稳定性，另一方面也突出了水资源利用特许的公益性质，体现了对保障水资源合理利用的政策目标的追求。

4. 相关制度：环境影响评估等环保制度

阿尔及利亚海水淡化法律制度的另一个重点是贯穿始终的环境保护制度。《阿环保法》规定，可能对自然环境造成影响的施工和工程项目，必须事先进行环境影响研究或者影响通知，其中环境影响较大的工程需要进行影响研究程序，环境影响较小的工程仅需进行影响通知。[2]《环境影响研究和通知政令》附录一规定，面积 500 平方米以上的水利工程项目适用影响研究程序。大型海水淡化设施面积往往在 500 平方米以上，因此应当进行影响研究。《海水淡化特许政令》第 7 条也规定，当特许申请获得通过时，应补充包括"现行有效的法律和法规规定的影响研究"在内的技术卷宗。根据《阿环保法》和《环境影响研究和通知政令》，影响研究的内容应包括项目基本情况，预期活动，预期活动和替代方案对环境、人体健康、文化遗产、社会经济影响的描述，项目各阶段采取的减少、消除和/或补偿影响的措施及其财务影响等。[3] 影响研究的程序包括影响报告审查、公众调查、批准等。[4]

《环境影响研究和通知政令》规定，在影响研究获得批准前，不得开始任何海水淡化项目的建设。[5] 因此，取得获批的环境影响研究是实施海水开发利用项目的前提。此外，还需要注意环境影响研究制度和水资源利用特许制度的衔接。根据《海水淡化特许政令》的规定，环境影响研究应作为技术卷宗的内容之一在水资源利用特许申请获得通过时

---

〔1〕 Loi relative à l'Eau, Art. 87; Décret de Dessalement, Art. 13.

〔2〕 Loi relative à la Protection de l'Environnement, Arts. 15, 16.

〔3〕 Loi relative à la Protection de l'Environnement, Art. 16; Décret EIE, Art. 6.

〔4〕 Décret EIE, Arts. 7 – 18.

〔5〕 Décret EIE, Art. 22.

予以补充;根据《海水淡化特许政令》附录中的招标细则模版,特许权受让人应当采取影响研究所规定的预防措施。[1]

《阿环保法》对海洋保护的规定可以适用于海水淡化项目。例如,《阿环保法》第52条规定,禁止向阿尔及利亚司法管辖区域内的海水中注入、浸入或焚化可能影响公众健康和海洋生态环境或从海水利用的角度可能改变海水水质的物质和材料。[2] 海水淡化项目若排放作为副产品的高浓度盐水以及其他用于淡化的物质,均有可能改变海水水质、影响公众健康和海洋生态环境等。违反上述规定需要承担刑事责任。[3]

(五)阿尔及利亚经验小结及启示

阿尔及利亚是世界上水资源最为匮乏的中东北非地区的代表性国家,其海水开发、利用和保护的法律制度很有特色,对于我国的海水资源立法有三点启示。

第一,宪法在自然资源开发、利用和保护中具有基础性地位。阿尔及利亚海水资源利用和保护法律制度的基础,是《阿宪法》对海水资源和海域的法律地位和权属的明确规定。受到《阿宪法》保护的是公共财产和水利公共区域两个总括性概念。《阿宪法》同时阐明了公共财产包括水和国家海域内的自然财富。对于海水资源而言,公共财产和水利公共区域均为其母概念。因此,《阿宪法》对公共财产和水利公共区域的概括保护,将海水资源的法律保障上升到宪法高度。同时,《阿宪法》明确了公共财产的国有属性。《阿宪法》对于海水资源权属的规定,成为《阿水法》和《阿环保法》等法律和相关法规所建立的水资源利用特许制度、环境影响评价制度等海水淡化相关制度的宪法基础和逻辑前提。以《阿宪法》的相关规定为基础,阿尔及利亚逐步搭建起海水资源管理的法律框架和制度体系,使其海水淡化业进入法治化轨道。

阿尔及利亚的经验表明,宪法在自然资源开发、利用和保护中具有基础性地位。在我国的海水资源立法实践中,应当重视宪法的地位和作

[1] Décret de Dessalement, Art. 7 et Annexe.
[2] Loi relative à la Protection de l'Environnement, Art. 52.
[3] Loi relative à la Protection de l'Environnement, Titre VI – Chapitre 4.

用。我国《宪法》第9条规定了自然资源的国家所有和全民所有属性,同时规定国家保障自然资源的合理利用。该条在法律上界定了国家对包括海水资源在内的自然资源的直接占有模式和国家所发挥的规制模式的功能。[1] 2018年宪法修正案将生态文明正式写入《宪法》。

第二,海水立法中,应建立和完善核心制度,明确各类主体的权利义务关系,构建完善的法律体系。在《阿宪法》与《阿水法》和《阿环保法》等法律,以及《海水淡化特许政令》《环境影响研究和通知政令》等法规三个层次的海水淡化法律框架中,海水资源的国家所有制度居于基础地位。《阿水法》同样明确了海水资源的国有属性,并规定自然人和法人开发利用海水资源需要取得水资源利用特许,作为特许权受让人在特许和招标细则规定的范围内开展活动。明确海水资源的国有属性,有助于国家以所有权人的身份统一对海水资源进行规划、开发利用和保护,减少由权属问题产生争议的可能,有利于推动海水资源开发利用活动顺利有序开展。对于原本属于私人所有的相关土地,《阿水法》和《海水淡化特许政令》也规定了先由国家取得该类土地的所有权再通过特许给予特许权受让人使用权的规范,保证了自然资源相关土地的国有属性。特许权受让人对作为公共财产和国家财产的海水资源的相关权利的流转受到禁止。

海水淡化产业的非行政主体包括国有公司,也包括中标的私人公司,二者一起运用公私合营模式开展海水淡化设施的建设。AEC作为招标方与中标方(大多为外国私人公司)按照约定的股权比例共同设立项目公司,负责建设和运营阿尔及利亚的大型海水淡化设施项目。AEC的股权比例常为49%,体现了国家对海水淡化项目的控制和参与,也体现了减轻政府财政负担的努力。项目主要采用BOT模式,即项目公司在建设设施、经营获得回报后应将设施无偿归还给国家。这一模式在保障中标方利益和引进外国先进的海水淡化经验和技术的同时,维护了阿尔及利亚本国的利益,符合阿尔及利亚海水资源国有属性的要求。

阿尔及利亚的海水开发、利用和保护活动中最具特色的水资源利用

---

[1] 参见王旭:《论自然资源国家所有权的宪法规制功能》,载《中国法学》2013年第6期。

特许制度，阐明了参与海水淡化设施建设和经营的项目公司的法律地位、权利和义务，并对作为出让人的行政主体与作为特许权受让人项目公司的关系进行了梳理。《阿水法》要求海水淡化工程取得水资源利用特许，项目中标方和国有公司共同设立的项目公司作为特许权受让人在特许期限内可将达标淡化海水输入水网并收取水费，中标方可按照其股权比例获得水费中的一部分。《海水淡化特许政令》规定的特许申请程序体现了行政机关内部的权力划分和协作，如中央和地方政府根据项目的不同性质对受理特许的权力进行的划分，以及海洋公共领域管理、旅游、环境、农业等相关行政机关参与特许申请的审查。同时，该法规对特许申请人提出了详细的材料要求，如申请应包含技术卷宗以及申请获得通过后应对技术卷宗进行补充。按照法规的要求，当特许结束后，设施以及其底部的土地应当归还给国家，且特许权人不得要求获得补偿。上述规定在保障海水资源国家所有的前提下，对私人主体开发利用海水资源给出了明确指引，在公共利益和私人利益之间取得了平衡，有利于保障项目稳定推进。

第三，阿尔及利亚注重从主体、权利、制度等多个层面强调海水利用活动的公益性质，保障经济和环境因素的平衡。虽然蓝色经济着眼于经济发展，但同时也不能忽视其公益性质。针对海水开发利用活动的潜在环境影响，《阿环保法》和《环境影响研究和通知政令》主要通过环境影响研究制度对海水淡化工程的环境影响予以评估、控制和消除。而阿政府也注意环境影响研究制度和特许制度的衔接，在特许申请获得通过后，环境影响研究作为技术卷宗的内容被纳入考量范围。在项目建设过程中，招标细则也要求实施环境影响研究所规定的措施，将环境保护的要求落到实处。

三、澳大利亚海水淡化立法经验及其启示

（一）澳大利亚海水淡化概况

澳大利亚所在的大洋洲是世界上有人类居住的大洲中较为干旱的一个，这使其特别容易受到气候变化的影响。澳大利亚国土面积约为769.20万平方千米，2022年人口数量大约为2414.1万；总体气候特征

为干旱到半干旱,南部和东部为温带气候,北部则为热带气候。[1] 澳大利亚是降水和流水情况多变的地区:尽管国家的大部分地区年均降水量在600~1500毫米,与欧洲和北美多数地区持平,但有约半数地方年均降水量少于300毫米;除了地区的差异外,不同年份的降水也可能差异巨大,自1950年以来,澳大利亚北部和西北部的降水增加,而西海岸和东部大部分地区的降水则有所减少。[2]

降水的多变性对澳大利亚的水资源管理构成了挑战。澳大利亚经常遭遇干旱和洪水,曾在20世纪初和第二次世界大战期间发生过长期干旱,而最近的则是从1996年到2010年年中澳大利亚南部地区遭遇的降水减少、长期干旱的"千年干旱期"(millennium drought)。[3] 自然淡水资源短缺是澳大利亚当前遇到的环境问题之一。[4] 此外,由于被海洋环绕,澳大利亚拥有长达25,760千米的海岸线,以及丰富的海洋生态系统和海洋资源。[5] 这为海水淡化活动提供了基础条件,也对海洋利用活动提出了环境保护要求。

为应对降水量的多变并确保长期和稳定的水供应,澳大利亚各州政

---

〔1〕 See United States Central Intelligence Agency, *The World Factbook:Australia*, United States Central Intelligence Agency (Apr. 14, 2022), https://www. cia. gov/the – world – factbook/countries/australia/.

〔2〕 See Australian Government Bureau of Meteorology, *Water in Australia* 2013 – 14, Bureau of Meteorology, 2015, p. 1, 3; Australian Government Bureau of Statistics, *Year Book Australia* 2012, Bureau of Statistics, 2012, p. 112; Australian Government, *Our Natural Environment*, Australian Government (date not specified), www. australia. gov. au/about – australia/our – country/our – natural – environment.

〔3〕 See Australian Government Bureau of Meteorology, *Water in Australia* 2013 – 14, Bureau of Meteorology, 2015, p. 1; Australian Government Bureau of Meteorology, *Recent Rainfall, Drought and Southern Australia's Long – term Rainfall Decline*, Bureau of Meteorology, 2015.

〔4〕 See United States Central Intelligence Agency, *The World Factbook:Australia*, United States Central Intelligence Agency (Apr. 14, 2022), https://www. cia. gov/the – world – factbook/countries/australia/.

〔5〕 See United States Central Intelligence Agency, *The World Factbook:Australia*, United States Central Intelligence Agency (Apr. 14, 2022), https://www. cia. gov/the – world – factbook/countries/australia/.

府积极使其水供应来源多样化。[1] 除了传统水源外，澳大利亚也使用"具有气候适应性的水资源"(climate resilient water resources)，即"降水和温度变化等气候变量对其影响极小或者没有影响的水资源"；具有气候适应性的水资源中最重要的两种为淡化海水和循环水。[2] 澳大利亚运用新科技，将低质量的咸水和污水变为适宜使用的水，以满足全国对具有气候适应性的水资源日益增长的需求。

在澳大利亚，海水淡化厂最初是为矿场及发电厂而设，为锅炉提供用水或者用来处理需要排放的污水。当时，淡化水生产成本高昂，因而淡化海水无法成为家庭用水的替代性来源。而在"千年干旱期"，遭遇降水减少的澳大利亚东南部和西南部各州的政府开始兴建海水淡化设施，以确保对城市人口的长期淡水供应。同时，技术进步带来的淡化海水成本下降也为海水淡化产业的发展提供了契机。[3] 根据澳大利亚气象办公室(Bureau of Meteorology)的统计数据，2013 年到 2014 年，澳大利亚全国的海水淡化设施共有 91 个，年淡化海水生产能力为 8.79 亿升，实际生产淡水 1.74 亿升。[4]

随着"千年干旱期"于 2010 年结束，成本较低的雨水水源恢复了充

---

〔1〕 See Research Office of Hong Kong Legislative Council Secretariat, *Seawater Desalination in Australia*, Hong Kong Legislative Council, 2015.

〔2〕 See Australian Government Bureau of Meteorology, *Water in Australia* 2013 – 14, Bureau of Meteorology, 2015, p. 1, 3; Australian Government Bureau of Statistics, *Year Book Australia* 2012, Bureau of Statistics, 2012, p. 33; Australian Government Bureau of Meteorology, *Climate Resilient Water Resources: FAQs*, Bureau of Meteorology (date not specified), www.bom.gov.au/water/crews/faq/.

〔3〕 See Research Office of Hong Kong Legislative Council Secretariat, *Seawater Desalination in Australia*, Hong Kong Legislative Council, 2015.

〔4〕 See Australian Government Bureau of Meteorology, *Climate Resilient Water Resources: National Overview*, Bureau of Meteorology (date not specified), www.bom.gov.au/water/crews.

足供应,澳大利亚对淡化海水的需求减少。[1] 虽然作为淡化原料的海水几乎取之不尽,但因为海水淡化设施高昂的建设成本和持续产生的运营成本,澳大利亚各州对已建成的海水淡化设施的利用和扩能都较少。2013 年至 2014 年,澳大利亚的 5 个城市悉尼、墨尔本、珀斯、东南昆士兰和阿德莱德拥有的海水淡化产能达到 5.5 亿升。但 2010 年以后,悉尼、墨尔本、东南昆士兰陆续停止了海水淡化活动。阿德莱德在 2012 年至 2015 年为新建设施试运行使用了淡化海水。但随着该设施在 2015 年至 2016 年几近停用,阿德莱德在 2015 年至 2016 年只使用了极少量的淡化海水。目前,只有西澳大利亚州的珀斯市还在生产和使用淡化海水。[2] 西澳大利亚州是澳大利亚最大的州,面积约为 252.6 万平方公里,2021 年人口数量约为 268.5 万。[3] 西澳大利亚州有两座大型海水淡化厂,即珀斯海水淡化厂(Perth Seawater Desalination Plant)和南部海水淡化厂(Southern Seawater Desalination Plant),两者均在"千年干旱期"修建。两座设施均由州政府全资子公司西澳大利亚水公司(Corporation of Western Australia)所有。[4]

（二）澳大利亚海水淡化法律框架

与澳大利亚海水开发、利用和保护相关的法律法规主要有以下三类:与联邦和州对海水资源的所有权和立法权权力划分相关的宪法和宪法性法律;海水资源开发管理相关法律法规;环境保护相关法律法规。

---

[1] See Australian Government Bureau of Meteorology, *Water in Australia* 2013 – 14, Bureau of Meteorology, 2015, p. 1, 3; Australian Government Bureau of Statistics, *Year Book Australia* 2012, Bureau of Statistics, 2012, p. 112; Australian Government, *Our natural environment*, Australian Government (date not specified), www. australia. gov. au/about – australia/our – country/our – natural – environment.

[2] See Australian Government Bureau of Meteorology, *Climate Resilient Water Resources: National Overview*, Bureau of Meteorology (date not specified), www. bom. gov. au/water/crews.

[3] See Australian Bureau of Statistics, *National*, *State and Territory Population*, Australian Bureau of Statistics (Mar. 17, 2022), https://www. abs. gov. au/statistics/people/population/national – state – and – territory – population/sep – 2021#states – and – territories.

[4] See Research Office of Hong Kong Legislative Council Secretariat, *Seawater Desalination in Australia*, Hong Kong Legislative Council, 2015.

作为联邦制国家,澳大利亚在海水资源管理方面存在联邦政府和州政府的权力划分问题。《澳大利亚联邦宪法法案》(Commonwealth of Australia Constitution Act,以下简称《澳大利亚宪法》)和1973年《海域与下沉陆地法案》(Seas and Submerged Lands Act)、1980年《海岸水域(州权力)法案》[Coastal Waters (State Powers) Act]以及1980年《海岸水域(州所有权)法案》[Coastal Waters (State Title) Act]等联邦法律明确了州对其相邻3海里内领海的所有权和立法权,而其他离岸区域的权力则归属于联邦政府。[1]因而,在陆地和近岸区域进行的海水开发利用活动主要在州的权限范围内,应受到州法的规制。

同时,根据《澳大利亚宪法》的规定和2004年各州达成的《国家水规划》(National Water Initiative)等协议,联邦政府也具有一定的水资源管理权限,特别是在实施全国统一水资源政策和跨区域、跨流域政策方面。例如,适用于墨累－达令流域(Murray-Darling Basin)地区的联邦立法2007年《水法案》(Water Act)通过要求州制定或认可州内水规划实现全流域规划。[2] 此外,由于联邦拥有对除上述海域以外的其他离岸区域的所有权和立法权,而海水开发利用活动又不可避免地会影响到更大范围的海洋生态系统和环境,因此海水开发、利用和保护也涉及联邦管理。[3] 因此,澳大利亚的海水资源开发、利用和保护也离不开联邦层面的水资源管理和海洋法律和政策。

以西澳大利亚州为例,与海水资源开发和管理相关的法律法规包括水资源管理、产业发展和环境保护等方面的法律法规。由于淡化海水属于水资源的一种,海水淡化活动受到州水资源管理法的规制。西澳大利

---

〔1〕 参见《澳大利亚联邦宪法法案》,王桢均、赵真译,载《世界各国宪法》编辑委员会编译:《世界各国宪法(美洲大洋洲卷)》,中国检察出版社2012年版;National Oceans Office, *Ocean Management – the Legal Framework*, *The South – east Regional Marine Plan Assessment Reports*, National Oceans Office, 2002, p. 5 – 9.

〔2〕 See Jennifer McKay, *Water Law in the Australian Federation*: *The Move Towards Centralism*, Paper presented at Water Management in Federal and Federal – Type Systems, Zaragoza, Spain, 7 – 9 July 2008.

〔3〕 See National Oceans Office, *Ocean Management – the Legal Framework*, The South – east Regional Marine Plan Assessment Reports, National Oceans Office, 2002, p. 7 – 8.

亚州有6部水资源管理法律。[1] 依据其中的2012年西澳大利亚州《水服务法》(West Australia Water Services Act)和1984年西澳大利亚州《水务机构权力法》[West Australia Water Agencies (Powers) Act]设立的西澳大利亚水公司拥有和经营州内的海水淡化设施。西澳大利亚州正致力于将六部法律整合为一部。[2] 与产业发展相关的法律和政策则包括西澳大利亚州水规划、许可法和标准法。在环境保护领域,1986年西澳大利亚州《环境保护法》(West Australia Environmental Protection Act)规定了海水开发利用中的环境许可和环境监测制度。[3]

(三)澳大利亚海水淡化相关主体

澳大利亚联邦层面与海水淡化相关的行政主体主要包括农业与水资源署(Department of Agriculture and Water Resources)、气象办公室、环境与能源署(Department of the Environment)、基础设施与地区发展署等。农业与水资源署负责实施联邦与水资源相关的立法以及各项联邦水规划;气象办公室负责收集水信息;环境与能源署负责处理与环境有关的政策、计划及运作事宜,包括推行及改革涉及全国水资源及相关基础设施建设的政策。[4]

在西澳大利亚州,州层面的水资源管理行政主体为2017年7月1日机构合并后诞生的西澳大利亚州政府水与环境监管署(Government of Western Australia Department of Water and Environmental Regulation)。西澳大利亚州环境保护局(Government of Western Australia Office of the Environmental Protection Authority, OEPA)也会对海水开发利用活动所

---

[1] See Government of Western Australia Department of Water and Environmental Regulation, *Water Resources Management Legislation*, Government of Western Australia Department of Water and Environmental Regulation (Aug. 27, 2015), http://www.water.wa.gov.au/legislation/current - legislation/water - resources - management - legislation.

[2] See Government of Western Australia, *Draft Water Reform Bill*, Government of Western Australia (Jan. 13, 2022), https://www.wa.gov.au/service/building - utilities - and - essential - services/water - supply/water - reform - bill.

[3] See West Australia Environmental Protection Act 1986, Sec. V.

[4] See Research Office of Hong Kong Legislative Council Secretariat, *Seawater Desalination in Australia*, Hong Kong Legislative Council, 2015.

涉及的环境问题进行管理。西澳大利亚州的海水开发利用其他参与方包括西澳大利亚水公司,由该公司统一进行水的批发和零售活动。

(四)澳大利亚海水淡化特色法治经验

1. 海水资源权属制度

海水资源具有双重性质,既是水资源的来源之一,也是一种离岸区域资源。《澳大利亚宪法》中与水资源相关的主要条款有二:一是在宪法制定过程中,为了消除部分州对其他州的河水灌溉需求可能对河流航行和贸易造成影响的担忧,《澳大利亚宪法》第 98 条规定,"议会对于贸易与商业的立法权延伸至航行、航运和作为州财产的铁路"。二是为了打消有灌溉用水需求的州对于联邦干预行为的顾虑,《澳大利亚宪法》第 100 条对联邦的权力也施加了限制,"联邦不应通过有关贸易或商业的法律或法规克减州或其居民为保护或灌溉而合理使用河水的权利"[1]。除《澳大利亚宪法》中的限制以外,各州对水资源管理具有完全的立法权。[2] 但是,《澳大利亚宪法》并未规定海水资源这一特定水资源的权属。海水位于离岸区域,但《澳大利亚宪法》未明确规定离岸区域的权属。[3]

离岸区域的联邦—州权力划分问题最初并未引起太大重视。殖民地时期,英国殖民办公室(British Colonial Office)发展起来的"殖民地治外无立法能力"理论(doctrine of colonial extraterritorial legislative incompetence)和英国 R v. Keyn 一案确立的"无立法则法院的普通法管辖权终止于海岸"原则极大地限制了各殖民地(澳大利亚各州的前身)对离岸区域进行立法;实际上,从澳大利亚 1901 年建国到第二次世界大战结

---

[1] Paul Kildea & George Williams, *The Constitution and the Management of Water in Australia's Rivers*, Sydney Law Review, 2010, Vol. 32, p. 601;《澳大利亚联邦宪法法案》,王桢均、赵真译,载《世界各国宪法》编辑委员会编译:《世界各国宪法(美洲大洋洲卷)》,中国检察出版社 2012 年版。

[2] See Jennifer McKay, *Water Law in the Australian Federation: The Move Towards Centralism*, Paper presented at Water Management in Federal and Federal – Type Systems, Zaragoza, Spain, 7 – 9 July 2008.

[3] See National Oceans Office, *Ocean Management – the Legal Framework*, *The South – east Regional Marine Plan Assessment Reports*, National Oceans Office, 2002, p. 5.

束,无论是联邦还是各州都几乎未对离岸区域进行立法。随着 20 世纪 60 年代海底石油被发现,海洋所蕴含的巨大利益引起了澳大利亚联邦和州政府的关注,离岸区域的权属问题才被提上议事日程。[1]

对澳大利亚离岸区域进行管理的最重要的联邦立法是 1973 年《海域与下沉陆地法案》,该法案规定除建国前夕归属于各州的水域外(仅包括部分内水),领海全部归联邦所有。[2] 该法在其后各州提起的合宪性诉讼中被澳大利亚最高法院(High Court)认定为合宪,[3]不过各州的强烈不满最终让联邦政府和州政府重新就离岸区域管辖权问题进行谈判。联邦政府与州政府于 1979 年达成《离岸宪法协议》(Offshore Constitutional Settlement),确认了最高法院和 1973 年《海域与下沉陆地法案》的立场,但同时联邦也对各州作出让步:各州对领海基线 3 海里内的海洋和海床具有管辖权。[4] 《离岸宪法协议》通过立法形式得以确认:1980 年《海岸水域(州所有权)法案》和 1980 年《海岸水域(州权力)法案》分别明确了州对其相邻 3 海里内领海的所有权和立法权。[5] 以海水淡化为主的海水资源开发利用活动主要发生在陆地和近岸区域,所利用的海水也主要位于这一区域。因此,开发利用的海水资源应归属于相应的州,由各州所有和管辖。

2. 涉及海水资源的规划和标准制度

在澳大利亚联邦范围内,联邦政府和各州政府于 2004 年达成的《国家水规划》协议是澳大利亚的"国家水改革蓝图"(national blueprint for water reform),是联邦和各州为了提高澳大利亚用水效率、实现更高的

---

〔1〕 See National Oceans Office, *Ocean Management – the Legal Framework*, *The South – east Regional Marine Plan Assessment Reports*, National Oceans Office, 2002, p. 6.

〔2〕 See Seas and Submerged Lands Act 1973, Sec. 6 and Sec. 14.

〔3〕 See New South Wales v. Commonwealth, (1975) 135 CLR 337.

〔4〕 See National Oceans Office, *Ocean Management – the Legal Framework*, *The South – east Regional Marine Plan Assessment Reports*, National Oceans Office, 2002, p. 7.

〔5〕 《澳大利亚联邦宪法法案》,王桢均、赵真译,载《世界各国宪法》编辑委员会编译:《世界各国宪法(美洲大洋洲卷)》,中国检察出版社 2012 年版;See National Oceans Office, *Ocean Management – the Legal Framework*, *The South – east Regional Marine Plan Assessment Reports*, National Oceans Office, 2002, p. 5.

投资确定性和生产力而制定的。[1] 按照《国家水规划》，各州的承诺包括：准备综合水规划；在过度分配和受到压力的水系统中实现可持续水使用；引入水权登记和标准以便进行水审计；扩展水权贸易；改善水储存和运输定价；更好地管理城市水需求等。[2] 为推动实施规划，澳大利亚2007年《水法案》要求联邦生产力委员会（Productivity Commission）每三年评估一次《国家水规划》的进展和其他水改革活动的进展。[3] 生产力委员会于2021年9月发布了2020年报告。[4] 西澳大利亚州根据《国家水规划》的承诺制定了本州的水规划。

联邦政府也曾实施《国家城市用水和海水淡化规划》（National Urban Water and Desalination Plan），以确保各主要城镇获得供水，同时减少对雨水的依赖。[5] 根据该规划，联邦政府拨款资助有关海水淡化、水循环再利用的基础设施建设项目和研究。不过目前该规划和资助已经停止。

3. 环境保护制度

西澳大利亚州环境监管署对海水淡化项目进行审批，发布部级声明（Ministerial Statement）。此外，西澳大利亚州两个投产的海水淡化设施须进行环境相关的申报，并在其网站公布。州环境保护局根据《西澳大利亚州环境保护法》第46条的要求，提交报告给州环境监管署，由州环

---

〔1〕 See Australian Government Department of Agriculture, Water and the Environment, *National Water Reform*, Australian Government Department of Agriculture, Water and the Environment (Apr. 7, 2022), https://www.awe.gov.au/water/policy/policy/nwi#toc_1.

〔2〕 See Intergovernmental Agreement on a National Water Initiative between the Commonwealth of Australia and the Governments of New South Wales, Victoria, Queensland, South Australia, the Australian Capital Territory and the Northern Territory, Council of Australian Governments, 2004.

〔3〕 See Australian Government Department of Agriculture, Water and the Environment, *National Water Reform*, Australian Government Department of Agriculture, Water and the Environment (Apr. 7, 2022), https://www.awe.gov.au/water/policy/policy/nwi#toc_2.

〔4〕 See Australian Government Productivity Commission, *National Water Reform* 2020, 2021.

〔5〕 See Australian Government Department of Agriculture and Water Resources, *National Urban Water and Desalination Plan*, Australian Government Department of Agriculture and Water Resources (Jun. 13, 2022), https://www.awe.gov.au/water/policy/urban/completed-programmes/national-urban-water-and-desalination-plan.

境监管署要求海水淡化设施项目方进行更严格的合规申报。针对峡湾底部水溶氧量减少的问题,州环境监管署要求珀斯海水淡化设施项目方执行海洋监测和管理计划(marine monitoring and management plan, MMMP)进行海洋监测。监测频率几经调整,为一季度一测。[1]

(五)澳大利亚经验小结及启示

澳大利亚并无海水利用专项立法,其海水利用活动主要受到州水资源管理和环境保护法的规制,同时联邦也通过《国家水规划》影响各州的水资源规划和标准。澳大利亚的经验中有两点值得借鉴。

一是在水环境保护领域发挥行政规划,即规划监督的功能。澳大利亚的联邦政府和州政府都会对海水开发、利用和保护进行管理,规划在其中发挥重要作用。联邦层面的《国家水规划》旨在提高澳大利亚全国的用水效率、实现更高的投资确定性和生产力,并且明确规定了各州需要制定综合水规划,并开展相应的工作。此外,联邦政府还考虑到城市用水需求和海水淡化的前景,专门制定并实施《国家城市用水和海水淡化规划》,旨在通过拨款资助推动海水淡化、水循环再利用相关产业发展,确保主要城镇的水安全。值得注意的是,澳大利亚通过特别的公共咨询程序来确保水安全行政规划的有效实施。上文已提及,澳大利亚联邦生产力委员会根据立法授权对《国家水规划》在联邦和各州层面的进展情况进行公共咨询,并发布咨询报告,提出政策建议。生产力委员会成立于 1998 年,是澳大利亚政府主要的经济政策咨询机构,直接对国会负责,其主要职能是公共咨询,在充分听取利益相关方意见、鼓励公众参与的程序之下形成咨询报告,过程中坚持独立性、透明性和全局性的原则。[2] 从行政规划法的角度看,通过生产力委员会这一专门机关和权力性监督主体对水安全领域的行政规划的实施情况进行监督是非常有

---

〔1〕 See Perth Seawater Desalination Plant, *Compliance Assessment Report*, *Ministerial Statements* 655 &832, 1 July 2016 to 30 June 2017.

〔2〕 参见连启华、冷云生:《学习先进经验 推进科学决策——澳大利亚生产力委员会考察报告》,载国家发展和改革委员会网,https://www. ndrc. gov. cn/fggz/tzgg/byggdt/200712/t20071226_1021800. html? code = &state = 123。

特色的。[1] 而根据生产力委员会网站对此项公共咨询过程的描述，在形成咨询报告的过程中，生产力委员会听取了相关方和公众的几轮意见，并在最终报告中有所反映。[2] 这体现了生态环境安全法合作治理原则的重要性，做到了在涉及国家重要安全战略的问题上统筹兼顾各个利益群体，扩大公众参与程度。在最终咨询报告的支持文件中，有专门题为“环境管理”(environmental management)的文件，对《国家水规划》下环境用水近年来的进展情况和进步方向进行了详细分析。[3] 这也确保了在水安全规划中充分考虑生态环境的保护问题。

二是从程序的角度加强与海水淡化相关的海洋环境保护立法。澳大利亚的海水淡化相关法规规定了富有特色的设施环境影响申报和公布制度。这些制度不仅对海水淡化活动中的环境合规风险予以量化，为设施运营方提供了更明确的合规指引，也通过公布行为将海水开发活动置于公众的监督之下，促进了海水利用活动领域的公众参与，增强了海水开发利用活动和行政监管的透明度。

四、以色列海水淡化立法经验及其启示

(一)以色列海水淡化概况

以色列处于水资源匮乏的中东—北非区域，境内几乎全是干旱地区，约60%的土地被南面的内盖夫沙漠覆盖。同时，以色列降雨量很少，天然淡水资源主要来自国内唯一的淡水湖加利利海以及地中海沿岸的沿海含水层和山区含水层。[4] 2010年到2050年，以色列的天然水源

[1] 参见莫于川主编:《行政规划法治论》，法律出版社2016年版，第167~176页。

[2] See Australian Government Productivity Commission, *Completed Inquiries: National Water Reform* 2020, Productivity Commission (date not specified), https://www.pc.gov.au/inquiries/completed/water-reform-2020#report.

[3] See Australian Government Productivity Commission, *National Water Reform* 2020 *Inquiry Report*, *Supporting Paper C: Environmental Management*, Productivity Commission (May 28, 2021), https://www.pc.gov.au/inquiries/completed/water-reform-2020/report/water-reform-2020-supportingc.pdf.

[4] 参见香港立法会秘书处资料研究组:《以色列的海水化淡概况》，香港立法会，2015年。

供水量预计在10.20～12.00亿立方米/年。[1] 同时,以色列用水需求量较大且呈上升趋势。以色列《国家水部门长期总体规划》(Long-Term Master Plan for the National Water Sector,以下简称《以色列长期规划》)预测,以色列用水总需求将从2010年的21.31亿立方米上升到2050年的35.71亿立方米。[2] 其中,城市用水几乎翻倍,超越农业用水成为水的第一大用途。需求的增长对以色列有限的天然水资源造成了巨大压力。[3] 世界资源研究所2015年全球水压力排名中,以色列2010年的水压力排名第13位,2040年的预期水压力排名则升至第8位。[4]

面对缺水的现实,以色列预备在未来几十年内逐步减少对天然饮用水的依赖,以确保水供应安全,实现其"在得到认可的水质、水量、效率和经济可行性的基础上、可持续地向所有消费者供应水"的国家政策目标。[5] 以色列的水资源政策措施主要包括开源和节流两部分。海水淡化是以色列弥补用水缺口的主要开源措施之一。以色列2010年的水源包括2.80亿立方米的淡化海水;预计到2050年,淡化海水将增至7.50亿立方米,余下的6.71亿立方米供水缺口也将由淡化海水和进口水予以满足。[6]

2002年3月,以色列在规划结论的基础上通过政府决定,大力发展海水淡化产业。[7] 以色列政府计划通过海水淡化这一不依赖于降水的水源实现以色列的水平衡,保障国家水安全。2003年,以色列的首座海

---

[1] See Israel Water Authority, *Long – Term Master Plan for the National Water Sector, Part A – Policy Document*, Version 4, Israel Water Authority, 2012, p. 14.

[2] See Israel Water Authority, *Long – Term Master Plan for the National Water Sector, Part A – Policy Document*, Version 4, Israel Water Authority, 2012, p. 14.

[3] 参见香港立法会秘书处资料研究组:《以色列的海水化淡概况》,香港立法会,2015年。

[4] See Tianyi Luo, Samuel Young & Paul Reig, *Technical Note: Aqueduct Projected Water Stress Country Rankings*, World Resources Institute, 2015, p. 6, 10.

[5] See OECD, *OECD Environmental Performance Reviews: Israel*, OECD, 2011, p. 109.

[6] 参见香港立法会秘书处资料研究组:《以色列的海水化淡概况》,香港立法会,2015年。

[7] See Israel Ministry of National Infrastructures Water Commission Planning Division, *Transitional Master Plan for Water Sector Development in the Period* 2002 – 2010: *Executive Summary*, Israel Ministry of National Infrastructures, 2002, p. 2.

水淡化设施——阿什克隆(Ashkelon)设施动工兴建。[1] 截至2015年年底,以色列共建成大型海水淡化设施5座,其中4座产量超过1亿立方米/年。[2] 以色列的大型海水淡化项目虽然数量不算多,但规模都比较大。2013年,海水淡化的总量为5.4亿立方米,可满足85%的家庭用水需求;到2020年,现有设施扩能后将使淡化水总量达到7.5亿立方米,满足以色列100%的家庭用水需求。[3] 大型海水淡化设施成本较高,在2亿~5亿美元之间。为了推动项目建设,以色列现有海水淡化设施多采用公私合营模式建设,主要为BOT合同:受让人根据BOT合同设计、建造和经营设施一段固定的时间,一般为25年,其后设施移交国家所有。[4] 同时,以色列政府修建了使海水淡化设施项目方与全国集中供水管道相连接的管路。在合约期间,以色列政府每年向海水淡化设施方购买淡化水,由以色列国有供水公司与中标公司签订购水合同,成品水进入国家输水管网,由国家统筹管理;额度经双方议定,而购入价格由固定价格和浮动价格两个部分组成,其中浮动价格根据能源及运营成本等因素变动。[5] 为以色列海水淡化项目融资的既有以色列国内的银行,也有欧洲投资银行(European Investment Bank)和欧洲一些国家的银行。

虽然大规模海水淡化可显著增加海水的利用效率、降低成本,但海水淡化经济成本偏高,也可能造成一系列负面的环境和健康影响,如增加能源消耗、增加温室气体排放、污染并破坏海洋和海岸环境及生态系统、影响饮用水和农业用水水质等。以色列积极采用法治化手段对经济、环境和健康方面的问题加以解决。

---

[1] 参见香港立法会秘书处资料研究组:《以色列的海水化淡概况》,香港立法会,2015年。

[2] See Israel Water Authority, *Water Sector in Israel – Zoom on Desalination*, Water Authority, 2015.

[3] See Erica Spiritos & Clive Lipchin, *Desalination in Israel*, in Nir Becker ed., Water Policy in Israel, Context, Issues and Options. Springer, 2013, p. 101.

[4] See Erica Spiritos & Clive Lipchin, *Desalination in Israel*, in Nir Becker ed., Water Policy in Israel, Context, Issues and Options. Springer, 2013, p. 114.

[5] See Erica Spiritos & Clive Lipchin, *Desalination in Israel*, in Nir Becker ed., Water Policy in Israel, Context, Issues and Options. Springer, 2013, p. 114;侯纯扬主编:《中国近海海洋——海水资源开发利用》,海洋出版社2012年版,第274~275页。

（二）以色列海水淡化法律框架

以色列并无针对海水开发、利用和保护的专门立法，其海水开发、利用和保护活动主要由水资源管理法进行规制。以色列的水资源管理法体系由 1955 年到 1959 年间颁布的四部法律构成，其中与海水淡化最为相关的是 2006 年最新修订的 1959 年《水法》（Water Law, 5719 - 1959）。[1] 根据该法英译本，该法第一节和第二节由三个主要部分组成：一是与水资源相关的基本问题，如水资源权属、水资源定义、个人用水权、土地和水的关系、水的合法用途等；二是对水资源的保护；三是对水污染的防治。1959 年《水法》对水资源作了宽泛定义，即"泉水、溪流、河流、湖以及其他水流和贮水池，无论其处于地表或地下，无论其为天然、被控制或人为安装，无论水涌出或流出或保留在其中，无论为持续性或间歇性，包括排泄水和污水"[2]。通过拓宽水资源的定义，该法对所有现存和潜在的水源进行保护。[3] 淡化海水为该定义下的一种水资源。1959 年《水法》第 1 条规定，"以色列的水资源是公共财产。水资源由国家控制，并用以实现人民和国家发展的需要"[4]，明确了海水资源的公共财产性质。

除了水资源管理法以外，以色列发展海水淡化过程中最重要的规划制度由 1965 年《规划与建设法》（Planning and Building Law）予以规定，环境和健康保护相关的问题则受到 1965 年《规划与建设法》、2004 年《海岸环境保护法》（Law for the Protection of the Coastal Environment）、1988 年《预防陆源海洋污染法》（Prevention of Sea Pollution from Land-Based Sources Law）及其配套法规的规制。

---

［1］ See Richard Laster & Dan Livney, *Israel: The Evolution of Water Law and Policy*, in Joseph W. Dellapenna & Joyeeta Gupta eds., The Evolution of the Law and Politics of Water, Springer, 2009, p. 124; Water Law, 5719 - 1959，原文为希伯来文，英译可通过 www.ecolex.org 网站获得。

［2］ Water Law, 5719 - 1959, Art. 2.

［3］ See Richard Laster & Dan Livney, *Israel: The Evolution of Water Law and Policy*, in Joseph W. Dellapenna & Joyeeta Gupta eds., The Evolution of the Law and Politics of Water, Springer, 2009, p. 125.

［4］ Water Law, 5719 - 1959, Art. 1.

（三）以色列海水淡化相关主体

以色列的水资源行政管理职权几经变动，目前由能源部（Ministry of Energy）行使。[1] 能源部负责管理以色列的能源及自然资源、保护水资源、开展海洋研究等。[2] 该部主要通过其下设的水利局（Governmental Authority for Water and Sewage）来实施国家的水资源政策。[3] 除能源部以及农业部以外，环境保护部、卫生部、财政部等也在水质标准、饮用水质量、关税和投资等领域内分别负责水资源管理、保护和分配的有关问题。

水利局为能源部下设机构。水利局对水资源全面负责，其职责包括：保护国家水资源；管理水资源生产、供应和使用；设计和实施供水规划；通过其水务委员会分配水资源并确定家庭、农业和工业用水的水价。[4] 水利局局长（Director of the Water Authority）一职由1959年《水法》第138条设置，负责管理以色列水事务。[5] 局长任期5年，由政府任命，而非由任何一个相关部委的部长任命。[6] 因此，水利局是真正有权作出水资源管理决策的机关。自2007年以来，决策主要由水务委员会8名当选成员作出。该等成员分别代表水利局和5个相关部委（能源部、环境保护部、卫生部、财政部和外交部），并包括2名由能源部任命的

---

〔1〕 See Richard Laster & Dan Livney, *Israel: The Evolution of Water Law and Policy*, in Joseph W. Dellapenna & Joyeeta Gupta eds., The Evolution of the Law and Politics of Water, Springer, 2009, p. 125, 132; Israel Ministry of Energy, *History*, Ministry of Energy (Jul. 5, 2018), https://www.gov.il/en/Departments/General/history_ministry.

〔2〕 See Israel Ministry of Energy, *About Ministry of Energy*, Ministry of Energy (Jul. 5, 2018), https://www.gov.il/en/departments/about/about_ministry_of_energy.

〔3〕 See Israel Ministry of Energy, *The Water Authority*, Ministry of Energy (Jul. 4, 2018), https://www.gov.il/en/departments/general/water_authority1.

〔4〕 See OECD, *OECD Environmental Performance Reviews: Israel*, OECD, 2011, p. 105 – 106.

〔5〕 以色列官方网站未提供该条的英文翻译文本，相关条文内容转引自 Richard Laster & Dan Livney, *Israel: The Evolution of Water Law and Policy*, in Joseph W. Dellapenna & Joyeeta Gupta eds., The Evolution of the Law and Politics of Water, Springer, 2009, p. 126。

〔6〕 See Richard Laster & Dan Livney, *Israel: The Evolution of Water Law and Policy*, in Joseph W. Dellapenna & Joyeeta Gupta eds., The Evolution of the Law and Politics of Water, Springer, 2009, p. 126.

公众代表。[1] 上述主体的层级关系,详见图8。

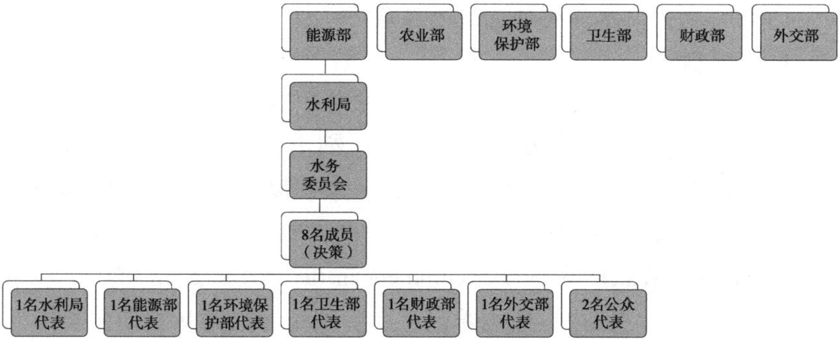

图8　以色列海水淡化法律制度行政主体

除行政主体外,以色列海水淡化的主体还包括以色列的国家水公司Mekorot公司。[2] Mekorot公司成立于1937年,经营管理着全国31家海水和苦咸水淡化设施,并运营跨越全国的名为"全国输水系统"(National Water Carrier)的供水网络,每年可输水4亿立方米。[3] Mekorot公司供应全国80%的饮用水和70%的用水。[4] 由于以色列海水淡化设施通常采用公私合营模式,中标的私人公司也是以色列海水淡化法律制度的重要主体。目前以色列海水淡化项目中主要的私人公司有两家:IDE Technologies Ltd. 为两家以色列上市公司组建的合资公司,在全球开发了超过400个海水淡化设施;Global Environmental Solutions Ltd. 专司水部门的投资,设计、建设、经营了以色列、加沙地区和希腊的苦咸水

〔1〕 See OECD, *OECD Environmental Performance Reviews:Israel*, OECD, 2011, p. 106.

〔2〕 See OECD, *OECD Environmental Performance Reviews:Israel*, OECD, 2011, p. 106.

〔3〕 See OECD, *OECD Environmental Performance Reviews:Israel*, OECD, 2011, p. 106; Erica Spiritos & Clive Lipchin, *Desalination in Israel*, in Nir Becker ed., Water Policy in Israel, Context, Issues and Options, Springer, 2013, p. 113.

〔4〕 See OECD, *OECD Environmental Performance Reviews:Israel*, OECD, 2011, p. 106; Richard Laster & Dan Livney, *Israel:The Evolution of Water Law and Policy*, in Joseph W. Dellapenna & Joyeeta Gupta eds., The Evolution of the Law and Politics of Water, Springer, 2009, p. 134; Erica Spiritos & Clive Lipchin, *Desalination in Israel*, in Nir Becker ed., Water Policy in Israel, Context, Issues and Options, Springer, 2013, p. 113.

和海水淡化设施。[1]

(四)以色列海水淡化特色法治经验

1.规划制度

以色列政府积极运用法律手段对海水淡化活动进行管理，首先体现在规划制度的运用。自 2001 年开始，以色列出台了一系列针对具体设施和整体规划框架的海水淡化总体规划。水利局规划处于 2002 年提出了为期 8 年的《2002—2010 年水部门发展过渡性总体规划》(Transitional Master Plan for Water Sector Development in the Period 2002 - 2010，以下简称《以色列过渡规划》)，标志着以色列的水资源战略从短期向长期转变。《以色列过渡规划》分析了影响以色列水平衡的多种因素，结合现有水源情况考察可能的水平衡发展模式后认定，需要对水供应进行适当的持续管理，以便应对未来可能出现的极端缺水情况；为此，应当在减少用水量的同时，发展独立于自然降水的水源，如海水淡化和废水再利用。[2] 《以色列过渡规划》提出大力发展海水淡化产业，从 2004 年开始总产能达到 4.2 亿立方米/年，此后每年增加0.2亿立方米/年，到 2010 年实现总产能约 5.4 亿立方米/年。[3] 在规划结论的基础上，以色列政府以公私合营模式逐步建设了海水淡化设施。[4]

2008 年，水利局决定制定长期规划。[5] 规划的制定由水利局理事会下设的指导委员会和支持小组负责，并得到了内部规划和战略规划处的内部工作小组的支持，同时听取了职业团队的讨论意见。该规划于

---

[1] See Erica Spiritos & Clive Lipchin, *Desalination in Israel*, in Nir Becker ed., Water Policy in Israel, Context, Issues and Options, Springer, 2013, p. 113.

[2] See Israel Ministry of National Infrastructures Water Commission Planning Division, *Transitional Master Plan for Water Sector Development in the Period* 2002 - 2010: *Executive Summary*, Israel Ministry of National Infrastructures, 2002, p. 2.

[3] See Israel Ministry of National Infrastructures Water Commission Planning Division, *Transitional Master Plan for Water Sector Development in the Period* 2002 - 2010: *Executive Summary*, Israel Ministry of National Infrastructures, 2002, p. 2.

[4] 参见侯纯扬主编:《中国近海海洋——海水资源开发利用》，海洋出版社 2012 年版，第 227 页。

[5] See Israel Water Authority, *Long - Term Master Plan for the National Water Sector*, *Part A - Policy Document*, Version 4, Israel Water Authority, 2012, p. 20.

2011 年 7 月 4 日获得通过，其后在水利局和能源部进行审议，并于 2012 年 1 月 31 日进行公开听证。[1] 公开听证后公布的《以色列长期规划》是以色列水资源管理领域最新也是最重要的长期规划文件。《以色列长期规划》由政策文件（policy document）和执行规划（implementation plan）两部分构成：政策文件定义了国家水部门的目标以及重大事项的政策；执行规划则用以实施政策，并填补目标和现实之间的差距。执行规划又细分为规划部分和发展部分：规划部分为实现政策文件中批准的政策和建议所必要的作为总体工作的系列行动，包括基础规划工作和水文专业工作；发展部分由长期规划、5 年中短期规划和短期（年度）规划等不同时间跨度的规划构成，包含所需的持续性资源、投资和预算，融资资源，对关税的影响，工程备选方案和政策替代方案的利弊分析等。[2]《以色列长期规划》政策文件部分提出，到 2020 年实现淡化水（海水和苦咸水）和进口水的总产能 7.5 亿立方米/年，并预期到 2050 年淡化水和进口水总产能翻倍，以实现水资源的供需平衡。[3]

2. 基于价格的激励制度

除了规划制度以外，以色列也积极运用经济激励制度，特别是基于水价的激励，促进海水淡化产业的发展。

在水资源管理领域，价格机制是常用的政策激励手段之一。以色列水利局负责设计水的价格水平和结构，以收回供水成本，反映水的稀缺性；用水收费根据计量到的用量确定；所有地区的同类消费者支付同样的水价。[4] 以色列将“完全收回供水成本”作为适用于全部用水领域的政策原则。[5]

由于海水淡化相对较高的成本可能会制约产业发展，以色列政府采

---

[1] See Israel Water Authority, *Master Plan for the National Water Sector: Main Points of the Policy Paper*, Israel Water Authority, 2012, p. 3.

[2] See Israel Water Authority, *Master Plan for the National Water Sector: Main Points of the Policy Paper*, Israel Water Authority, 2012, p. 2 – 3.

[3] See Israel Water Authority, *Master Plan for the National Water Sector: Main Points of the Policy Paper*, Israel Water Authority, 2012, p. 15.

[4] See OECD, *OECD Environmental Performance Reviews: Israel*, OECD, 2011, p. 121.

[5] See OECD, *OECD Environmental Performance Reviews: Israel*, OECD, 2011, p. 104.

取了两方面措施:一是在海水淡化项目招投标中引入能源效率和成本效率因素,从而筛选出成本较低的项目公司,最终降低淡化海水成本,提升淡化水相对其他水源的价格竞争力;二是遵循供水成本完全回收原则。2010 年 1 月,以色列将家庭用水的水价提高了 40%,主要为了收回近期建设的大型海水淡化设施的成本,以更高的水价真实反映用户用水的经济成本。[1] 此举意在实现多重政策目标,比如增进用户对海水淡化作为非传统水源的重要性的认识、保障项目公司经济利益以吸引更多投资等,最终发展海水淡化产业。

招投标中的具体激励机制包括:其一,在招标中首要考虑每立方米水的生产成本,以此筛选出相对于热能海水淡化系统而言,能耗和营业费用都更低的反渗透技术系统。其二,对清洁能源项目的偏好。招标中,天然气发电项目比煤炭发电项目得分更高。同时,天然气发电本身相对于煤炭发电的价格优势降低了天然气发电项目的淡化海水成本,使其在成本上也更具优势。其三,对修建附属发电站的项目的偏好。淡化设施项目的建设方可提议修建发电站,其发出的电力除供应投标方外,多余的部分可卖给国家电网,建设方可由此获利并降低项目成本。[2] 由此,能源效率和成本效率都更高的反渗透技术、天然气发电供能和修建附属发电站的海水淡化项目被筛选出来。

3. 环境和健康保护制度

在发展海水淡化产业的同时,以色列政府也很重视海水淡化可能产生的环境和健康影响。从决定发展海水淡化产业开始,以色列政府就持续关注海水淡化设施对环境的影响。在能源消耗方面,海水淡化项目的招投标系统在强调成本效率的同时,也实现了基于能源效率的筛选:与热能淡化系统相比,反渗透技术成本较低的原因是其能源消耗较小、温室气体排放较少,因而营业费用也较低;天然气比煤炭发电成本低,同时

---

〔1〕 See OECD, *OECD Environmental Performance Reviews: Israel*, OECD, 2011, p. 105.

〔2〕 See Erica Spiritos & Clive Lipchin, *Desalination in Israel*, in Nir Becker ed., Water Policy in Israel, Context, Issues and Options, Springer, 2013, p. 113 – 115.

其也是更为清洁的能源，排放的温室气体较少。[1]

在海洋环境污染和海岸生态系统保护方面，以色列环境保护部于2002年发布了有关海水淡化设施环境影响的政策文件，旨在减少向海洋排放固体、悬浮固体和磷，并禁止排放有机物。该文件同时对排污口的修建提出了要求，并对淡化过程中产生的浓盐水排放入海的范围进行了规定，以便减少对海洋环境的影响。该文件也要求对排放入海的浓盐水内的污染物进行检测和控制，并将其作为规划和运营海水淡化设施的必要组成部分。[2]在环境污染方面，环境保护部强调了对污染物的处理。

（五）以色列经验小结及启示

以色列发展海水淡化的法治经验可以为我国提供以下三方面的启示。

第一，积极构建海水淡化的法律制度体系。以色列并无针对海水利用的专项立法，其海水开发利用活动主要受到以1959年《水法》为主的水资源管理法、规划法和环境保护法的调整。此种法律制度结构与以色列水资源整体管理、部级协调的治理架构相符。

以色列政府充分认识到国家水资源匮乏的现实，制定了符合其实际的水资源政策，强调水安全和水平衡，其水政策总体可归纳为开源节流：一方面，发展以海水淡化为代表的不依赖于自然降水的水源；另一方面，政策指引和经济杠杆双管齐下，减少农业用水量和家庭用水量。在机构设置方面，2007年进行机构调整后，水利局成为专门负责水资源管理的行政主体，打破了此前水资源管理权力归属于各相关部委的情况，有利于全局考虑水资源管理中涉及的问题。同时，环境保护部、能源部等也通过参与水利局的决策进而参与到水资源规划和管理活动中。在此种整体管理、部级协调的治理模式下，以色列逐渐形成了由水资源、规划、

[1] See Israel Water Authority, *Water Sector in Israel – Zoom on Desalination*, Water Authority, 2015; Abraham Tenne, *Sea Water Desalination in Israel: Planning, Coping with Difficulties, and Economic Aspects of Long – term Risks*, Israel Water Authority, 2010, p. 10.

[2] See OECD, *OECD Environmental Performance Reviews: Israel*, *OECD*, 2011, p. 113.

环境和健康保护三部分构成的海水利用法律制度体系。

第二,重视发挥规划的作用。以色列对海水淡化产业具有长远规划,以色列的水资源政策规划到 2050 年。在法定规划制定程序的指引下,以水利局、国家规划局为主的行政机关积极制定以发展海水淡化产业为重要内容的中长期水资源规划,并将规划提交公共听证。中长期规划有利于摆脱用短视的、纯粹经济学的成本收益分析的方式看待海水利用产业,而是从国计民生、长期战略的角度认识发展海水利用产业的必要性、重要性和紧迫性。我国的海水利用产业发展也得益于规划。2021 年 3 月制定的"十四五"规划和 2035 年远景目标纲要提出,"推进海水淡化和海洋能规模化利用"。为落实该要求,促进海水利用产业健康、快速发展,2021 年 5 月,国家发改委和自然资源部联合发布《海水淡化利用发展行动计划(2021—2025 年)》,规定推进海水淡化规模化利用、提升科技创新和产业化水平、完善政策标准体系、采取保障措施。此外,2006 年《海水利用标准发展规划》、2005 年《海水利用专项规划》(已失效)、2016 年《全国海水利用"十三五"规划》等文件也对海水利用产业的发展起过积极作用。

第三,注意运用经济杠杆。以色列是世界范围内海水淡化规模最大的国家和地区之一。由于海水淡化成本较高,以色列在招投标过程中引入价格因素,积极推动低成本、低能耗的海水淡化技术、能源供应和供能设施建设的发展。此外,以色列也将海水淡化的成本计入水价,保障了设施建设方的收益,也有利于推动海水淡化主流化和固定化,实现其供水成本完全回收的国家政策。以色列是世界范围内海水淡化成本较低的国家和地区之一,上述法律制度安排功不可没。

在算好经济账的同时,以色列也重视通过法律制度算好海水淡化的环境账和健康账。在对海水淡化对海洋和海岸环境的生态系统的影响、对温室气体排放的影响及淡化海水成分对人体健康和农业的潜在影响进行研究的基础上,以色列通过设置副产品处理设施要求、环境影响评价、环境影响检测、淡化海水水质调整等措施,将海水淡化的环境和健康影响纳入考量,并尽量降低其影响。

此外,以色列政府在招投标过程中同时强调降低成本和降低能耗。

淡化海水的价格与能源成本相关,因为无论是生产还是长途运输淡化海水都需要大量的能源。以色列政府认识到,维持能源成本不增长是发展海水淡化产业的前提之一,能源成本的增加可能会影响完全收回供水成本的经济平衡或政治意愿。[1] 在招投标中,对能源效率和成本效率的强调取得了应有的效果:在世界范围内,以色列是海水淡化非常具有能源效率和成本效率的国家和地区之一。[2] 上述措施不仅降低了淡化海水的成本,也保证淡化成本在水价中得到真实反映,有助于从经济上激励海水淡化产业蓬勃发展。

五、国外海水利用立法对我国的启示

(一)立法框架和管理体制的协调

本书所关注的三个国家都没有海水利用的专门立法,只有阿尔及利亚颁布了行政法规性质的《海水淡化特许政令》。各国的海水利用活动主要受到水资源管理法、规划法、环境和健康保护法等几类法律法规构成的法律框架的规制。阿尔及利亚《海水特许政令》则在《阿水法》相关规定的基础上对海水利用特许制度进行专门规定,保障海水淡化活动依法开展。在管理体制方面,各国往往设立了水资源部、水利局等行政机关,对包括海水利用在内的水资源利用活动进行管理,比较有利于从供水、用水、节水、水质等多个角度对各类水源进行整体管理,并实施统一的国家水资源政策。同时,在专门的水资源管理部门之外,负责能源、农业、渔业、环境、海洋、内政等领域的行政机关往往也会参与水资源决策,在其各自负责的领域内管理海水利用活动的相关方面。澳大利亚存在联邦和州两级管理体制,其管理体制更为复杂,但并不适用于我国的情况。总体而言,统一管理、部际合作的管理体制与各国现有的海水利用立法框架相协调。

(二)基于国情的中长期水资源政策和海水利用规划制度

各国包括海水资源政策在内的水资源政策,均基于该国的国情。比

---

[1] See OECD, *OECD Environmental Performance Reviews: Israel*, OECD, 2011, p. 104.

[2] See OECD, *OECD Environmental Performance Reviews: Israel*, OECD, 2011, p. 109, 110; 香港立法会秘书处资料研究组:《以色列的海水化淡概况》,香港立法会,2015 年。

如,水资源匮乏的阿尔及利亚、以色列等国将淡化海水作为实现水资源自给自足、供需平衡和水安全的国家政策目标的主要水源,予以大力发展。又如,水资源分布不平衡的澳大利亚等国根据局部地区缺水情况酌情发展海水淡化产业,将淡化海水作为其他主要水源的有益补充。同时,各国往往进行中长期政策规划,如以色列的水资源政策规划的规划期持续到2050年。海水利用规划制度是发展海水淡化产业的重要抓手,让各国结合实际实现政策和相关资源向海水淡化产业的倾斜,确保海水淡化活动有序、健康发展。

(三)海水资源国家所有制度及其法律保障途径

各国无一例外地规定了海水资源的国家所有或者公有物属性,尽管其可能基于不同的理论基础。但是,在法律保障途径方面,各国的做法有所不同。阿尔及利亚在宪法中规定了海水资源的国家所有属性,将对海水资源的保护上升到宪法高度。以色列在1959年《水法》中对海水资源的国有属性进行保护。而澳大利亚则基于普通法传统,并未在成文法中对海水资源的公有物属性予以规定,其海水资源的公有物属性有赖于公共信托理论。未能在成文法中明确自然资源权属和管理权限具有较大的弊端,可能造成后续的公法争议进而产生相应的诉讼成本。

在这一问题上,阿尔及利亚的做法比较值得我国借鉴。其在宪法中对海水资源的国有属性进行了规定,又在《阿水法》中予以规定。同时,阿尔及利亚还通过《阿水法》建立了适用于受让人建设海水淡化设施的水资源利用特许制度,又通过《海水淡化特许政令》这一行政法规对海水淡化的水资源特许所涉问题进行专门规定,并明确了设施所在土地的国有属性以及针对非国有土地的征用规则。

(四)经济与环境问题的综合解决

当前,阻碍海水淡化技术大规模推广的是淡化海水相对于其他水源较高的成本。因此,通过法律制度鼓励发展降低海水淡化成本的新技术、新方法,成为各国海水利用立法的重点。能源是海水淡化中的主要成本,各国的制度往往鼓励同时降低成本和能耗。例如,以色列在海水淡化项目招投标程序中同时强调能源效率和成本效率。激励制度旨在以鼓励技术进步的方式解决海水淡化成本高的经济制约因素。

而在经济成本以外,海水淡化产业发展的另一个日益凸显的制约因素是其对环境和健康的影响。在更加关注生态环境和生命健康的今天,各国都对海水淡化这一新兴活动产生的环境和健康效应十分关注。一方面,各国都加强了对海水淡化的环境和健康影响的研究,并将研究成果作为决策参考。另一方面,各国在发展海水淡化产业的同时,遵循风险预防原则,对海水淡化可能的环境影响和健康影响予以评估和控制。环境影响评价制度是各国普遍适用于海水淡化工程的环境保护制度;同时,各国也注重该制度与工程许可或水资源特许制度的衔接,将环境保护要求贯穿到海水淡化活动的始终。除此之外,各国的环境和健康保护制度也重视对海水利用副产品的排放进行管控、对海水淡化对海洋和海岸环境和生物的影响予以监控,以及对水质进行检测和调整等。在环境和健康保护制度中,由于环境和健康关涉公共利益,各国也重视对监管信息和合规信息的披露及公众参与。例如,澳大利亚的西澳大利亚州要求州内海水淡化设施对其环境影响进行披露。各国的特色法律制度,保障其算好海水淡化的经济、环境健康两本账,使海水淡化活动朝着最大化公共利益的方向发展。

第四节　水安全法治发展

作为水安全法所关注的一个重要问题,我国海水淡化立法应当采用法律形式。这首先是由于,当前我国确立的法律制度框架允许海水利用管理采用法律的形式确认。《宪法》第9条界定了国家对包括海域在内的自然资源的直接占有的模式和国家所发挥的规制模式的功能。[1] 此外,《水法》第80条指明:“海水的开发、利用、保护和管理,依照有关法律的规定执行。”该条规定可以理解为将海水立法置于与《水法》平行的地位,相应的海水淡化立法应以法律形式为宜,关于海水淡化的法律和《水法》的关系则是特别法和一般法的关系。同时,由于海洋的特殊性

〔1〕 参见王旭:《论自然资源国家所有权的宪法规制功能》,载《中国法学》2013年第6期。

和海水资源的国有自然资源属性,海水淡化属于国家主权事项,依据《立法法》第11条应适用法律保留原则。

海水淡化立法应当包括综合管理、环境保护和产业促进三方面的内容,分别体现有关活动的战略、环境和经济社会属性。综合管理部分旨在从全局角度对海水淡化进行宏观性的统筹安排和综合性的监管,可以确立水资源中长期供需关系规划、总量目标、海水利用规划、用水总量控制和定额管理与海水利用相协调、海水利用申报、海水淡化企业备案等制度。

环境保护部分则以防范和管理海水淡化的生态环境、能源、健康等风险为目标,具体确立海水淡化环境标准、水质标准、海水淡化设施要求、废热排海约束、环境信息披露、海水淡化环境损害治理责任等制度。首先,尽管《环境保护法》《海洋环境保护法》中都有对环境标准的明确规定,但现阶段,除了综合性的强制性标准外,关于海水利用的标准均为推荐性标准,[1]这将影响此类标准的约束作用。因此,立法中应明确,国务院海洋主管部门应加强对海水淡化污染物排放标准的制定。[2] 同样的,水质标准旨在保证海水淡化水的水质达标,最终保障饮水安全和用水安全,体现水安全法的底线性。其次,海水利用管理立法中应明确,在海洋生物生活、洄游海域和港口航运区修建永久性海水利用设施,建设单位应当同时修建生物隔离、航行警示设施或采取其他补救措施,避免修建诸如取排水口之类的海水利用设施可能对海洋生物的生存和航行的影响。再次,相关立法应在《海洋环境保护法》第36条废热排海规定的基础上扩大保护范围,向海域排放海水淡化产生的含热废水时必须采取有效措施,保证邻近水域的水温符合国家海洋环境质量标准以及国家海洋功能区划的要求,避免热污染对海洋环境、生态的危害。[3] 最

---

〔1〕 参见国家海洋局:《2016年全国海水利用报告》,国家海洋局,2016年,"附表2"。从现有情况看,既有的海水利用标准主要是关于海水利用设备、工艺、产品的标准,且无论国家标准还是行业标准,均属于推荐性标准。现阶段尚无针对海水利用产业的污染物排放标准。

〔2〕 此类标准依照《环境标准管理办法》(已失效)第5条的规定,属于强制性环境标准。

〔3〕 《海洋环境保护法》第36条规定:"向海域排放含热废水,必须采取有效措施,保证邻近渔业水域的水温符合国家海洋环境质量标准,避免热污染对水产资源的危害。"

后，立法应当明确，从事海水淡化活动应当遵守经批准的规划；因违反规划造成海域使用功能降低、生态破坏、环境污染的，应当承担治理责任。经治理仍无法恢复海域生态环境，并符合《海洋环境保护法》第 89 条第 2 款之规定，则适用该条款由行使海洋环境监督管理权的部门代表国家对责任者就海域生态环境无法恢复的损失提出损害赔偿要求。

在产业促进方面，则可以通过产业发展指导目录、海水利用科研和产业化发展促进、海水淡化水入网、海域使用费减免、海水利用发展基金等促进海水淡化经济和社会目标的达成。其中，海水利用科研和产业化发展促进制度是一个重点。立法中应明确，国家将海水淡化的科学技术研究和产业化发展列为科技发展与高技术产业发展的优先领域，纳入国家科技发展规划和高技术产业发展规划，并安排资金支持海水淡化科学技术研究、应用示范和产业化发展，促进海水淡化的技术进步，降低海水利用成本，提高利用质量。另一个重点则是海水淡化水入网制度。借鉴国外经验，立法中应明确，国家鼓励和支持海水淡化水进入城乡供水管网。城乡供水管网的运营单位应当与依法报送备案的海水淡化企业签订入网协议，收购其管网覆盖范围内海水淡化项目生产的淡水，并为海水淡化水提供入网服务。海水淡化水的入网水价，由国务院价格主管部门根据不同类型海水淡化的特点和不同地区的情况，按照有利于促进海水淡化和经济合理的原则确定并公布，并根据海水淡化技术的发展适时调整。城乡供水管网运营单位依照按立法规定所确定的入网水价收购海水淡化水所产生的费用，高于常规供水平均入网水价的差额附加在销售水价中分摊。

以海水淡化立法为例，可以看到水安全法的未来发展方向在于：以法律规范为保障，运用规划、标准等政策工具，促进科学技术的进步和新兴产业的发展，在满足人类和自然用水需求的同时，在风险预防原则指导下实现对环境、能源和健康的保障，总体而言是实现水安全保障和水风险预防的底线目标。除了海水淡化以外，水的循环利用也是保障水供应、实现水安全的重要非传统水资源类型。未来的水安全法，需要着力思考解决海水淡化水、循环水等新兴水资源类型与传统水资源类型的关系，在建立国家统一的水安全战略的基础上给予非传统水资源更有力的法律保障，解决非传统水资源权利化和法治化的困境，构建着眼于未来的中国水安全法体系。

结语：生态环境安全法治前瞻——安全与韧性的结合

生态环境问题是21世纪的"世纪问题"。对人类活动为主因引起的气候变化、生物多样性丧失等具有高度风险性和不确定性的全球生态环境问题的有效应对和妥善解决，决定了人类是否可以继续在地球上拥有安全存续的空间。这是本书写作的时代背景，也是本书从安全视角切入生态环境法治研究的主要原因。在风险社会和人类世的基本场景中，生态环境安全法应运而生，承载了保障国家安全、防范生态环境风险的时代使命。作为中国特色社会主义制度中国家安全法律制度和生态文明制度的交汇点，生态环境安全法逐渐形成了独特的法律体系，内涵和实践不断丰富，有了从"舞台边缘"向"舞台中心"移动的趋势。

从理论视角来看，生态环境安全法有着理念上的革新之处，主要体现为主体论上人与自然、人与人和谐共生的理念，价值论上环境正义在科学不确定性情境下的转向，以及认识论上风险知识的合作生产理念，从更宏观的视角来看符合可持续发展的内在要求。生态环境安全法也包含若干特色原则，也即以人类宜居的目的原则、风险预防和不倒退两项基本原则和合作治理的手段原则构成的原则体系。此外，正如合作治理原则暗示了生态环境安全法的多种主体，在安全内涵扩大化、传统国家职能私有化和国际化的背景下，国家这一传统主体和公民、企业、社会组织、国际组织等新型主体共同构成了生态环境安全法的主体光谱。具有特色的理念、原则和主体，是生态环境安全法发展的理论基础，对生态环境安全法实践具有指导意义。未来可以进一步加强对生态环境安全法的法治过程研究,形成生态环境安全法的独特法律理论。

从实践视角来看,对气候安全、生态安全、生物安全和水安全四个领域的具体法律制度和问题的考察表明,我国的生态环境安全法目前仍然处于起步阶段,未来的法治发展空间较大,在此提出五点建议。

其一,未来可进一步构建完善环境安全相关的法律法规体系。在气候安全方面,我国尚需要推动气候变化法、紧急状态法等相关领域立法,并促进气候安全价值主流化。在生态安全方面,生态保护红线制度在特定类型的红线区域缺乏立法规范或者立法规范性不足,亟须进行立法。在水安全方面,海水淡化领域也处于立法的空白之中。在生物安全方面,实验动物领域虽有国家立法,但过往在实验后动物处置这样的特定问题上存在法律漏洞,给生物安全留下了隐患。加强有关的立法工作势在必行。

其二,行政管理体制需要理顺。以实验动物法为代表的生物安全立法,存在主管机关多、权责不明确的问题。这固然与生物安全涉及领域众多有关,但也提示需要在立法中对行政管理职权的划分作出更为精细明确的规定,并建立起有效的行政沟通协调机制,以此防范环境行政执法风险,[1]使得依法行政、建设服务型政府成为可能。

其三,在立法工作中,需要注意加强生态环境安全法律责任体系的建设。当前,无论是生态保护红线立法还是实验动物立法,都存在欠缺法律责任条款、法律责任种类单一、各地法律责任规定不统一等问题。应当在立法工作中,特别是国家层面的立法中,特别关注法律责任的厘定、丰富责任的类型,如规定有关的行政责任以及党政同责的监管职责等,为生态环境安全法治的运行提供责任保障,实现"良法"与"善治"的统一。

其四,环境安全的司法制度的建设。本书未专门涉及对环境安全司法的讨论,这主要是由于生态环境安全法的法律法规体系仍然在建立的过程中,相关的司法活动较少。着眼于未来,则须思考有关的环境安全

---

[1] 参见白贵秀、高桂林:《环境行政执法风险防范问题研究》,载《广西社会科学》2010 年第 6 期。

司法问题,例如,影响生态环境安全的行为是否均可诉,如何掌握起诉标准?涉及的国家安全利益是否属于现有公益诉讼制度所保护的公益,是否可以通过现有的环境民事和行政公益诉讼制度加以保护?对于生态环境安全法中涉及的科学不确定性问题,司法机关应当如何处理,基于何种规则处理?环境安全应当如何进行司法救济?生态环境安全法的基本原则是否可以在司法中得到运用?以司法制度作为保障,能够最大限度地实现生态环境安全法的法治功能。

其五,生态环境安全守法文化的培养。生态环境安全是一个新的概念,也在很大程度上是主观建构的认知产物。培养公民和企事业单位的生态环境安全意识、建立健全公众的生态环境安全知情参与渠道、形成生态环境安全的良性社会舆论氛围等,是文化建设和法治建设领域的重要工作,也能够对生态环境安全法治的良性运行起到重要作用。

除此之外,从研究内容的角度来看,未来也可以将研究视野拓展到粮食安全、能源安全等生态环境安全法的其他分支,特别是考虑到气候安全与能源安全的紧密联系、粮食安全与环境的关联性。同时,党的二十大报告也明确提及了粮食安全和能源安全,凸显了这两个领域在实践中的重要性。[1]

除了上述以法治运行全要素和全过程为视角梳理出的生态环境安全法问题以外,还有一个本书未予关注但具有理论和实践重要性的问题,即安全与韧性的结合,拟在此进行初步探讨。由于威胁的多样性、不确定性和全球相互依存的复杂性,许多国家的安全战略都开始将基于风险的所有危险(all hazards)和全社会(all of society)方法作为新的范式,韧性则作为这一新范式的要素受到关注。[2] 本书前文已经在生态系统韧性的语境中提及这一概念。生态系统、社会系统等复杂系统的韧性,应当理解为抵抗冲击或危机并从中恢复和重新组织的能力的组合;其中

[1] 参见习近平:《高举中国特色社会主义伟大旗帜 为全面建设社会主义现代化国家而团结奋斗——在中国共产党第二十次全国代表大会上的报告》,载新华网,http://www.news.cn/politics/cpc20/2022-10/25/c_1129079429.htm。

[2] See Christian Fjäder, *The Nation-State, National Security and Resilience in the Age of Globalisation*, Resilience, Vol. 2:2, p. 119 (2014).

的关键是适应性,这是由系统各组成部分之间的非线性关系所促成的。[1] 在国家安全的视野下,韧性可以作为安全的补充,朝着建设有韧性的国家的方向努力:安全在本质上是预防性和主动性的,旨在通过情报和执法手段,或者基于对过去实践的风险评估,在威胁出现或恶化之前阻止它,或者尽快击败它,实现对相对具体的目标的保护;韧性在本质上是主动和被动措施的结合,旨在实践发生后减少其对社会关键服务的干扰和影响,而不是防止威胁本身。[2] 韧性的基本逻辑是避免完全的失败,旨在利用具有成本效益的方式应对不确定性的挑战,包含国家对关键服务的优先考虑,对领土范围内平等提供基本服务的责任做了必要的妥协。在国家安全的背景下,民族国家为了应对生态环境安全风险这样的新威胁,应当将预防性的安全与反应性的韧性结合起来,明确国家在灾难性事件事前、事中和事后的反应。带着这种既强调风险预防也强调灾难适应性的全过程视角,我们可以在未来的研究中进一步追问如下四个生态环境安全法问题。

其一,环境权利类型化中的价值优位性问题。海水淡化法律制度实践表明,对于淡化海水资源这样具有国家安全、环境、能源、健康、经济、社会等多重属性的自然资源而言,既存在公法和私法理论上定性的差异,也具有现有自然资源物权类型不能很好地反映其特征和实质的权利化困境。该问题的本质是如何解决价值优位性的问题,而韧性视角下的关键服务或可为解决这一问题提供思路。

其二,增强生态环境安全法体系性的问题。生态环境安全法的产生源于人类对于现代化风险的认识。虽然从逻辑上而言,生态环境安全法的各领域都可以指向生态环境的某一特性或者某一侧面,但由于具体发展中各领域的立法进程并不一致,所侧重的时间和空间方面也不尽相同,最终形成生态环境安全法各领域在安全和韧性方面各有侧重、缺乏

[1] See Patrick Martin-Breen & Marty J. Anderies, *Resilience: A Literature Review*, Rockefeller Foundation, 2011, p. 7.

[2] See Christian Fjäder, *The Nation-State, National Security and Resilience in the Age of Globalisation*, Resilience, Vol. 2: 2, p. 122 – 123 (2014).

协调的局面。生态环境安全法的理念和原则有助于增强生态环境安全法体系的融贯性,但相关的讨论仍需要进一步深入,并逐渐取得实践中的确认。

其三,处理生态环境安全法与环境法、国家安全法的关系的问题。尽管本书已经明确,生态环境安全法处于环境法与国家安全法交汇之处,但仍有一些具体问题需要加以明确,如生态环境安全法与环境法和国家安全法如何区分,生态环境安全法原则与环境法、国家安全法原则的相互联系与区别等,并且本质上也体现出预防性的安全与反应性的韧性之间的平衡问题。

其四,行政模式问题。在环境安全风险的法律控制过程中,占据最重要地位的还是风险的行政规制。政府首当其冲地面对生态环境风险的科学不确定性,如何选择行政模式,形成机构文化,通过科学化和民主化的手段实现对生态环境风险的有效预防和事中事后的控制,是行政法和环境法需要共同面对的难题。

生态环境安全法治发展具有其必然性,是响应时代呼唤的制度创新,体现了国家等主体在积极提供安全和生态环境产品方面扮演的重要角色。党的二十大报告指出,到 2035 年,我国发展的总体目标包括“广泛形成绿色生产生活方式,碳排放达峰后稳中有降,生态环境根本好转,美丽中国目标基本实现;国家安全体系和能力全面加强,基本实现国防和军队现代化”;从 2035 年到本世纪中叶“把我国建成富强民主文明和谐美丽的社会主义现代化强国”。着力推动我国生态环境安全法治发展,实现对以气候安全、生态安全、生物安全、水安全为代表的生态环境安全的整体保护,是实现国家发展战略和目标的题中之意。

参考文献

著作类

1. 毕军、杨洁、李其亮:《区域环境风险分析和管理》,中国环境科学出版社 2006 年版。
2. 陈真亮:《环境保护的国家义务研究》,法律出版社 2015 年版。
3. 杜群:《环境法融合论:环境·资源·生态法律保护一体化》,科学出版社 2003 年版。
4. 侯纯扬主编:《中国近海海洋——海水资源开发利用》,海洋出版社 2012 年版。
5. 金自宁:《风险中的行政法》,法律出版社 2014 年版。
6. 雷磊:《法律体系、法律方法与法治》,中国政法大学出版社 2016 年版。
7. 李瑞昌:《风险、知识与公共决策》,天津人民出版社 2006 年版。
8. 李竹:《国家安全立法研究》,北京大学出版社 2006 年版。
9. 梁西著、杨泽伟修订:《梁西国际组织法》(第 7 版),武汉大学出版社 2022 年版。
10. 刘刚编译:《风险规制:德国的理论与实践》,法律出版社 2012 年版。
11. 刘谦、朱鑫泉主编:《生物安全》,科学出版社 2001 年版。
12. 刘如慧:《欧盟环境法制与司法实践》,载洪德钦、陈淳文编:《欧盟法指基础原则与实务发展(下)》,台北,台大出版中心 2015 年版。
13. 吕忠梅:《环境法》,法律出版社 1997 年版。
14. 莫菲、刘彤、葛苏聃译:《法国环境法典(第一至三卷)》,法律出版社 2018 年版。
15. 莫菲等译:《法国环境法典(第四至七卷)》,法律出版社 2020 年版。
16. 饶戈平主编:《国际组织法》,北京大学出版社 1996 年版。

17. 世界环境与发展委员会:《我们共同的未来》,王之佳等译,吉林人民出版社1997年版。
18. 万劲波、赖章盛编著:《生态文明时代的环境法治与伦理》,化学工业出版社2007年版。
19. 汪劲:《环境法学》(第3版),北京大学出版社2014年版。
20. 习近平:《论坚持人与自然和谐共生》,中央文献出版社2022年版。
21. 习近平:《习近平谈治国理政》(第2卷),外文出版社2017年版。
22. 习近平:《习近平谈治国理政》(第4卷),外文出版社2022年版。
23. 杨丽、丁开杰主编:《全球治理与国际组织》,中央编译出版社2017年版。
24. 于文轩:《生物安全立法研究》,清华大学出版社2009年版。
25. 张云飞:《唯物史观视野中的生态文明》,中国人民大学出版社2018年版。
26. 张蕴岭主编:《新安全观与新安全体系构建》,社会科学文献出版社2015年版。
27. 张震:《宪法视野下国家安全制度研究》,知识产权出版社2015年版。
28. 中共中央党史和文献研究院编:《习近平关于总体国家安全观论述摘编》,中央文献出版社2018年版。
29. 中共中央文献研究室编:《习近平关于社会主义生态文明建设论述摘编》,中央文献出版社2017年版。
30. 周珂等主编:《环境法》(第6版),中国人民大学出版社2021年版。
31. 竺效:《生态损害的社会化填补法理研究》,中国政法大学出版社2017年版。
32. 竺效主编:《环境公益诉讼实案释法》,中国人民大学出版社2018年版。
33. [德]列奥·施特劳斯、[美]约瑟夫·克罗波西主编:《政治哲学史》(第3版),李洪润等译,法律出版社2009年版。
34. [德]乌尔里希·贝克:《风险社会:新的现代性之路》,张文杰、何博闻译,译林出版社2018年版。
35. [法]皮埃尔·玛丽·杜普、[英]豪尔赫·E. 维努阿莱斯:《国际环境法》,胡斌、马亮译,中国社会科学出版社2021年版。
36. [法]让·博丹著、[美]朱利安·H. 富兰克林编:《主权论》,李卫海、钱俊文译,北京大学出版社2008年版。
37. [古希腊]亚里士多德:《政治学》,高书文译,中国社会科学出版社2009年版。

38. [美]彼得·S. 温茨:《环境正义论》,朱丹琼、宋玉波译,上海人民出版社2007年版。
39. [美]德内拉·梅多斯、[美]乔根·兰德斯、[美]丹尼斯·梅多斯:《增长的极限》,李涛、王智勇译,机械工业出版社2013年版。
40. [美]约翰·罗尔斯:《正义论》,何怀宏、何包钢、廖申白译,中国社会科学出版社2009年版。
41. [英]霍布斯:《利维坦》,黎思复、黎廷弼译,商务印书馆1985年版。
42. [英]迈克尔·马尔凯:《科学与知识社会学》,林聚任等译,东方出版社2001年版。
43. [英]伊丽莎白·费雪:《风险规制与行政宪政主义》,沈岿译,法律出版社2012年版。
44. Ahjond S. Garmestani & Craig R. Allen eds., *Social – Ecological Resilience and Law*, Columbia University Press, 2014.
45. Cavelty Myriam Dunn & Kristensen Kristian Søby eds., *Securing the Homeland: Critical Infrastructure, Risk and (In)Security*, Routledge, 2008.
46. Lavanya Rajamani and Jacqueline Peel eds., *The Oxford Handbook of International Environmental Law*, 2nd edition, Oxford University Press, 2021.
47. Walter Carlsnaes, Thomas Risse & Beth A. Simmons eds., *Handbook of International Relations*, Sage, 2012.
48. Bridget M. Hutter ed., *Risk, Resilience, Inequality and Environmental Law*, Edward Elgar, 2017.
49. Elizabeth L. Chalecki, *Environmental Security: A Guide to the Issues*, Praeger, 2013.
50. Cameron Holley & Clifford Shearing eds., *Criminology and the Anthropocene*, Routledge, 2018.
51. Hans Günter Brauch et al. eds., *Climate Change, Disasters, Sustainability Transition and Peace in the Anthropocene*, Springer, 2019.
52. Irwin Alan & Brian Wynn, *Misunderstanding Science: The Public Reconstruction of Science and Technology*, Cambridge University Press, 2004.
53. Jan Klabbers, *An Introduction to International Organizations Law*, 3rd edition, Cambridge University Press, 2015.

54. Karin Loevy, *Emergencies in Public Law: The Legal Politics of Containment*, Cambridge University Press, 2016.

55. Matt McDonald, *Security, The Environment and Emancipation: Contestation over Environmental Change*, Routledge, 2012.

56. National Research Council of the National Academies, *Guide for the Care and Use of Laboratory Animals*, 8th edition, The National Academies Press, 2011.

57. Nicholas Stern, *Why are We Waiting?: The Logic, Urgency, and Promise of Tackling Climate Change*, MIT Press, 2015.

58. Edwin Daniel Jacob ed., *Rethinking Security in the Twenty - First Century*, Springer, 2017.

59. Neil Michael Mac, Neil Sargent & Peter Swan eds., *Law, Regulation and Governance*, Oxford University Press, 2002.

60. Richard J. Lazarus, *The Making of Environmental Law*, University of Chicago Press, 2004.

61. Joseph W. Dellapenna & Joyeeta Gupta eds., *The Evolution of the Law and Politics of Water*, Springer, 2009.

62. Nigel South & Avi Brisman eds., *Routledge International Handbook of Green Criminology*, Routledge, 2012.

63. Robert B. Keiter, *Keeping Faith with Nature: Ecosystems, Democracy, and America's Public Lands*, Yale University Press, 2003.

64. Robert B. Keiter, *To Conserve Unimpaired: The Evolution of the National Park Idea*, Island Press, 2013.

65. Robert L. Fischman, *National Wildlife Refuges: Coordinating A Conservation System Through Law*, Island Press, 2003.

66. Simon Dalby, *Environmental Security*, University of Minnesota Press, 2002.

67. Stephen Dycus et al., *National Security Law*, 6th edition, Wolters Kluwer, 2016.

68. The World Economic Forum Water Initiative, *Water Security: The Water - Food - Energy - Climate Nexus*, Island Press, 2011.

69. United Nations Development Programme, *Human Development Report*, Oxford University Press, 1994.

70. John S. Dryzek, Richard B. Norgaard & David Schlosberg eds., *The Oxford Handbook of Climate Change and Society*, Oxford University Press, 2011.

论文类

1. 白贵秀、高桂林:《环境行政执法风险防范问题研究》,载《广西社会科学》2010年第6期。
2. 毕军等:《我国环境风险管理的现状与重点》,载《环境保护》2017年第5期。
3. 蔡守秋:《环境正义与环境安全——二论环境资源法学的基本理念》,载《河海大学学报(哲学社会科学版)》2005年第2期。
4. 蔡守秋:《论生物安全法》,载《河南省政法管理干部学院学报》2002年第2期。
5. 蔡守秋:《论政府防治生态环境风险的法律机制》,载《公民与法》2011年第10期。
6. 蔡守秋:《以生态文明观为指导,实现环境法律的生态化》,载《中州学刊》2008年第2期。
7. 曹明德:《生态红线责任制度探析——以政治责任和法律责任为视角》,载《新疆师范大学学报(哲学社会科学版)》2014年第6期。
8. 曹明德:《完善中国气候变化适应性立法的思考》,载《中州学刊》2018年第8期。
9. 曹明德:《中国参与国际气候治理的法律立场和策略:以气候正义为视角》,载《中国法学》2016年第1期。
10. 曹越、杨锐:《美国国家荒野保护体系的建立与发展》,载《风景园林》2017年第7期。
11. 柴荣:《中国传统生态环境法文化及当代价值研究》,载《中国法学》2021年第3期。
12. 陈海嵩:《"生态保护红线"的法定解释及其法律实现》,载《哈尔滨工业大学学报(社会科学版)》2017年第4期。
13. 陈海嵩:《国家环境保护义务的溯源与展开》,载《法学研究》2014年第3期。
14. 陈艳丽等:《我国海水利用业发展现状与问题分析》,载《海洋经济》2015年第4期。
15. 陈真亮、李明华:《论水资源"生态红线"的国家环境义务及制度因应——以水质目标“反退化”为视角》,载《浙江社会科学》2015 年第 10 期。
16. 陈真亮:《论“禁止生态倒退”的国家义务及其实现——基于水质目标的法律分析》,载《中国地质大学学报(社会科学版)》2015 年第 3 期。
17. 程胜高、鱼红霞:《环境风险评价的理论与实践研究》,载《环境保护》2001 年第 9 期。
18. 崔胜辉等:《生态安全研究进展》,载《生态学报》2005 年第 4 期。
19. 杜群、陈真亮:《论流域生态补偿“共同但有差别的责任”——基于水质目标的法律分析》,载《中国地质大学学报(社会科学版)》2014 年第 1 期。
20. 高吉喜:《国家生态保护红线体系建设构想》,载《环境保护》2014 年第 Z1 期。
21. 顾林生、刘静坤:《国外紧急状态立法的经验》,载《法学》2004 年第 8 期。
22. 郭安军、屠梅曾:《水资源安全预警机制探讨》,载《生产力研究》2002 年第 1 期。
23. 郭才华、张国清:《全球安全危机与构建人类安全共同体》,载《浙江大学学报(人文社会科学版)》2021 年第 3 期。
24. 郭炯:《环境法中的生态安全观》,载《哈尔滨师范大学社会科学学报》2017 年第 4 期。
25. 何艳梅:《水安全与依法治水》,载《福建江夏学院学报》2017 年第 5 期。
26. 胡加祥:《转基因食品安全性的法律思辨与价值取向》,载《中国农业大学学报(社会科学版)》2016 年第 2 期。
27. 胡静:《环境法本体论范畴研究》,载《中国政法大学学报》2013 年第 1 期。
28. 黄红霞、阎晓磊:《我国生态保护红线法律制度的实施困境与策略》,载《齐齐哈尔大学学报(哲学社会科学版)》2017 年第 11 期。
29. 蒋大林等:《生态保护红线及其划定关键问题浅析》,载《资源科学》2015 年第 9 期。
30. 蒋培、陈真亮:《〈欧盟野鸟保护指令〉介评》,载《世界林业研究》2011 年第 5 期。
31. 李干杰:《“生态保护红线”——确保国家生态安全的生命线》,载《求是》2014 年第 2 期。
32. 李慧玲、王飞午:《我国生态保护红线制度立法研究》,载《河南财经政法大学学报》2015 年第 6 期。

33. 李建良:《论环境保护与人权保障之关系》,载《东吴法律学报》第 2 期(2000 年)。
34. 李林:《紧急状态法的宪政立法原理、模式和框架》,载《法学》2004 年第 8 期。
35. 李艳芳、金铭:《风险预防原则在我国环境法领域的有限适用研究》,载《河北法学》2015 年第 1 期。
36. 李艳芳:《我国生态安全的现状与法律保障》,载《法商研究》2004 年第 2 期。
37. 李义松、张广:《安全、公平、发展:环境法的价值谱系——兼论〈环境保护法〉第一条之修改》,载《江西社会科学》2007 年第 10 期。
38. 梁忠前:《"国家安全"概念法理分析》,载《江苏社会科学》1995 年第 4 期。
39. 林靖华、杨大伟、孙亚男:《由盐城水污染论城市水环境安全管理》,载《城市建设理论研究(电子版)》2012 年第 5 期。
40. 刘晓莉、马晶、邢福:《论生态犯罪立法的必要性》,载《当代法学》2004 年第 5 期。
41. 刘岩、邱家林:《转型社会的环境风险群体性事件及风险冲突》,载《社会科学战线》2013 年第 9 期。
42. 吕忠梅:《保障饮水安全的法律思考——兼论〈水污染防治法〉的修改》,载《甘肃社会科学》2007 年第 6 期。
43. 吕忠梅:《发现环境法典的逻辑主线:可持续发展》,载《法律科学(西北政法大学学报)》2022 年第 1 期。
44. 吕忠梅课题组:《"绿色原则"在民法典中的贯彻论纲》,载《中国法学》2018 年第 1 期。
45. 马波:《论环境法上的生态安全观》,载《法学评论》2013 年第 3 期。
46. 马波:《论生态风险视域下政府生态安全保障责任之确立》,载《法治研究》2013 年第 4 期。
47. 莫纪宏:《关于加快构建国家生物安全法治体系的若干思考》,载《新疆师范大学学报(哲学社会科学版)》2020 年第 4 期。
48. 潘岳:《环境文化与民族复兴》,载《管理世界》2004 年第 1 期。
49. 彭亚媛、马忠法:《〈世界环境公约(草案)〉制度创新及中国应对》,载《太平洋学报》2020 年第 5 期。
50. 戚建刚、杨小敏:《六国紧急状态法典之比较》,载《社会科学》2006 年第 10 期。

51. 沈岿:《走向应责胜任的法治政府》,载《中国法律评论》2015 年第 2 期。
52. 石雪等:《生态保护红线的划定》,载《农村经济与科技》2017 年第 15 期。
53. 孙凯:《“人类世”时代的全球环境问题及其治理》,载《人民论坛 · 学术前沿》2020 年第 11 期。
54. 孙书侠:《新修〈水污染防治法〉与中国水环境安全》,载《沧桑》2008 年第 6 期。
55. 谭笑:《技术问题决策中的专家话语和公众话语——柯林斯〈重思专能〉的方案》,载《开放时代》2014 年第 6 期。
56. 汪辉等:《恢复力、弹性或韧性? ——社会——生态系统及其相关研究领域中“Resilience”一词翻译之辨析》,载《国际城市规划》2017 年第 4 期。
57. 王灿发:《创建框架性法规体系——生物安全管理立法初探》,载《国际贸易》2000 年第 7 期。
58. 王灿发:《论生态文明建设法律保障体系的构建》,载《中国法学》2014 年第 3 期。
59. 王芳:《不确定性与脱嵌:环境风险生成中的科技失灵》,载《华东理工大学学报(社会科学版)》2016 年第 4 期。
60. 王江:《论碳达峰碳中和行动的法制框架》,载《东方法学》2021 年第 5 期。
61. 王金南等:《新时代中国特色社会主义生态文明建设的方略与任务》,载《中国环境管理》2017 年第 6 期。
62. 王俊勇:《科学与美国国家公园发展》,载《人民论坛 · 学术前沿》2016 年第 24 期。
63. 王明远、金峰:《科学不确定性背景下的环境正义——基于转基因生物安全问题的讨论》,载《中国社会科学》2017 年第 1 期。
64. 王明远:《“转基因生物安全”法律概念辨析》,载《法学杂志》2008 年第 1 期。
65. 王权典、周珂:《国家环境安全及其法律保护比较研究》,载《环境保护》2003 年第 2 期。
66. 王社坤、苗振华:《环境保护优先原则内涵探析》,载《中国矿业大学学报(社会科学版)》2018 年第 1 期。
67. 王社坤、王彬:《生态保护红线的立法保障:问题与路径》,载《吉首大学学报(社会科学版)》2019 年第 5 期。
68. 王社坤、于子豪:《生态保护红线概念辨析》,载《江苏大学学报(社会科学版)》2016 年第 3 期。
69. 王树生:《风险社会中的知识生产、利益框架与公众批判》,载《自然辩证法研究》2007 年第 8 期。
70. 王树义:《生态安全及其立法问题探讨》,载《法学评论》2006 年第 3 期。
71. 王文娟:《我国实验动物福利的监管路径探究》,载《朝阳法律评论》2015 年第 1 期。
72. 王旭:《论国家在宪法上的风险预防义务》,载《法商研究》2019 年第 5 期。
73. 王旭:《论自然资源国家所有权的宪法规制功能》,载《中国法学》2013 年第 6 期。
74. 王子灿:《论生物安全法的基本原则与基本制度》,载《法学评论》2006 年第 2 期。
75. 吴卫星、于乐平:《美国环境保护地役权制度探析》,载《河海大学学报(哲学社会科学版)》2015 年第 3 期。
76. 习近平:《推动我国生态文明建设迈上新台阶》,载《奋斗》2019 年第 3 期。
77. 夏军、石卫:《变化环境下中国水安全问题研究与展望》,载《水利学报》2016 年第 3 期。
78. 夏军、朱一中:《水资源安全的度量:水资源承载力的研究与挑战》,载《自然资源学报》2002 年第 3 期。
79. 肖笃宁、陈文波、郭福良:《论生态安全的基本概念和研究内容》,载《应用生态学报》2002 年第 3 期。
80. 肖峰、贾倩倩:《论我国生态保护红线制度的应然功能及其实现》,载《中国地质大学学报(社会科学版)》2016 年第 6 期。
81. 肖巧平、李咸武:《从中央国家安全委员会的困境论国家安全委员会的宪法规制》,载《时代法学》2015 年第 4 期。
82. 谢玲:《我国生态安全立法的路径选择》,载《广东海洋大学学报》2014 年第 2 期。
83. 熊正为:《水资源污染与水安全问题探讨》,载《中国安全科学学报》2000 年第 5 期。
84. 杨朝飞:《〈生物安全法〉的基本原则和制度》,载《北京航空航天大学学报(社会科学版)》2019 年第 5 期。
85. 姚金海:《水资源安全预警法律制度建设的主要内容》,载《学术论坛》2011

年第 6 期。
86. 于文轩:《生物安全法的基本原则》,载《中国生态文明》2020 年第 1 期。
87. 于文轩:《生物安全法之正义价值探析——以罗尔斯正义理论为视角》,载《法商研究》2008 年第 2 期。
88. 曾畅云、李贵宝、傅桦:《水环境安全的研究进展》,载《水利发展研究》2004 年第 4 期。
89. 张海滨:《关于全球气候治理若干问题的思考》,载《华中科技大学学报(社会科学版)》2022 年第 5 期。
90. 张海柱:《环境风险治理中的知识生产与公众参与》,载《人文杂志》2018 年第 1 期。
91. 张强、薛惠锋:《基于 WSR 方法论的环境安全分析模型》,载《中国软科学》2010 年第 1 期。
92. 张小斌、李新:《我国水环境安全研究进展》,载《安全与环境工程》2013 年第 1 期。
93. 张晓丹、曹致中:《"紧急状态"刍议》,载《宁波大学学报(人文科学版)》1992 年第 1 期。
94. 张云飞:《习近平生态文明思想话语体系初探》,载《探索》2019 年第 4 期。
95. 张云飞:《在多元格局中平稳前行的国际生态主义》,载《人民论坛》2019 年第 1 期。
96. 张志勋、郑小波:《论风险预防原则在我国环境法中的适用及完善》,载《江西社会科学》2010 年第 10 期。
97. 张梓太、王岚:《论风险社会语境下的环境法预防原则》,载《社会科学》2012 年第 6 期。
98. 郑玉双:《紧急状态下的法治与社会正义》,载《中国法学》2021 年第 2 期。
99. 周杰普、吴春潇:《环境正义源变考》,载《中共福建省委党校学报》2017 年第 4 期。
100. 周珂、王权典:《论国家生态环境安全法律问题》,载《江海学刊》2003 年第 1 期。
101. 周珂、王权典:《我国生态安全的法律价值与法制体系之初探》,载《华南农业大学学报(社会科学版)》2002 年第 1 期。
102. 周珂:《生态安全应纳入环境资源法学的调整对象》,2001 年环境资源法学国际研讨会会议论文,2001 年 11 月于福州。
103. 周战超:《当代西方风险社会理论研究引论》,载薛晓源、周战超主编:《全球化与风险社会》,社会科学文献出版社 2005 年版。
104. 朱明哲:《生态文明时代的共生法哲学》,载《环球法律评论》2019 年第 2 期。
105. 朱玉峰等:《我国实验动物伦理委员会建设的现状及问题分析》,载《医学与哲学》2012 年第 8 期。
106. 竺效:《论中国环境法基本原则的立法发展与再发展》,载《华东政法大学学报》2014 年第 3 期。
107. 竺效:《论转基因食品之信息敏感风险的强制标识法理基础》,载《法学家》2015 年第 2 期。
108. 邹长新、王丽霞、刘军会:《论生态保护红线的类型划分与管控》,载《生物多样性》2015 年第 6 期。
109. 左凤荣:《习近平的新安全观论述及其实践研究》,载《理论视野》2021 年第 4 期。
110. [德]乌尔里希·贝克:《从工业社会到风险社会(上篇)——关于人类生存、社会结构和生态启蒙等问题的思考》,王武龙编译,载《马克思主义与现实》2003 年第 3 期。
111. [美]郝莉·德瑞默斯:《气候变化与财产权的进化》,巩固译,载秦天宝主编:《环境法评论》2018 年第 1 期,中国社会科学出版社 2018 年版。
112. [日]斋藤幸平:《人类世的马克思主义》,陈世华、卓宜勋译,载《南京工业大学学报(社会科学版)》2019 年第 3 期。
113. Andrew Collier & Stephen Lakoff, *On Vital Systems Security*, Presentation at the University of Helsinki Collegium, 2008.
114. Andrew Mitchell & James Munro, *No Retreat: An Emerging Principle of Non – Regression from Environmental Protections in International Investment Law*, Georgetown Journal of International Law, Vol. 50, p. 625 – 708 (2019).
115. Barbara A. Cosens et al., *The Adaptive Water Governance Project: Assessing Law, Resilience and Governance in Regional Socio – ecological Water Systems Facing a Changing Climate*, Idaho Law Review, Vol. 51, p. 3 (2014).
116. Bryan G. Norton, *Environmental Ethics and Weak Anthropocentrism*, Environmental Ethics, Vol. 6, p. 131 – 148 (1984).

117. Bryan G. Norton, *Pragmatism, Adaptive Management, and Sustainability*, Environmental Ethics, Vol. 8:4, p. 451 – 466 (1999).

118. Cameron Holley et al., *Environmental Security and the Anthropocene: Law, Criminology, and International Relations*, Annual Review of Law and Social Science, Vol. 14, p. 185 – 203 (2018).

119. Christian Fjäder, *The Nation – State, National Security and Resilience in the Age of Globalisation*, Resilience, Vol. 2:2, p. 114 – 129 (2014).

120. Christina Cook & Karen Bakker, *Water Security: Debating an Emerging Paradigm*, Global Environmental Change, Vol. 22, p. 95 (2012).

121. Clifford Shearing, *Criminology and the Anthropocene*, Criminology & Criminal Justice, Vol. 15:3, p. 255 – 269 (2015).

122. David A. Baldwin, *The Concept of Security*, Review of International Studies, Vol. 23:1, p. 5 – 26 (1997).

123. David Grey & Claudia W. Sadoff, *Sink or Swim? Water Security for Growth and Development*, Water Policy, Vol. 9, p. 545 (2007).

124. Davor Vidas et al., *International Law for the Anthropocene? Shifting Perspectives in Regulation of the Oceans, Environment and Genetic Resources*, Anthropocene, Vol. 9, p. 1 – 13 (2015).

125. Douglas Evans, *Building the European Union's Natura 2000 Network*, Nature Conservation, Vol. 1, p. 12 (2012).

126. Duncan Depledge & Tobias Feakin, *Climate Change and International Institutions: Implications for Security*, Climate Policy, Vol. 12: sup01, p. S73 – S84 (2012).

127. Elinor Ostrom, *Polycentric Systems for Coping With Collective Action and Global Environmental Change*, Global Environmental Change, Vol. 20, p. 550 – 557 (2010).

128. Elizabeth Fisher, Eloise Scotford & Emily Barritt, *The Legally Disruptive Nature of Climate Change*, 80 The Modern Law Review 178 (2017).

129. Elizabeth Fisher, *Environmental Law as "Hot" Law*, Journal of Environmental Law, Vol. 25, p. 347 – 358 (2013).

130. Eloise Scotford & Stephen Minas, *Probing the Hidden Depths of Climate Law:*

Analysing National Climate Change Legislation, Review of European, Comparative and International Environmental Law, Vol. 28, p. 2 (2019).

131. Eric Biber, *Law in the Anthropocene Epoch*, Georgetown Law Journal, Vol. 106: 1, p. 1 – 68 (2017).

132. Frank Biermann & Ingrid Boas, *Preparing for a Warmer World: Towards a Global Governance System to Protect Climate Refugees*, Global Environmental Politics, Vol. 10: 1, p. 60 – 88 (2010).

133. Grace Nosek, *Climate Change Litigation and Narrative: How to Use Litigation to Tell Compelling Climate Stories*, William & Mary Environmental Law & Policy Review, Vol. 42, p. 733 – 803 (2018).

134. Grainne de Burca, Robert O. Keohane & Charles F. Sabel, *New Modes of Pluralist Global Governance*, New York University Journal of International Law and Politics, Vol. 45: 1, p. 723 – 786 (2013).

135. Hari M. Osofsky & Jacqueline Peel, *Energy Partisanship*, Emory Law Journal, Vol. 65, p. 695 – 794 (2016).

136. James Saltzman, Barton H. Thompson & Gretchen C. Daily, *Protecting Ecosystem Services: Science, Economics, and Law*, Stanford Environmental Law Journal, Vol. 20, p. 309 – 332 (2001).

137. Jane McAdam, *Swimming Against the Tide: Why a Climate Change Displacement Treaty is Not the Answer*, International Journal of Refugee Law, Vol. 23: 1, p. 1 – 22 (2011).

138. Jennifer McKay, *Water Law in the Australian Federation: The Move Towards Centralism*, Paper presented at Water Management in Federal and Federal – Type Systems, Zaragoza, Spain, 7 – 9 July 2008.

139. Jessica Eisen, *Beyond Rights and Welfare: Democracy, Dialogue and the Animal Welfare Act*, University of Michigan Journal of Law Reform, Vol. 51: 3, p. 469 – 547 (2018).

140. Jocelyn L. Aycrigg et al., *Completing the System: Opportunities and Challenges for a Natural Habitat Conservation System*, BioScience, Vol. 66: 9, p. 774 – 784 (2016).

141. Jocelyn Stacey, *The Public Law Paradoxes of Climate Emergency Declara-*

tions, Transnational Environmental Law, Vol. 11:2, p. 291 – 323 (2022).

142. Johan Rockström et al., *A Safe Operating Space for Humanity*, Nature, Vol. 461:24, p. 472 – 475 (2009).

143. John Ferejohn & Pasquale Pasquino, *The Law of the Exception: A Typology of Emergency Powers*, International Journal of Constitutional Law, Vol. 2, p. 210 – 239 (2004).

144. John Vogler, *Changing Conceptions of Climate and Energy Security in Europe*, Environmental Politics, Vol. 22, p. 627 – 645 (2013).

145. Jonathan Birch, *Animal Sentience and the Precautionary Principle*, Animal Sentience, Vol. 2 (16), p. 1 – 15 (2017).

146. Jouni Paavola, *Protected Areas Governance and Justice: Theory and the European Unions Habitats Directive*, Environmental Sciences, Vol. 1: 1, p. 59 – 77 (2004).

147. Karen Hulme, *Environmental Security: Implications for International Law*, Yearbook of International Environmental Law, Vol. 19: 1, p. 3 – 26 (2008).

148. Kathryn Davidson et al., *The Making of a Climate Emergency Response: Examining the Attributes of Climate Emergency Plans*, Urban Climate 33 (2020) 100666.

149. Katie McShane, *Anthropocentrism vs. Nonanthropocentrism: Why Should We Care?*, Environmental Values, Vol. 16, p. 169 – 185 (2007).

150. Lisa M. Dellmuth et al., *Intergovernmental Organizations and Climate Security: Advancing the Research Agenda*, WIREs Climate Change, Vol. 9: e496, p. 1 – 13 (2017).

151. Louis J. Kotzé, *Rethinking Global Environmental Law and Governance in the Anthropocene*, Journal of Energy & Natural Resources Law, Vol. 32: 2, p. 121 – 156 (2014).

152. Marc A. Levy, *Is the Environment a National Security Issue?*, International Security, Vol. 20: 2, p. 35 – 62 (1995).

153. Maria Julia Trombetta, *Linking Climate – induced Migration and Security within the EU: Insights from the Securitization Debate*, Critical Studies on Security, Vol. 2: 2, p. 131 – 147 (2014).

154. Mark Chou, *Australian Local Governments and Climate Emergency Declarations: Reviewing Local Government Practice*, Australian Journal of Public Administration, Vol. 80: 3, p. 1 – 11 (2020).

155. Mark Patrick Nevitt, *On Environmental Law, Climate Change and National Security Law*, Harvard Environmental Law Review, Vol. 44, p. 321 – 366 (2020).

156. Matt McDonald, *Climate Change and Security: Towards Ecological Security?*, International Theory, Vol. 10: 2, p. 153 – 180 (2018).

157. Matt McDonald, *Discourses of Climate Security*, Political Geography, Vol. 33, p. 42 – 51 (2013).

158. Michael Mason, *Climate Insecurity in (Post) Conflict Areas: The Biopolitics of United Nations Vulnerability Assessments*, Geopolitics, Vol. 19: 4, p. 806 – 828 (2014).

159. Michael P. A. Murphy, *Clement to the Corinthians (on Climate Change?): Sojourning as a Theologico – Political Alternative to Environmental Emergency Rhetoric*, Cambridge Review of International Affairs, Vol. 35: 6, p. 915 – 932 (2022).

160. Michel Callon, *An Essay on Framing and Overflowing: Economic Externalities Revisited by Sociology*, The Sociological Review, Vol. 46: sup01, p. 244 – 269 (1998).

161. Michel Prieur, «De l'Urgente Nécessité de Reconnaître le Principe de Non Régression en Droit de l'Environnement », *IUCN Academy of Environmental Law e – Journal*, p. 26 – 40.

162. Michel Prieur, *Non – Regression in Environmental Law*, S. A. P. I. EN. S, Vol. 5: 2, p. 52 – 56 (2012).

163. Mohamed Chohra & Cheng Hu, *Contractual Issues, Market Risks and Strategic Choices in Algerian PPP Seawater Desalination Projects*, International Journal of Advances in Management Science, Vol. 1, p. 13 – 19 (2012).

164. Nancy A. McLaughlin, *Conservation Easements—A Troubled Adolescence*, Journal of Land, Resources & Environmental Law, Vol. 26: 1, p. 47 – 56 (2005).

165. Natasha Affolder, *Contagious Environmental Lawmaking*, Journal of Environmental Law, Vol. 31:2, p. 187 – 212 (2019).

166. Niloy Ranjan Biswas, *Is the Environment A Security Threat? Environmental Security Beyond Securitization*, International Affairs Review, Vol. 20:1, p. 1 – 22 (2011).

167. Nina Hall, *Money or Mandate? Why International Organizations Engage with the Climate Change Regime*, Global Environmental Politics, Vol. 15:2, p. 79 – 97 (2015).

168. Nina von Uexkull & Buhaug Halvard, *Security Implications of Climate Change: A Decade of Scientific Progress*, Journal of Peace Research, Vol. 58(1), p. 3 – 17 (2021).

169. Pamela D. Frasch, *Gaps in US Animal Welfare Law for Laboratory Animals: Perspectives from an Animal Law Attorney*, Institue for Laboratory Animal Research Journal, Vol. 57:3, p. 285 – 292 (2016).

170. Patricia Savin, « Principe de Non – régression: Un Nouveau Pilier du Droit de l'Environnement », *Chronique Environnement*, p. 32 – 36.

171. Paul G. Harris, *Collective Action on Climate Change: The Logical of Regime Failure*, Natural Resources Journal, Vol. 47(1), p. 195 – 224 (2007).

172. Paul J. Crutzen & Eugene F. Stoermer, *The Anthropocene*, International Geosphere – Biosphere Programme Newsletter, Vol. 41, p. 17 (2000).

173. Paul J. Crutzen, *Geology of Mankind*, Nature, Vol. 415, p. 23 (2002).

174. Paul Kildea & George Williams, *The Constitution and the Management of Water in Australia's Rivers*, Sydney Law Review, Vol. 32, p. 601 (2010).

175. Peter D. Burdon, *Rights of Nature: Reconsidered*, Australian Humanities Review, Vol. 49, p. 69 – 89 (2010).

176. Richard J. Lazarus, *Super Wicked Problems and Climate Change: Restraining the Present to Liberate* the Future, Cornell Law Review, Vol. 94, p. 1153 – 1187 (2009).

177. Richard Matthew, *Integrating Climate Change into Peacebuilding*, Climate Change, Vol. 123, p. 83 – 93 (2014).

178. Rita Floyd, *Environmental Security and the Case Against Rethinking Criminol-*

ogy as "Security – ology", Criminology & Criminal Justice, Vol. 15:3, p. 277 – 282 (2015).

179. Rob White, *Environmental Insecurity and Fortress Mentality*, International Affairs, Vol. 90:4, p. 835 – 851 (2014).

180. Robert B. Keiter, *Toward a National Conservation Network Act: Transforming Landscape Conservation on the Public Lands into Law*, Harvard Environmental Law Review, Vol. 42, p. 61 – 138 (2018).

181. Robert L. Fischman, *The National Wildlife Refuge System and the Hallmarks of Modern Organic Legislation*, Ecology Law Quarterly, Vol. 29, p. 514 – 592 (2002).

182. Sarah E. Light, *Valuing National Security: Climate, the Military, and Society*, UCLA Law Review, Vol. 61:6, p. 1772 – 1812 (2014).

183. Sébastian Roché, « Vers la Démonopolisation des Fonctions Régaliennes: Contractualisation, Territorialisation et Européanisation de la Sécurité Intérieure », *Revue française de science politique*, p. 43 – 70.

184. Shirley V. Scott, *Implications of Climate Change for the UN Security Council: Mapping the Range of Potential Policy Responses*, International Affairs, Vol. 91:5, p. 1317 – 1333 (2015).

185. Shirley V. Scott, *Securitizing Climate Change: International Legal Implications and Obstacles*, Cambridge Review of International Affairs, Vol. 21:4, p. 603 – 619 (2008).

186. Simon Dalby, *Anthropocene Formations: Environmental Security*, Geopolitics and Disaster, Theory Culture & Society, Vol. 34:2 – 3, p. 233 – 252 (2017).

187. Simon L. Lewis & Mark A. Maslin, *Defining the Anthropocene*, Nature, Vol. 519, p. 171 – 180(2015).

188. Stephen Dycus, *Osama's Submarine: National Security and Environmental Protection after* 9/11, William & Mary Environmental Law and Policy Review, Vol. 30:1, p. 1 – 54 (2005).

189. Susan F. Martin, *Environmental Change and Migration: Legal and Political Frameworks*, Environment and Planning C: Politics and Space, Vol. 30:6, p. 1045 – 1060(2012).

190. Todd B. Adams, *Rawls' Theory of Justice and International Environmental Law: A Philosophical Perspective*, Pacific McGeorge Global Business & Development Law Journal, Vol. 20: 1, p. 1 – 13 (2007).

191. Virginie Malochet, « La Sécurité Est – elle Vraiment l'Affaire de Tous? Les limites de la participation citoyenne en France dans un domaine typiquement régalien », *Participations*, p. 41 – 71.

192. Wendy E. Wagner, Elizabeth Fisher & Pasky Pascual, *Misunderstanding Models in Environmental and Public Health Regulation*, New York University Environmental Law Journal, Vol. 18, p. 293 – 356 (2010).

193. Wouters Tarlock, *Reframing the Water Security Dialogue*, Journal of Water Law, Vol. 20, p. 53 – 60 (2009).

报刊类

1. 常纪文:《加快构建国家生物安全法律法规体系》,载《学习时报》2020 年 2 月 17 日,A1 版。

2. 陈沁涵:《地球年代进入"人类世"》,载《新京报》2019 年 6 月 2 日,A12 版。

3. 莫菲、周珂:《加强实验动物立法 完善动物保护法治》,载《法制日报》2020 年 3 月 11 日,第 5 版。

4. 孙航:《中国工程院院士李宁等贪污案二审宣判》,载《人民法院报》2020 年 12 月 9 日,第 3 版。

5. 孙佑海:《加快生物安全立法,全面提升生物安全治理能力》,载《光明日报》2020 年 2 月 22 日,第 7 版。

6. Ban Ki – moon, *A Climate Culprit in Darfur*, Washington Post, June 16 2007.

7. Gary Mason, *A Home Where Snakes and Bats Can Roam*, Globe and Mail, September 20 2008.

8. Steven Mufson, *Rick Perry just Denied that Humans Are the Main Cause of Climate Change*, Washington Post, June 19 2017.

9. William B. Gail, *Climate's Troubling Unknown Unknowns*, New York Times, April 23 2019.

报告类

1. 毕军等:《生态环境风险管理研究:中国环境与发展国际合作委员会专题政策研究项目报告》,2015 年。
2. 国家海洋局:《2016 年全国海水利用报告》,国家海洋局,2016 年。
3. 联合国:《联合国环境与发展会议的报告》(1992 年 6 月 3 日至 14 日,里约热内卢,第一卷),A/CONF. 151/26/Rev. 1 (Vol. 1),联合国,1993 年。
4. 联合国安全理事会:《"维护国际和平与安全:气候安全视频会议"通报和发言》,文件编号 S/2021/198,2021 年 3 月 1 日。
5. 联合国安全理事会:《第八三〇七次会议临时逐字记录》,文件编号 S/PV. 8307,2018 年 7 月 11 日。
6. 联合国安全理事会:《第八四五一次会议临时逐字记录》,文件编号 S/PV. 8451,2019 年 1 月 25 日。
7. 联合国安全理事会:《第六五八七次会议临时逐字记录》,文件编号 S/PV. 6587,2011 年 7 月 20 日。
8. 联合国大会:《2009 年 6 月 3 日大会决议:63/281 气候变化和它可能对安全产生的影响》,文件编号 A/RES/63/281,2009 年 6 月 11 日。
9. 联合国秘书长报告:《气候变化和它可能对安全产生的影响》,联合国大会第六十四届会议,文件编号 A/64/350,2009 年 9 月 11 日。
10. 生物多样性公约秘书处、联合国环境规划署:《生物安全与环境〈卡塔赫纳生物安全议定书〉简介》,生物多样性公约秘书处与联合国环境规划署,2003 年。
11. 世界卫生组织:《实验室生物安全手册》(第 3 版),世界卫生组织,2004 年。
12. 香港立法会秘书处资料研究组:《以色列的海水化淡概况》,香港立法会,2015 年。
13. Abraham Tenne, *Sea Water Desalination in Israel: Planning, Coping with Difficulties, and Economic Aspects of Long – term Risks*, Israel Water Authority, 2010.
14. Australian Government Productivity Commission, *National Water Reform* 2020, 2021.
15. Biological Weapons Convention Implementation Support Unit, *Biosafety and Biosecurity*, Biological Weapons Convention Implementation Support Unit, 2016.

16. Brian Mills & Jean Andrey, *Climate Change and Transportation: Potential Interactions and Impacts*, U. S. Department of Transportation, 2009.

17. Climate Assembly UK, *The Path to Net Zero: Climate Assembly UK Full Report*, Climate Assembly UK, 2020.

18. David Spratt & Philip Sutton, *Climate Code Red: The Case for a Sustainability Emergency*, Friends of the Earth, 2008.

19. Dobromil Galvánek & Milan Janák, *Management of Natura* 2000 *Habitats* 6230 * *Species - rich Nardus Grasslands*, European Communities, 2008.

20. European Commission, *Guidelines for the Establishment of the Natura* 2000 *Network in the Marine Environment*, *Application of the habitats and Birds Directive*, European Commission, 2007.

21. European Commission, *Interpretation Manual of European Union Habitats - EU*28, European Commission, 2013.

22. European Commission, *Report from the Commission to the European Parliament and the Council on the Implementation of Directive* 2010/63/*EU on the Protection of Animals Used for Scientific Purposes in the Member States of the European Union*, European Commission, 2020.

23. European Communities, *Nature and Biodiversity Cases - Ruling of the European Court of Justice*, Office for Official Publications of the European Communities, 2006.

24. Global Water Partnership, *Towards Water Security: A Framework for Action*, Global Water Partnership, 2000.

25. Hans Günter Brauch, *Threats*, *Challenges*, *Vulnerabilities and Risks in Environmental and Human Security*, UNU Institute for Environment and Human Security, 2005.

26. House of Lords Select Committee on Animals in Scientific Procedures, *Volume* Ⅰ *- Report*, *Animals in Scientific Procedures*, The Stationery Office Limited, 2002.

27. IPCC, *Climate Change* 2021: *The Physical Science Basis*, *Contribution of Working Group* Ⅰ *to the Sixth Assessment Report of the Intergovernmental Panel on Climate Change*, IPCC, 2021.

28. Israel Water Authority, *Long - Term Master Plan for the National Water Sector, Part A - Policy Document, Version* 4, Israel Water Authority, 2012.

29. Israel Water Authority, *Master Plan for the National Water Sector: Main Points of the Policy Paper*, Israel Water Authority, 2012.

30. Israel Water Authority, *Water Sector in Israel - Zoom on Desalination*, Water Authority, 2015.

31. Jamie Benidickson, *Legal Framework for Protected Areas: Canada*, IUCN, 2009.

32. John R. Nolon, *Open Ground: Effective Local Strategies for Protecting Natural Resources*, Environmental Law Institute, 2000.

33. Jorge E. Viñuales, *Law and the Anthropocene*, C - EENRG Working Papers, 2016.

34. Land Trust Alliance, 2015 *National Land Trust Census Report*, Land Trust Alliance, 2016.

35. Lester R. Brown, *Redefining National Security*, Worldwatch Paper No. 14, 1977.

36. Minister of Environment and Climate Change of Canada, *Canadian Protected Areas Status Report* 2012 - 2015, Minister of Environment and Climate Change of Canada, 2016.

37. National Oceans Office, *Ocean Management - the Legal Framework, The South - east Regional Marine Plan Assessment Reports*, National Oceans Office, 2002.

38. National Park Service, *National Park Service Management Policies*, National Park Service.

39. New Zealand Parliament, Cabinet Business Committee, "*Climate Change Emergency" plus Whole - of - government Responses*, 2020.

40. Nigel Dudley ed., *Guidelines for Applying Protected Area Management Categories*, IUCN, 2008.

41. Nils Gilman et al., *Impacts of Climate Change: A Systems Vulnerability Approach*, Global Business Network White Paper, 2007.

42. OECD, *OECD Best Practice Guidelines on Biosecurity for Biological Resource Centres*, OECD, 2007.

43. Patrick Martin – Breen & Marty J. Anderies, *Resilience: A Literature Review*, Rockefeller Foundation, 2011.

44. Perth Seawater Desalination Plant, *Compliance Assessment Report*, *Ministerial Statements* 655 &832, 1 July 2016 to 30 June 2017.

45. Ramsar Convention Secretariat, *An Introduction to the Ramsar Convention on Wetlands*, 5th edition, Ramsar Convention Secretariat, 2016.

46. Research Office of Hong Kong Legislative Council Secretariat, *Seawater Desalination in Australia*, Hong Kong Legislative Council, 2015.

47. Singapore Ministry of Information, Communications and the Arts, *Water Talks? If Only It Could*, Singapore Ministry of Information, Communications and the Arts, 2003.

48. The Royal Society, *The Use of Non – human Animals in Research: A Guide for Scientists*, The Royal Society, 2004.

49. Tianyi Luo, Samuel Young & Paul Reig, *Technical Note: Aqueduct Projected Water Stress Country Rankings*, World Resources Institute, 2015.

50. U. S. Department of Agriculture Office of Inspector General, *Animal and Plant Health Inspection Service Oversight of Research Facilities*, U. S. Department of Agriculture Office of Inspector General, 2014.

51. U. S. Department of Agriculture, *Annual Report Animal Usage by Fiscal Year*, U. S. Department of Agriculture, 2018.

52. UNICEF & WHO, *Progress on Sanitation and Drinking Water*: 2015 *Update and MDG Assessment*, WHO Press, 2015.

53. United Nations, *Juridical Régime of Historic Waters*, *Including Historic Bays*, *Study Prepared by the Secretariat*, in United Nations, United Nations Yearbook of the International Law Commission, Vol. Ⅱ, United Nations Publication, 1962.

54. United Nations Environment Programme, *Sudan: Post – conflict Environmental Assessment*, United Nations Environment Programme, 2007.

55. United Nations Security Council, *The UN Security Council and Climate Change*, UN Security Council, 2021.

56. World Bank, *Beyond Scarcity: Water Security in the Middle East and North Afri-*

ca – MENA Development Report, World Bank, 2018.
57. World Bank, *The Potential of the Blue Economy*, World Bank, 2017.
58. World Water Council, *Synthesis of the 4th World Water Forum*, World Water Council, 2006.

案例类

1. 北京市朝阳区自然之友环境研究所等与中国电建集团昆明勘测设计研究院有限公司环境污染责任纠纷上诉案,云南省高级人民法院(2020)云民终 824 号民事判决书。
2. 北京市朝阳区自然之友环境研究所诉中国水电顾问集团新平开发有限公司、中国电建集团昆明勘测设计研究院有限公司生态环境保护民事公益诉讼案,最高人民法院指导案例 173 号(2021 年)。
3. 吉林省松原市人民法院刑事判决书,(2015)松刑初字第 15 号。
4. Animal Legal Defense Fund v. United States Department of Agriculture, 17 – CV – 00949 – WHO (N. D. Cal., May 31, 2017).
5. Animal Legal Defense Fund v. United States Department of Agriculture, 17 – CV – 00949 – WHO (N. D. Cal., August 14, 2017).
6. Commission v. United Kingdom, C – 6/04 of 20 October 2005.
7. New South Wales v. Commonwealth, (1975) 135 CLR 337.

学位论文类

1. 陈先根:《论生态红线概念的界定》,重庆大学 2016 年硕士学位论文。
2. 杜婧:《国家生态安全法问题研究》,东北林业大学 2003 年硕士学位论文。
3. 李鹏风:《我国生态安全立法若干问题研究》,西北民族大学 2007 年硕士学位论文。
4. 刘宏:《镇江市水环境安全评价及风险控制研究》, 江苏大学 2010 年博士学位论文。
5. 罗大平:《环境风险评价法律制度研究》,武汉大学 2005 年硕士学位论文。
6. 唐曼丽:《论我国环境安全及其法律完善》,湖南师范大学 2005 年硕士学位论文。
7. 王水连:《论环境安全的法制保障》, 重庆大学 2005 年硕士学位论文。

8. 张庆彩:《当代中国环境法治的演进及趋势研究——基于国际环境安全视角的分析》,南京大学 2010 年博士学位论文。
9. 赵慧:《农产品检验检疫法律制度研究——以环境安全为视角》,重庆大学 2008 年硕士学位论文。
10. 郑世语:《环境安全法律制度探析》,福州大学 2006 年硕士学位论文。

网络文献类

1. 国家气候中心:《已确认! 当前我国高温热浪事件综合强度已达 1961 年以来最强!》,载微信公众号“国家气候中心”2022 年 8 月 17 日,https://mp. weixin. qq. com/s/EK080HEWXZwfGAPwAsT6mQ。
2. 连启华、冷云生:《学习先进经验 推进科学决策——澳大利亚生产力委员会考察报告》,载国家发展和改革委员会网,https://www. ndrc. gov. cn/fggz/tzgg/byggdt/200712/t20071226_1021800. html? code = &state = 123。
3. 刘栋:《“气候危机纪元”已至? 一位气象学者的示警》,载澎湃新闻网 2022 年 8 月 15 日, https://www. thepaper. cn/newsDetail_forward_19426008。
4. 王比学:《疫情对突发事件应对管理带来挑战 突发事件应对法拟全面修订》,载中国人大网 2021 年 12 月 21 日,http://www. npc. gov. cn/npc/c30834/202112/a55c8c498c7a4296bd9babe59beee842. shtml。
5. 王春晖:《深圳湾环评造假凸显生态红线的尴尬》,载澎湃新闻网 2020 年 5 月 9 日,https://www. thepaper. cn/newsDetail_forward_7292904。
6. 习近平:《高举中国特色社会主义伟大旗帜　为全面建设社会主义现代化国家而团结奋斗——在中国共产党第二十次全国代表大会上的报告》,载新华网,http://www. news. cn/politics/cpc20/2022 - 10/25/c_1129079429. htm。
7. 习近平:《提高防控能力着力防范化解重大风险 保持经济持续健康发展 社会大局稳定》,载新华网, http://www. xinhuanet. com/politics/2019 - 01/21/c_1124021712. htm。
8. 谢莲:《对话联合国气候报告参与者:极端天气事件将更频繁,人类怎么办?》,载新京报网 2021 年 8 月 12 日, https://www. bjnews. com. cn/detail/162875557314975. html。
9. 中国人民共和国常驻联合国代表团:《张军大使在安理会“维护国际和平与安全:气候与安全”公开辩论会上的发言》,载中华人民共和国常驻联合国代表团网，http://un. china - mission. gov. cn/chn/zgylhg/jsyfz/qhbh/202109/t20210923_9568804. htm。

10.《全国实验动物标准化技术委员会 2019 年度工作会议暨标准审查会议在京召开》，载中国实验动物学会网 2019 年 5 月 24 日，http://www. calas. org. cn/index. php? m = content&c = index&a = show&catid = 19&id = 3050。

11. Algérienne des eaux, *Dessalement de l'eau de mer*, Algérienne des eaux (Dec. 29, 2017), www. ade. dz/index. php/projets/dessalement.

12. Andrew Brennan & Norva Y. S. Lo, *Environmental Ethics*, The Stanford Encyclopedia of Philosophy (Summer 2022 edition) (May 4, 2022), https://plato. stanford. edu/archives/sum2022/entries/ethics - environmental/.

13. Anthropocene Working Group, *What is the Anthropocene? – Current Definition and Status*, Anthropocene Working Group Website (May 21, 2019), http://quaternary. stratigraphy. org/workinggroups/anthropocene/.

14. Australian Government Bureau of Meteorology, *Climate Resilient Water Resources: National Overview*, Bureau of Meteorology (date not specified), www. bom. gov. au/water/crews.

15. Australian Government Department of Agriculture and Water Resources, *National Urban Water and Desalination Plan*, Australian Government Department of Agriculture and Water Resources (Jun. 13, 2022), https://www. awe. gov. au/water/policy/urban/completed - programmes/national - urban - water - and - desalination - plan.

16. Australian Government Productivity Commission, *Completed Inquiries: National Water Reform* 2020, Productivity Commission (date not specified), https://www. pc. gov. au/inquiries/completed/water - reform - 2020#report.

17. Benjamin Adams & Jean Larson, *Legislative History of the Animal Welfare Act: Introduction*, Animal Welfare Information Center (date not specified), http://www. nal. usda. gov/awic/legislative - history - animal - welfare - act - introduction.

18. Bureau of Land Management, *About the National Conservation Lands: National Conservation Lands Summary Table*, Bureau of Land Management (date not specified), www. blm. gov/programs/national - conservation - lands/about/

maps – data – and – resources.

19. Cedamia, *Federal Petition with Actions*, Cedamia (date not specific), https://www.cedamia.org/federal-petition-with-actions-data/.

20. City of Darebin, *Climate Emergency Declaration*, City of Darebin (date not specific), https://www.darebin.vic.gov.au/zeroemissions2030.

21. Climate Emergency Declaration, *Climate Emergency Declarations in* 2,295 *Jurisdictions and Local Governments Cover* 1 *Billion Citizens*, Climate Emergency Declaration(Nov. 24, 2022), https://climateemergencydeclaration.org/climate-emergency-declarations-cover-15-million-citizens/.

22. European Commission, *Nature and Biodiversity Law*, European Commission (date not specified), ec.europa.eu/environment/nature/index_en.htm.

23. European Parliament, *Press Release*, *The European Parliament Declares Climate Emergency*, European Parliament (Nov. 29, 2019), https://www.europarl.europa.eu/news/en/press-room/20191121IPR67110/the-european-parliament-declares-climate-emergency.

24. European Union, *Conservation of Wild Birds*, European Union Official Website (May 28, 2020), eur-lex.europa.eu/legal-content/EN/TXT/?uri=legissum:ev0024.

25. Gouvernent français, *Loi du* 8 *novembre* 2019 *relative à l'énergie et au climat*, Vie publique (Nov. 12, 2019), https://www.vie-publique.fr/loi/23814-loi-energie-et-climat-du-8-novembre-2019.

26. Government of Western Australia, *Draft Water Reform Bill*, Government of Western Australia (Jan. 13, 2022), https://www.wa.gov.au/service/building-utilities-and-essential-services/water-supply/water-reform-bill.

27. HM Government, *A Strong Britain in the Age of Uncertainty: The National Security Strategy*, GOV.UK (Oct. 18, 2010), https://www.gov.uk/government/uploads/system/uploads/attachment_data/file/61936/nationalsecurity-strategy.pdf.

28. Israel Ministry of Energy, *The Water Authority*, Ministry of Energy (Jul. 4, 2018), https://www.gov.il/en/departments/general/water_authority1.

29. Land and Water Conservation Fund, *National Park Service Acerage Reports*,

National Park Service (date not specified), https://www.nps.gov/subjects/lwcf/acreagereports.htm.

30. Le Figaro & AFP, *L'Assemblée Nationale vote «l'Urgence Écologique et Climatique»*, Le Figaro (Jun. 27, 2019), https://www.lefigaro.fr/flash-eco/l-assemblee-nationale-vote-l-urgence-ecologique-et-climatique-20190627.
31. National Institutes of Health Office of Laboratory Animal Welfare, *Tutorial: PHS Policy on Humane Care and Use of Laboratory Animals*, National Institutes of Health Office of Laboratory Animal Welfare (date not specified), http://olaw.nih.gov/resources/tutorial.
32. Parks Canada, *Parks Canada Guiding Principles and Operational Policies: Part Ⅱ-Activity Policies: National Parks Policy*, 1.0 *The National Parks System*, Parks Canada (Jun. 12, 2017), https://parks.canada.ca/docs/pc/poli/princip/sec2/part2a/part2a3.
33. Philipp Grenzebach et al., *CSRD Update: Corporate Sustainability Reporting Directive (CSRD) Adopted*, McDermott Will & Emery (Nov. 30, 2022), https://www.mwe.com/insights/corporate-sustainability-reporting-directive-csrd-adopted/.
34. Protected Planet, *Protected Planet Database*, Protected Planet (date not specified), www.protectedplanet.net.
35. Ramsar Convention Secretariat, *The Ramsar Sites Criteria: The Nine Criteria for Identifying Wetlands of International Importance*, Ramsar Convention Secretariat (date not specified), https://www.ramsar.org/sites/default/files/documents/library/ramsarsites_criteria_eng.pdf.
36. Rose Garden, Statement by President Trump on the Paris Climate Accord, The White House (June 1, 2017), https://trumpwhitehouse.archives.gov/briefings-statements/statement-president-trump-paris-climate-accord/.
37. The White House, *National Security Strategy*, The White House (Nov. 18, 2022), https://www.whitehouse.gov/wp-content/uploads/2022/11/8-November-Combined-PDF-for-Upload.pdf.
38. The Wilderness Society, *The Wilderness Act*, Wilderness (date not specified),

www. wilderness. org/articles/article/wilderness – act.

39. U. S. Department of Agriculture APHIS – Animal Care, *USDA Animal Care Public Search Tool*, U. S. Department of Agriculture APHIS – Animal Care (Sept. 22, 2020), https://aphis – efile. force. com/PublicSearchTool/s/.

40. U. S. Department of Agriculture, *About Animal Care*, U. S. Department of Agriculture (Jun. 2, 2020), https://www. aphis. usda. gov/aphis/ourfocus/animalwelfare/usda – animal – care – overview.

41. U. S. Department of Agriculture, *AWA Inspection and Annual Reports*, U. S. Department of Agriculture (Feb. 5, 2021), https://www. aphis. usda. gov/aphis/ourfocus/animalwelfare/sa_awa/awa – inspection – and – annual – reports.

42. U. S. Department of Agriculture, *Research Facility Annual Summary &Archive Reports*, U. S. Department of Agriculture (date not specified), https://www. aphis. usda. gov/aphis/ourfocus/animalwelfare/sa_obtain_research_facility_annual_report/ct_research_facility_annual_summary_reports.

43. U. S. Fish &Wildlife Service, *Statistical Data Tables for Fish &Wildlife Service Lands (as of* 9/30/2018), U. S. Fish & Wildlife Service (Sep. 30, 2018), https://www. fws. gov/sites/default/files/documents/2018 – annual – report – of – lands – with – data – tables. pdf.

44. United Nations Security Council, *Security Council Holds First – Ever Debate on Impact of Climate Change on Peace, Security, Hearing Over* 50 *Speakers*, United Nations (Apr. 17, 2007), https://press. un. org/en/2007/sc9000. doc. htm.

45. United States Central Intelligence Agency, *The World Factbook: Australia*, United States Central Intelligence Agency (Apr. 14, 2022), https://www. cia. gov/the – world – factbook/countries/australia/.

46. Wilderness Connect, *About Wilderness: Fast Facts*, Wilderness Connect (date not specified), www. wilderness. net/NWPS/fastfacts.

后　记

本书脱胎于我在中国人民大学从事博士后研究的出站报告。到北京外国语大学任教后，我根据新的思考和需要对书稿进行了较多补充修改以更臻完善。本书能够付梓与读者见面，离不开多方面的热忱帮助。

在此，我要感谢博士后合作导师、中国法学会环境资源法学研究会副会长周珂教授对我的悉心指导，给我提供参与激发本书写作灵感的多个项目的机会。感谢中国法学会副会长、环境资源法学研究会会长吕忠梅教授对我的关心和指导，并感谢她为本书作序。感谢周门兄弟姐妹、环境法学界同仁的帮助和支持，特别是竺效教授推荐我参与法国环境法典翻译工作，让我积累了国别研究和比较研究的素材与经验。

感谢北京外国语大学党委副书记、副校长、国际组织学院院长贾文键教授对我的关心和帮助，正是在他的大力支持下，本书得以顺利出版。感谢北京外国语大学国际组织学院李辉常务副院长、李爱国党总支副书记、文斌副院长对我的爱护和包容，对我学术研究的一贯支持。感谢北京外国语大学学科、语种背景各异的同事们的启迪，特别是同一办公室的赵源、董筱曼以及挚友潘丹对我的鼓励。感谢石婧和刘雪莲给予的行政支持，以及很多并非份内的无私帮助。感谢我所教过和指导过的学生们对我的启发和鼓励，特别要感谢郑妍萱协助我完成了本书初稿的校对。

还要特别感谢法律出版社吴昉老师、蒋潆莹老师等各位编辑老师，本书出版离不开他们辛苦付出、把控细节。

感谢我的家人对我的理解和支持。在本书写作过程中，我不仅完成了从法律实务到法学和跨学科学术研究的职业转换，也迎接了新生命的到来。成为母亲，让我更好地理解了关注生态环境安全、走可持续发展道路的意义。“小径分叉的花园”中选择哪条道路，不仅关系个人发展，也可能影响人类命运共同体。

本书受到中央高校基本科研业务费项目“中国参与国际组织气候治理的成效和法治路径研究”（2023ZX002）、“实现可持续发展目标的国际组织法律胜任力体系培养研究”（2023GQ019）支持，受到北京外国语大学“双一流”建设重大标志性项目“新时代国际组织人才培养研究”（2022SYLZD002）出版资助，一并致谢。

莫　菲

2023 年 7 月于北京魏公村